# 全球本土化语境下的
# 马来西亚华语电视变迁

梁悦悦 著

图书在版编目（CIP）数据

全球本土化语境下的马来西亚华语电视变迁 / 梁悦悦著 . -- 北京：华夏出版社有限公司，2022.10

ISBN 978-7-5222-0386-7

Ⅰ. ①全… Ⅱ. ①梁… Ⅲ. ①中文－电视节目－文化传播－研究－马来西亚 Ⅳ. ① G229.338

中国版本图书馆 CIP 数据核字（2022）第 139961 号

## 全球本土化语境下的马来西亚华语电视变迁

| 作　　者 | 梁悦悦 |
|---|---|
| 责任编辑 | 赵　楠 |
| 出版发行 | 华夏出版社有限公司 |
| 经　　销 | 新华书店 |
| 印　　装 | 北京九州迅驰传媒文化有限公司 |
| 版　　次 | 2022 年 10 月北京第 1 版　2022 年 10 月北京第 1 次印刷 |
| 开　　本 | 710×1000　1/16 |
| 印　　张 | 16 |
| 字　　数 | 200 千字 |
| 定　　价 | 88.00 元 |

**华夏出版社有限公司**　地址：北京市东直门外香河园北里 4 号　邮编：100028
网址：www.hxph.com.cn　电话：（010）64663331（转）
若发现本版图书有印装质量问题，请与我社营销中心联系调换。

本书受到中央民族大学新闻与传播学院博闻书系资助。

本书受到国家社会科学基金青年项目"海外华语电视的本土内容生产与中华传统文化传播创新研究"（18CXW004）资助，收录了该项目取得的部分阶段性研究成果。

# 目 录

**第1章 绪论：聚焦马来西亚华语电视** …………………………… 1
  1.1 研究对象 ……………………………………………………… 1
  1.2 理论综述 ……………………………………………………… 4
      1.2.1 流散华裔媒体研究：树立批判视野 …………………… 4
      1.2.2 电视与文化全球化：聚焦亚洲流动 …………………… 8
      1.2.3 文化接近性：全球本土化的新发展 ………………… 15
  1.3 成果述评 …………………………………………………… 19
      1.3.1 海外学者研究 ………………………………………… 19
      1.3.2 国内学者研究 ………………………………………… 21
  1.4 研究问题 …………………………………………………… 24
  1.5 研究方法 …………………………………………………… 26
      1.5.1 历史研究 ……………………………………………… 26
      1.5.2 内容分析 ……………………………………………… 28
      1.5.3 深度访谈与参与式观察 ……………………………… 32
      1.5.4 文本分析 ……………………………………………… 35
  1.6 章节安排 …………………………………………………… 35

**第2章 国家电视垄断下的华语电视萌芽（1964—1983）** … 37
  2.1 华语电视诞生背景 ………………………………………… 37
      2.1.1 "二战"之前的族群区隔 …………………………… 38

2.1.2 独立前后的族群争端 …… 40
2.1.3 华语广播的运营传统 …… 43
2.2 华语电视早期发展 …… 46
2.2.1 多语频道建立 …… 46
2.2.2 华语节目萌芽 …… 49
2.2.3 发展及其困境 …… 52
2.3 小结："整合之困" …… 55

## 第 3 章 私营频道建立后的华语电视发展（1984—1994）… 57

3.1 华语电视市场变化 …… 57
3.1.1 私营频道建立 …… 57
3.1.2 国营频道改革 …… 62
3.1.3 政府限制进口 …… 66
3.2 华语电视节目变化 …… 69
3.2.1 进口节目起落 …… 69
3.2.2 本地制作的发展 …… 71
3.3 粤语文化影响提升 …… 77
3.3.1 电视剧 …… 77
3.3.2 综艺节目 …… 79
3.4 小结："内外之争" …… 80

## 第 4 章 付费电视推动下的华语电视转型（1995—2003）… 83

4.1 华语电视市场变化 …… 83
4.1.1 付费电视诞生 …… 83
4.1.2 免费电视洗牌 …… 88
4.1.3 政府加强管制 …… 93

## 4.2 华语电视节目变化 ·············· 95
### 4.2.1 节目总量增加 ·············· 95
### 4.2.2 节目来源扩大 ·············· 97
## 4.3 华语节目引发争议 ·············· 105
### 4.3.1 "包青天事件" ·············· 105
### 4.3.2 事件后续争议 ·············· 108
## 4.4 小结:"身份之思" ·············· 112

# 第 5 章 地面频道整合后的华语节目多元化与本土化 ····· 115
## 5.1 华语地面频道出现 ·············· 115
### 5.1.1 地面频道发展 ·············· 115
### 5.1.2 华语频道整合 ·············· 118
## 5.2 进口节目的多元化 ·············· 120
### 5.2.1 进口中心转移 ·············· 120
### 5.2.2 电视剧变化 ·············· 122
### 5.2.3 综艺和纪实类节目变化 ·············· 129
## 5.3 自制节目的本土化 ·············· 132
### 5.3.1 本地制作的发展 ·············· 132
### 5.3.2 新闻节目 ·············· 136
### 5.3.3 电视剧 ·············· 146
### 5.3.4 综艺节目 ·············· 161
### 5.3.5 纪实节目 ·············· 165
## 5.4 小结:"中庸之道" ·············· 170

# 第 6 章 华裔受众的收视偏好、文化资本与文化认同 ····· 175
## 6.1 华语新闻节目收视偏好 ·············· 175

## 6.2 华语电视剧收视偏好 …… 180
### 6.2.1 学校教育影响下的收视偏好 …… 182
### 6.2.2 家庭教育影响下的收视偏好 …… 188
### 6.2.3 收视偏好与华人文化身份认同 …… 194
## 6.3 华语综艺节目收视偏好 …… 197
## 6.4 小结：立足本土的文化接近性 …… 201

# 第7章 结论：全球、区域、本土混杂的华语电视变迁 …… 205
## 7.1 历史发展中的全球与本土博弈 …… 205
## 7.2 区域势力消长背后的文化逻辑 …… 209
## 7.3 中国内地影视传播与流散华人 …… 213
### 7.3.1 以动态眼光评估港台节目影响力 …… 214
### 7.3.2 重视流散华裔媒体及其自制节目 …… 216
### 7.3.3 从受众角度理解"无味"的文化传播 …… 219

# 参考文献 …… 223

# 后记 …… 247

# 第1章 绪论：聚焦马来西亚华语电视

## 1.1 研究对象

马来西亚 1957 年脱离英国政府殖民统治，1965 年正式确立当下版图，建成独立的君主立宪国家。作为拥有漫长殖民历史与多元文化的东南亚国家，马来西亚经历了复杂的社会整合过程，最终形成了以马来人（约占 58%）、华人（约占 25%）和印度人（约占 10%）三大族群为主体的多元族群国家。然而，受不同族群间不同的宗教信仰、文化风俗以及殖民时期遗留的族群分化政策影响，种族问题长期以来都是困扰马来西亚现代化发展的敏感社会问题。特别是经历了 1969 年爆发的"5·13"种族骚乱事件、20 世纪 70 年代以扶持马来人经济发展为目标的"新经济政策"和以"同化"为核心的"国家文化政策"所主导的一系列社会改革后，作为"国家文化"的马来文化已然在马来西亚确立了优势地位。而与之相比，华人族群则在政治、经济、文化各领域被日益"边缘化"（陈晓律、王成、陆艳，2000；方金英，2001；庄迪澎，2012）。

值得注意的是，"5·13"种族骚乱的发生，正为马来西亚政府此后逐步强化对媒体的控制提供了合法性。打着维系国内种族和睦的旗号，政府在制度层面为此后批评性新闻报道的发展设置了许多持久性障碍（Brown，2002）。此外还有学者指出："5·13"种族骚乱后，伴随着马来西亚国家广播电视台（Radio Televisyen Malaysia，简称 RTM）被收归信息广播部下属的广播局（Department of Broadcasting）管理，该媒体的组织结构和意识形态立场均发生了重大变化，逐渐成为政府整合华人等族群的工具。强化国家意识、促进族群团结、使马来西亚文化与代表国家意识形态的"国家原则"保持一致，亦成为此后马来西亚国家广播电视台扮演的主要角色（Khattab，2006）。

然而，大众传媒对族群团结的宣传未能改善马来西亚各族群间的紧张关系，一有涉及某一族群利益的议题出现，族群冲突就会浮出水面。2009年4月，马来西亚第六任首相纳吉布·阿都拉萨（Mohd Najib bin Abdul Razak）上台执政，不久便提出了旨在最大限度地团结马来西亚各族民众、保障各族群共享国家发展利益的"一个马来西亚"（马来语：Satu Malaysia）口号，并提出了与之相关的"卓越文化、毅力及向上心、谦虚、互相融合、诚信、注重教育、完整性、精英管理"八个价值要素。尽管该理念在缓解马来西亚国内族群矛盾方面体现了理性务实的态度，但在其具体实践中，却因受到纳吉布政府执政时期一系列腐败行为的牵连，不仅未能实现造福于华人等族群的目标，反而招致诸多争议。有马来西亚学者就曾在研究中指出：在马来西亚，华人很少以"大马人"来标识自己的文化身份，而是在不断追问"一个马来西亚"究竟是"谁的马来西亚"——是仅属于人口占绝对优势的马来人，还是属于包含多元族群的"马来西亚人"（Khattab，2010）。随着2015年纳吉布陷入贪污丑闻，"一个马来西亚"口号逐渐淡出马来西亚政坛。2018年，纳吉布在马来西亚大选中落败，第七任首相马哈蒂尔·穆罕默德（Tun Mahathir Bin Mohamad）当选后即宣布在政府及民间同时废止使用"一个马来西亚"口号。在打造"一个马来西亚"的理念失败后，马来西亚政府当前依然在持续探索国内多元族群及其文化和谐共存的政策路径，以应对全球化趋势和国内长期存在的社会文化冲突对国家现代化发展进程的制约。

具体到电视媒体发展领域，马来西亚政府近年来陆续颁布了多项自由化政策，为本国私营电视台和电信公司的私有化进程铺平道路。2016 年，马来西亚共拥有 7 个覆盖全国的免费地面电视频道，以及一家由政府控股公司运营的、半官方性质的电视频道。此外，马来西亚还有三家收费电视网络，其中最主要的付费卫星电视网络寰宇卫视（All Asia Television and Radio Company，简称 Astro），可以为观众提供境内外 110 个频道的收视服务（梁悦悦，2014b）。此后五年，马来西亚私营资本进一步在电视媒体领域扩张，截至 2021 年 12 月，马来西亚的免费地面电视频道已增至 17 个。

值得注意的是，不同于华人在马来西亚所处的尴尬地位，在媒体特别是电视媒体行业中，华语电视节目虽然使用少数族裔语言播出，却没有完全被马来语及英语节目"边缘化"。除了通过付费卫星电视和网络电视直接落地的多个境外华语频道之外，马来西亚免费地面电视频道亦大量播出进口及自制的华语节目，相关节目在历史上曾主要由国营电视台旗下多语种第 2 频道（RTM2）、私营第 3 频道（TV3）、城市电视（Metro Vision）、第 7 频道（NTV7）、八度空间（8TV）频道播出。至 2018 年，八度空间频道成为马来西亚首个以全中文面向华人播出的免费华语地面频道，亦是当前马来西亚华人观众收看华语电视节目的最主要渠道。

作为本课题的研究对象，"马来西亚华语电视"在概念上指"由马来西亚本地运营，播放由马来西亚华人制作、为马来西亚华人制作的中文电视节目的媒体"。这一定义参考了此前中国学者对"海外华语电视"（李宇，2011）的定义以及西方学者对作为"少数族裔电视"的英国广播公司（BBC）的分析（Cottle，2000），并不仅仅以电视频道是否为"纯粹的中文频道"作为判断依据。同时，为了考察真正具有"本土性"的马来西亚华语电视及其与境外华语电视之间的互动关系，本研究对节目播出数据进行定量统计和对节目内容进行定性分析的范畴限于"马来西亚免费地面频道"播出的华语节目，付费卫星电视仅作为讨论背景而非研究对象。

目前在东南亚地区，地面华语电视发展较好的国家除马来西亚外，还包括新加坡、菲律宾、泰国和印度尼西亚。其中，新加坡是除中国外最早拥有自办华语电视频道的国家，其华语节目在东南亚乃至东亚地区都具有较大影响力；菲律宾、印尼、泰国虽然近年来开设了固定播出华语节目的电视频道，但由于节目数量少、质量差，在本国观众中几乎没有影响力。与上述国家相比，马来西亚之所以成为研究华语电视发展的绝佳对象，一方面是因为其已度过发展起步阶段，有能力在较大范围内覆盖本地华语电视市场，并可以独立生产电视剧等对投资成本和制作水平要求较高的华语电视节目；另一方面也是因为其目前还无法像新加坡一样，在自给自足的同时向海外拓展市场，依然需要大量进口境外制作的华语电视节目。正是马来西亚华语电视自身发展的日益成熟，以及与境外华语电视节目间的流动张力，为研究者留下了借鉴全球传播与流散族裔媒体研究理论，结合马来西亚华人所处社会文化语境，对马来西亚华语电视发展历史与特征进行深入分析的广阔空间。

## 1.2 理论综述

### 1.2.1 流散华裔媒体研究：树立批判视野

"族裔媒体"（ethnic media）是指由移民、种族、族群、语言上的少数族群，以及土著居民生产的，并且面向上述人群的媒体（Matsaganis, Katz, & Ball-Rokeach, 2010）。在全球化背景下，族裔媒体近年来在以美国、加拿大为代表的北美地区及欧盟各成员国均呈现出蓬勃发展的态势，已成为西方传播学界新兴的前沿研究领域。总结目前族裔媒体研究的发展现状，占主导地位的研究视角是功能主义分析，热点问题是族裔媒体的在地性与社会性。相关研究沿袭了罗伯特·帕克（Robert E. Park）对美国移民报刊的研究思路，关注族裔媒体在少数族裔融入本地社会过程中发挥的功能（Park，2011；Viswanath & Arora，2000；Alia，1999，2005；Daniel & Murray，2009；Kong，2013）。

然而，值得注意的是，并非当下所有族裔媒体研究都继承了帕克对移民报刊的研究思路。事实上，在族裔媒体研究中居于主导地位的功能主义分析路径，已受到越来越多学者的警惕与批评。相关研究者认为：未来的族裔媒体研究应继承斯图亚特·霍尔（Stuart Hall，1990）在对加勒比海黑人电影如何阐释黑人文化身份认同的研究中所遵循的"文化研究"思路，将关注重点由单一国家内部的"少数族裔"转向全球范围的"流散族群"（diaspora），进而以批判视角分析"流散族群媒体"如何在跨国、跨文化空间中建构了自身以差异（difference）、断裂（rupture）为根本特征的"混杂"（hybrid）的文化身份认同（Guzm'an，2006；Sakr，2008；De Fina，2013）。

"流散族群"一词源于希腊语"diaspeiro"，原意为"违背神的意愿，必将面临被放逐的危险"（Dufoix，2008）。至17世纪，"流散族群"一词逐渐在意义上与宗教神学相分离，转指希腊人在世界各地的广泛散布。至19世纪，"流散族群"一词开始用于描述散布各地的犹太人（Jewish diaspora）和在贩奴贸易中被贩卖至欧美各地的黑人（African diaspora）。自20世纪后半叶至今，流散族群的范围逐步扩展，成为社会学、人类学以及文化研究、族群研究、区域研究的关键概念与核心议题。其中，始于20世纪80、90年代的两大变化趋势，尤其与中国的传播学研究密切相关：一是华人族群因为在东南亚等地的特殊生存境遇以及全球范围内中国移民数量的激增而被纳入流散族群研究范畴；二是以斯图亚特·霍尔、洪美恩（Ien Ang）为代表的媒体与文化研究学者开始进入流散族群研究领域。

现代意义上的流散族群在概念上一般指离开家园、分散到世界各地的人或族群,或指生活在某一国家中的异域群体,主要具有6个基本特征:(1)以移出国为"中心"迁移到多个地区;(2)保持着对移出国的记忆和想象;(3)认为自己不会或不可能被移入国完全接纳;(4)能够往返于移入国和移出国之间;(5)愿献身于移出国的复兴;(6)对移出国的关注已成为一种群体意识(Safran,1991)。在此基础上,跨国移民的大量增长以及20世纪90年代针对拉丁美洲移民的"跨国主义(transnationalism)"特征的理论分析,又催生了更多基于跨国视野的对流散族群内涵与特征的研究(朱敬才,2012),例如主张将流散族群视为可以被持续重构与再造的想象共同体,而非固定不变的共同体(Tsagarousianou,2007);主张将流散族群的身份认同视为持续的自我生产与再生产(Hall,1990),等等。总之,在文化研究者赋予的新含义中,流散族群研究已经在概念上超越了早期对种族属性的本质主义探讨,更多体现出杂糅、异质、认同重构、记忆断裂、矛盾、世界主义、多元地方性等具有后现代风格的特质(段颖,2013)。

值得注意的是,由于"流散族群"这一概念曾主要被用于概括具有强烈复国理想的犹太移民群体,曾有学者反对将华人群体视为"流散族群",并对其冠以"流散华裔"的称呼(Malvezin,2004)。然而近年来,伴随着全球化过程中人员流动现象的日益频繁,研究者逐渐修正了对"流散族群"的概念界定,普遍主张对"流散族群"的理解应回归其希腊语词源的原始内涵,强调人群"遍地播种"的特征,而非具有复国意愿或是对所在国的离心倾向(Cohen,1997)[ix]。由此,"流散华裔"(Chinese diaspora)作为学界普遍认可的概念,被纳入了与"流散族群研究"相关的文学研究、文化研究等领域。

流散族群的文化身份认同在当下往往呈现出"世界主义"(cosmopolitism)和"地方性""原乡情结"相混杂的状态,人们在其中依据生活经验,选择构成自我与族群认同的要素,认同取向也愈发动态、多元(段颖,2013)。具体到流散华裔群体,世界范围内华人的文化认同总是因受到本地和跨域的影响而不断变迁（Clammer，2002）。例如洪美恩在其《论不说汉语：在亚洲与西方之间》（*On not Speaking Chinese: Living between Asia and the West*，2005）一书中，就曾结合自己作为华裔混血在西方国家和中国台湾地区的生活经历，提出了解读全球化时代流散华人身份认同的正确方式应是强调其"混杂"而非"融合"属性。洪美恩认为：全球化时代与华人身份认同相关的"混杂"，不应仅仅意味着超越差异的和谐共存，也应体现出差异与冲突、矛盾与不可控性，并为与之相关的论争与对话提供空间。一方面，混杂意味着超越对单一类型身份认同的讨论，对全球化背景下流散族群根植于"差异共存"（togetherness-in-difference）状态中的身份焦虑及其背后的权力运作机制进行分析。另一方面，混杂意味着正视绝大多数流散华裔已加入其居住国国籍的事实，避免以"中心—边缘"的二元视角理解流散华裔祖籍地与居住地之间的政治、文化关系，而是具体分析流散华裔建构二者间联系网络的具体形式。

以上述学者对族裔媒体以及流散华裔身份认同的研究为基础，媒体研究者近年来亦开始重视在全球视野下对流散华裔媒体开展批判性研究。澳大利亚学者孙皖宁与辛克莱尔（Sun & Sinclair，2016）在其研究中，就以"全球流散华人媒体网络"（global diasporic Chinese media network）概念解释全球化进程中各地华人媒体既广泛连接又交互影响的关系。具体来说，该研究认为传统的流散华裔媒体网络以流散华裔所在地华语媒体、中国媒体、新加坡媒体为主要"节点"（node），任一地方华语媒体与中国内地（为方便研究，本书将中华人民共和国除港澳台地区外的领土范围统称为中国内地）媒体之间的联系都不是线性的，而是受到网络中其他"节点"的影响。其间各地方媒体产品的生产、流通、消费，以及市场和文化影响力的增长，不断构建着全球华人的公共空间，也重塑着地方与地方之间华语媒体的联系。与此同时，这一网络中各个"节点"之间的亲疏关系以及不同"节点"所处的地位，也处于不断变化当中。

具体来说，20世纪的"全球流散华人媒体网络"仅将中国内地视为组成网络的若干节点中的普通一员，影响力大多不及中国港台地区（Ong & Nonini, 1997；Sun, 2013）。然而进入21世纪以来，随着中国文化生产力的大幅提升与国际传播事业的迅速发展，中国内地媒体在"全球流散华裔媒体网络"中的地位愈发重要。一方面，伴随着流散华裔的代际更替以及新生代与中国内地人员及文化交流的日益频繁，中国港台地区媒体在"全球流散华裔媒体网络"中正逐渐丧失其原有的市场优势与文化影响力；另一方面，越来越多流散华裔居住地媒体出于提高华裔受众阅听率的经济考虑，开始改变此前对中国内地媒体的疏远态度，逐渐将其视为进口节目的主要来源和开展合作的重要对象。

基于上述论述，研究者认为，流散华裔媒体研究应充分关注在媒体与文化全球化语境下，各地流散华裔媒体是否/如何通过地方层次的文化实践与域外华语媒体建立了新型联系，以及流散华裔是否/如何以新的话语建构了自身的文化身份认同。

### 1.2.2 电视与文化全球化：聚焦亚洲流动

全球化可以被视为一种超越时空界限的，众多新兴思想、机制、技术以及文化观念在全世界范围内流通的过程（Straubhaar, 2007）。人类学家阿尔君·阿帕杜莱（Arjun Appadurai, 1990）曾以种族景观（ethnoscapes）、媒介景观（mediascapes）、技术景观（technocapes）、金融景观（finacescapes）、意识形态景观（ideoscapes）五个维度之间的"断裂"（disjuncture）来定义全球文化经济流动。其中，媒介景观具体指"人类通过媒介生产与消费建构出的不断变化的社会想象（social imaginary）"；而电视媒体尤其因"能够向全球受众提供大量复杂的图片、叙述和'媒介景观'，并将全球商品和新闻、政治进行深度融合"，在全球文化流动中扮演着重要角色。

在传播学史上，全球传播曾被视为一种单向度的传递，指美国向世界其他国家和地区推行的文化产品与价值观倾销（Nordenstreng & Varis, 1974）。然而，正如科林·斯巴克斯（Colin Sparks, 2007）在其关于媒体与全球化的理论综述中指出的："迄今为止，并没有一套关于全球化的理论可以达成广泛一致，相反，与全球化相关的理论不仅数量众多，且往往相互激荡。"（Sparks, 2007）与处于争议中的全球化理论相似，在关于全球传播的"单向度传递"观点提出后的30余年间，与媒体和全球化相关的研究，亦始终处于对"文化同质化"（cultural homogenization）与"文化异质化"（cultural heterogenization）两种后果的论争之中。

从传播政治经济学视角出发，对媒体与全球化现象进行批判性分析的代表性理论——"文化帝国主义"（cultural imperialism）（Schiller, 1969）一经提出，即因其被视作建立"世界信息传播新秩序"的理论武器而引起了强烈反响，尤其在意图反对美国文化产品倾销与西方文化霸权渗透的第三世界国家中得到了积极回应。然而，随着传播学理论特别是电视与全球化研究的发展，这一理论亦开始受到文化研究和后殖民理论家的挑战。其中不仅有斯图亚特·霍尔（1980）、戴维·莫利（David Morley, 1989）等学者在微观层面对"积极受众"（active audience）观点的强调，亦有约瑟夫·斯特劳巴哈（Straubhaar, 2007）等学者对世界媒体流动现象基于"结构化"（structuration）和"复合性理论"（complexity theory）所做的分析。

自20世纪90年代起，拉丁美洲电视研究者成为以非西方经验解构文化帝国主义理论的重要学术阵营。相关学者立足于以巴西为代表的拉丁美洲国家在本国及区域市场内逐渐摆脱对美国文化产品依赖的发展经验，同时借鉴文化研究学者以及霍米·巴巴（Homi Bhabha）等后殖民主义理论家的研究成果，展示了作为非西方国家对"全球"文化进行批判性和创造性的解读，以及在以美国为代表的西方文化霸权影响下依旧保持自身"本土"文化多样性的可能。

表1-1 拉丁美洲全球电视研究的主要论争点

| 分析层次 | 批判框架 | | 修正框架 |
|---|---|---|---|
| 广播电视系统 | 模仿美国商业化模式 | | 本地企业家的商业控制 |
| 结构控制 | 历史：美国强大的资本控制 | | 美国资本的撤出，拉丁美洲本地企业的发展，拉丁美洲资本与美国/欧洲企业的合作 |
| | 当下：美国资本重新参与竞争并趋于集中 | | |
| 本地节目生产/外国（美国）节目流入 | 历史：美国节目的全面流入，向小国大量流入 | | 被拉丁美洲本地生产的电视节目取代 |
| | 当下：美国节目进口的复兴 | | |
| 节目模式与意识形态 | 历史：对美国消费主义与资本主义的复制，成为维护社会稳定的工具 | | 根植于拉丁美洲的情景剧传统，本地化的节目类型 |
| | 当下：在出口电视剧中融入拉丁美洲区域价值观 | | |
| 受众接受 | 历史：被动受众，在虚幻世界中的情感释放 | | 主动受众，创造性解码 |
| | 当下：受众分析掩盖了深层次的权力分析 | | |
| 拉丁美洲节目流出 | 历史：边缘化的反向流动 | | 大量的反向流动：推翻文化帝国主义理论 |
| | 当下：出口优势日益下降 | | |

表1-1（Straubhaar & Lent, 1989）[393]对拉丁美洲学者全球电视研究论争点的总结，正展示了两种理论视角在不同研究层次的贯彻：前者关注"全球性的本土化"，主要从政治经济学视角出发，强调美国电视文化产品在全球文化贸易市场中长期所处的统治性地位；后者关注"本土性的全球化"（Banerjee, 2002），强调非西方国家本地电视文化产业的崛起，及其本土受众如何在这一过程中就文化身份进行协商，以获得争夺话语权力的可能性空间。

然而，上述以国家为立足点、基于"全球（西方）"与"本土

（非西方）"二元对立视角提出的观点，也遭到了越来越多的批评。有学者就指出：当前媒体与全球化研究领域所面临的最严峻问题，并非强调美国在全球市场上依然存在的支配地位，抑或是非西方国家对本地文化产业的保护以及对西方文化倾销的抵制，而是研究者对二者之外的其他媒体与文化流动现象的忽视（Buonanno，2008）[116]。

表1-2  媒体全球流动分类

| 主导性流动<br>（dominant flows） | 反向—次要流动（contra-subaltern flows） | |
|---|---|---|
| 全球（global） | 跨国（transnational） | 地理—文化区域<br>（geo-cultural） |
| 好莱坞（Hollywood） | 宝莱坞（Bollywood） | 凤凰卫视（Phoenix） |
| 音乐电视网（MTV） | 半岛电视台（Al-Jazeera） | 印度"惹"电视<br>（Zee TV） |
| 迪士尼（Disney） | 巴西情景剧（Telenovelas） | 土耳其之声（TRT-International） |
| 有线电视新闻网<br>（CNN） | 法国电视国际五台（TV5） | 生活报（Al-Hayat） |
| 探索频道（Discovery） | 南方电视台（拉丁美洲）<br>（Telesur） | 百度（Baidu.com） |
| 英国广播公司（BBC） | 法国国际广播电台（Radio France International） | 韩国文化电视台<br>（MBC） |
| 娱乐与体育节目电视网<br>（ESPN） | 中央电视台英语国际频道<br>（CCTV-9） | 日本广播协会世界台<br>（NHK World TV） |
| 谷歌（Google） | 今日俄罗斯电视台<br>（RTTV） | 伊斯兰在线<br>（Islamonline.net） |
| 全国广播公司商业频道<br>（CNBC） | 欧洲新闻台（Euronews） | 丹麦库尔德语卫星电视台（Roj TV） |
| 华尔街日报（Wall Street Journal） | 韩国音乐广播频道<br>（M-net） | |
| 日本动漫（Japanese animation） | 韩国电影（Korean films） | |

曼纽尔·卡斯特（Manuel Castells，2011）[442]曾提出：当代网络社会正在被资本流、信息流等不同种类的"流动"（flow）所控制。基于这一观点，达雅·屠苏（Daya Thussu）进一步对全球电视媒体流动趋势进行了类型学划分。如表1-2所示（Thussu，2010）[223]，"主导性流动"（dominant flow）主要指西方影视产品依托跨国媒体集团在全球范围内推行的文化倾销；"反向流动"（contra-flow）则具体包含"跨国流动"（transnational flow）与"地理—文化区域流动"（geo-cultural flow）两个维度，主要指非西方影视资本与媒体的跨域流动。其中，"地理—文化区域内流动"超越了"南—北""东—西"等传统的二元化划分，将全球范围内受人口流动（如各国移民）、技术发展（如直播卫星技术）等多种因素影响而形成的具有地理文化和语言文化渊源的区域，视为一种比全球更具体、比国家更广阔的文化空间。而其对发展中国家如何实现本地媒体发展与区域文化影响力提升的分析，亦被视为在媒体流动领域对"全球本土化"（glocalization）的良性讨论。

所谓"全球本土化"，是20世纪90年代由"全球化"（globalization）与"本土化"（localization）结合而成的理论概念，借鉴自日本的跨国市场营销策略，最早由罗兰·罗伯森（Roland Robertson）在《全球化：社会理论和全球文化》（2000）一书中提出。该理论意在超越全球化理论在宏观与微观层次的对立关系，将全球化所蕴含的"特殊的普遍化"与"普遍的特殊化"两股趋势相融合，更具体地解释地方、国家、地区、全球等不同层次文化力量间基于"混杂"状态的互动关系。

然而，全球本土化理论在提出后也受到了来自传播政治经济学者的批评。批评者认为，根植于市场逻辑的全球本土化研究，过于重视为全球文化产品及资本进入地方市场提供策略，因而忽视了对"混杂"现象背后权力动力机制的批判，以及对地方性抵抗力量的分析（Chan，2005），在实质上无益于全球化危机的消解。具体来说，全球文化产品的流动，在本质上依然会以"流动的消费主义"形式（Ritzer，2004），呈现一种强国对弱国、强文化对弱文化的"单向度"流动面貌（Sparks，2009），最终消解地方文化的多样性，甚至助长西方对第三世界、国家对地方族群的文化霸权（单波、姜可雨，2013）。而要改变此种面貌，加强对"全球本土化"过程中地方层次的文化现象、文化实践以及受众话语权力争夺的关注，就显得尤为重要。在这方面，达雅·屠苏对电视节目等文化产品于"地理—文化区"内流动现象的研究，已经做出了有益的尝试。而另一位聚焦区域电视流动与受众文化身份"混杂"现象的学者马尔万·克莱迪（Marwan Kraidy），通过对阿拉伯地区跨域卫星电视流动现象的研究，揭示了以"真人秀"为代表的卫星电视节目如何建构了黎巴嫩等阿拉伯国家民众"混杂"其所处区域与所在国家政治意识形态、宗教价值观以及自身阶级、性别的文化身份认同（Khalil & Kraidy，2009；Kraidy，2009）。在相关研究中，克莱迪还通过对"混杂"状态的讨论，提出了"全球本土化"是对"混杂"更具体的概念化——与"全球化"相比，这一概念因综合考虑了跨文化交流过程中的地方、国家、区域、全球各层次的语境而更具启发性（Kraidy，1999）[472]。

正是基于上述研究取向，一批以拉丁美洲电视区域流动为主要研究对象的西方学者，近年来开始将其研究视野拓展至亚洲地区，力图解释亚洲区域内的媒体文化流动现象以及若干"地域中心"的崛起。如达雅·屠苏、约瑟夫·斯特劳巴哈、约翰·辛克莱尔（John Sinclair）等活跃于该领域的西方学者，就纷纷投身于对以亚洲国家为重要组成部分的金砖国家（BRICS）媒体的研究当中，并将中国、印度等国媒体视为日益博兴的区域文化力量，在处于国家与全球之间的跨区域地理—文化层次发挥着日益重要的影响

（Nordenstreng & Thussu，2015）[99]。而这一观点的提出，也正与日本学者岩渕功一（Koichi Iwabuchi）针对当前媒体与全球化研究中"亚洲间流动"（Inter-Asian flow）维度缺失所提出的批评相呼应。

具体来说，岩渕功一曾基于对亚洲区域间媒体与文化流动现象的研究，提出在当前的媒体与文化全球化研究中，"虽然日本、巴西等非西方文化权力中心的出现，经常被用来作为反西方文化中心主义和去西方文化霸权的例证，然而这些去西方化的文化中心国到底发挥了多大的文化影响力，仍然有待进一步考察"（Iwabuchi，2002）[427]。而要回答上述问题，就应改变东—西方对立的研究视角，首先关注亚洲间媒体文化的相互联系（inter-Asian media culture connections），同时改变单纯以国家利益为出发点的公共外交研究思路，转而从生产者与受众双方互动的角度，探讨媒体流动如何建构了各文化主体对话的公共空间（Iwabuchi，2010）。以韩国流行文化对日本境内韩裔移民后代影响的研究为例，岩渕功一就基于对电视受众的深度访谈，论证了韩剧等流行文化产品如何以一种积极的方式跨越了日韩两国之间的地理、文化边界，卷入了与多元文化、后殖民主义、少数族群身份认同相关的议题，建构了韩裔日本人以"混杂"为特征的多元文化身份，帮助其改善了在所在国的生存境遇（Chua & Iwabuchi，2008）。

然而应该看到，尽管近年来许多西方学者都呼吁将研究视角转向亚洲，并将中国香港地区以及日本、韩国视为具有较强亚洲区域影响力乃至全球影响力的影视文化传播中心，但真正如岩渕功一般，从"全球本土化"角度针对亚洲间媒体文化流动问题开展的研究却并不多见。就其关注地域与研究取向而言，绝大多数研究依然以西方电视媒体对亚洲国家的"主导性流动"以及亚洲国家对西方的"反向流动"为主要研究对象。少量针对亚洲区域内媒体文化流动的研究，亦大多由来自韩国、日本、新加坡等国的学者撰写，并以韩国、日本和中国港台地区影视文化在亚洲范围内的流行为研究对象。虽然以历史题材古装剧为代表的中国内地影视文化亦常被提及，但其研究切入点往往是中国"以我为主"的公共外交，并未从"流入地"媒体及受众的地方性文化实践角度出发，探讨中国内地影视文化在亚洲区域内流动过程中所带来的影响。

### 1.2.3 文化接近性：全球本土化的新发展

"文化接近性"（cultural proximity）于1965年在新闻传播学研究中首次作为理论概念出现，盖尔顿和鲁治在其研究中指出：文化接近性可被视为记者判断新闻价值的重要参考要素（Galtung & Ruge, 1965）。直至1993年，斯特劳巴哈在其《超越媒介帝国主义：不对称依赖与文化接近性》（Beyond media imperialism: asymmetrical interdependence and cultural proximity）一文中首次以文化接近性概念解释了"受众对电视节目"而非"记者对新闻"的选择偏好。此后，这一理论逐渐被广泛应用于与影视媒体全球流动相关的研究。具体来说，斯特劳巴哈提出的文化接近性在概念上指"受众最倾向接受本国家/地区生产的文化产品，其间的影响因素包括对本地明星的喜爱、对本地知识（local knowledge）的积累、对本地议题的关切、对相似族群的亲近感，以及对本地生活方式的熟悉，等等"（Straubhaar, 1991）。

早期文化接近性理论的提出意在通过对受众主观能动性的强调，为以巴西为代表的发展中国家提供在全球信息传播中改善与以美国为代表的发达国家之间的不平等关系，进而摆脱其控制的可能性，从而为"文化帝国主义"理论提供反证。然而，伴随着全球政治格局与信息技术环境的不断变化，文化接近性理论受到了一些学者的质疑。英国学者哈文斯（Havens, 2006）在一项针对全球影视市场的研究中就曾指出：在全球化背景下，同一国家内部受众的个体文化认同愈发表现出巨大差异，以"国家"为单位的文化间比较日益遭到质疑，因此文化接近性理论并非受众偏好的直接反映，而是文化产品生产者对受众偏好的主观臆断。卢嘉与史安斌（2013）亦曾在对国际传播理论变迁的回顾中，视"文化接近性"为国际传播理论发展早期的不成熟成果，具体表现为"过于重视在'非西方'语境下讨论本地受众的偏好和本土市场的保护，实际上反映了从'对抗'角度看待全球化的'警觉'心态，即为了保持本土化的完整性，将'本土化'和'全球化'、'非西方'与'西方'做简单的二元对立"。

基于上述批评，斯特劳巴哈开始借鉴"文化混杂"理论，修正了其以"本土"与"全球"对抗为底色的早期研究思路，以求提升文化接近性的理论解释力。具体来说，斯特劳巴哈首先主张以辩证态度看待"全球化"与"本土化"之间的互动关系以及二者结合后所造成的"混杂"结果，承认全球化时代任何试图保持本土文化的绝对"纯粹性"的努力都难以成功。在此基础上，斯特劳巴哈主张重新思考"全球本土化"的权力维度，即以批判视角分析"全球本土化"的赋权对象。在其看来，只有摆脱市场逻辑、赋予"本地"而非"外域"文化更多主动权的"全球本土化"，才是更接近于理想状态的"全球本土化"。[1]

基于对"全球本土化"之"本土权力"维度的强调以及对"文化混杂"相关理论成果的借鉴，斯特劳巴哈对其文化接近性理论进行了更新。当前，该理论强调受众对文化产品的接受，受到其在所处全球、区域、国家、地方（城市、社区）等各层结构性力量的作用下不断累积、混杂而形成的"多层次文化认同"（multilayered cultural identity），以及通过学校、家庭教育等渠道积累而成的"文化资本"（cultural capital）的影响，进而在二者共同作用下，于不同文

---

[1] 引自作者2016年5月22日于美国得克萨斯大学奥斯汀分校对斯特劳巴哈教授进行的学术访谈。

化地理层次形成了与文化产品之间的"多重文化接近性"（multiple cultural proximities），具体包括类型接近性（genre proximity）、主题接近性（thematic proximity）、价值观接近性（value proximity），等等（Straubhaar，2007）。其论点具体包含两个维度：一方面，受众会因为对本地文化更加熟悉而偏爱国家以及地方层次的影视节目，例如巴西本土电视产业逐渐摆脱美国控制，成功实现了独立发展；另一方面，受众会因为与某一群体共享相似的价值观或生活方式而偏爱超越国家层次的跨区域影视节目，例如中国香港地区影视节目在大中华文化圈和全球流散华裔群体中的广泛流行。

总体来说，斯特劳巴哈文化接近性理论的提出与更新，契合了国际传播理论由"国际化"（internalization）向"全球化""跨国化"（trans-nationalization）演进，研究对象由"生产者"向"受众"过渡，对文化流动现象的阐释由"文化帝国主义"向"文化全球化""文化混杂"发展的变化过程。该理论对地方层次媒体文化实践以及受众态度和意义生产的强调，既契合了岩渕功一从"全球本土化"角度出发针对亚洲间媒体文化流动开展研究的思路，亦实现了对文化研究理论视角及新受众研究传统的继承和贯彻。

在理论视角上，文化接近性理论强调"文化塑造经济"（culture structuring economy），认为作为文化因素的受众态度对于市场具有塑造作用，具体表现为多数国家/地区媒体都倾向给予本地节目或相近语言—文化区节目更多、更好的播出时段。

在思想渊源上，这一理论继承了雷蒙德·威廉斯（Raymond Williams）、斯图亚特·霍尔等英国文化研究学者对马克思主义文化理论的修缮和对传播政治经济学的"经济决定论"（economic-determinism）视角的批判。具体来说，文化接近性理论意图展现全球化进程中文化对于经济、技术等结构性力量的影响力，强调受众在文化产品跨域流动过程中并非只能扮演被动的"选择者"角色，而是能以主动的"行动者"身份对文化产品流通与文化产业发展施加影响。虽然这种影响往往不能通过市场份额等经济数据得到反映，亦不能从根本上动摇以美国为代表的西方国家在文化贸易中的支配地位，却能通过"媒体关系的定性变化"有所表现，例如电视媒体给予本地或相近语言—文化区节目更大播出比例与更好播出时段的"倾向"日益明显。

在方法论基础上，文化接近性继承了英国文化研究学派的新受众研究传统，以"媒体人种志"（media ethnography）为其方法论基础，强调"受众与文化产品之间的文化接近性建筑于其文化资本之上"（Straubhaar，2007）[202]。该理论对媒体人种志这一研究方法的重视，正是西方传播学界将人种志方法应用于媒体效果研究这一长期实践中的一次尝试。具体来说，这一尝试反映的是20世纪80年代至今，传统的媒体效果研究在英国文化研究学者影响下逐渐摆脱经验学派的行为科学传统，实现其"人种志转向"（ethnographic turn）的过程。于上述过程中形成的"新受众研究"（new audience research），在研究视角上质疑媒体生产者对受众的支配性，认为受众对媒体内容的接受会受到其所处社会文化语境的影响，在研究方法上反对过度迷信人口统计和问卷调查等方法，主张关注日常生活和"深入的受众"（embedded audience），对受众态度进行"深描"（thick description）式的观察与阐释（曹书乐、何威，2013）[23]。

伴随着这一方法论"转向"，越来越多的学者开始认识到：以媒体人种志为方法论前提的媒体研究，可以更好地解释受众如何通过其本地文化实践，积极应对全球化带来的挑战（Murphy & Kraidy，2003）[16]。而斯特劳巴哈作为这一研究思路的实践者，在其对文化接近性影响因素的分析中，也正是以媒体人种志为方法论基础，对受众在媒体全球流动影响下形成的多元文化身份与多重文化接近性进行了类型学划分。

在这一过程中，斯特劳巴哈并未囿于文化研究传统，单纯强调受众对文本信息的主动解读，而是力求进一步论证受众围绕文化产品的意义生产过程与其所处社会文化语境之间的互动关系。基于对拉丁美洲多地调研所得的发现，结合布尔迪厄（Pierre Bourdieu）提出的文化资本（cultural capital）理论，斯特劳巴哈进一步提出受众通过家庭教育、学校教育、社会交往、旅行、宗教、媒体等渠道获得的关于某一文化的知识性资源，以及种族、性别、年龄等人口统计学特征所反映的社会结构因素，都可能影响受众对该文化的态度和对相关媒体文化产品的选择标准与接触行为。当然，上述因素之间并不存在具有统计学意义的线性因果关系，而是依据受众所处的具体社会文化情境而建立的"定性"而非"定量"联系。

在实际操作中，文化接近性研究主张首先通过对电视节目表的内容分析，验证文化接近性在特定区域是否成立，进而借鉴媒体人种志方法，通过访谈和参与式观察，分析受众对不同文化产品的态度及其影响因素。具体来说，前者主要通过对本地节目、进口节目、来自相同语言—文化区的节目在不同年代所占比重和播出时段进行定量分析，验证当地媒体是否具有给予本地或相近语言—文化区节目更多、更好播出时段的历时性变化趋势；后者则主要通过深度访谈和参与观察等方法，发现受众对不同地区、类型文化产品偏好的共性与差异，文化资本等因素如何对受众态度产生影响，以及受众的收视偏好反映了其怎样的文化身份认同。

## 1.3 成果述评

### 1.3.1 海外学者研究

当前西方国家学者的相关研究主要关注东南亚国家在摆脱西方

殖民统治之后电视媒体产业的早期发展历史，以及政府在全球化冲击下如何通过对文化产业的干预，在广播电视领域改变对西方文化产品的开放态度，转而加强区域间合作以及对本土电视产业的扶持（McDaniel，1994；Park & Curran，2000；Jin，2011）。其中，美国俄亥俄州州立大学（The Ohio State University）传播学系是从事此类研究的学术重镇。总体而言，西方学者的相关研究往往将东南亚各国视为一个区域性整体，主要关注进入后殖民时代的东南亚广播电视媒体如何摆脱西方文化霸权影响，实现本地媒体的独立发展等问题。

与西方学者相比，新加坡、马来西亚等国学者对马来西亚电视事业的研究，则更加强调马来西亚的本土语境，重视从媒体生产角度出发，探讨本地电视媒体在强化国家主流意识形态、抵制美国及周边亚洲国家"文化渗透"过程中发挥的作用（Zahari，1994；Hashim，1989；CheLah，2001；Foo，2004；Yap，2007）。在很长一段时间里，这不仅是马来西亚电视研究的主要特点，也是马来西亚媒体研究的主导性思路。在此类研究中，电视媒体往往被视为能为共同体建构提供丰富的"想象资源"的工具，具有强化各族民众"国家认同"的强大效果（Hashim，1996；Karthigesu，1988；Badarudin，1996）。除上述从生产角度切入的研究外，部分学者还着眼于马来西亚电视观众对进口节目的协商式、抵抗式解读现象。例如针对马来西亚私营电视台播出的奥普拉脱口秀（Wilson，2001）和真人秀节目（Wahab，2010）展开的两项研究，就从受众角度出发，呈现了马来西亚本地观众对西方真人秀节目的意识形态协商。

值得注意的是，近年来马来西亚学者的电视研究愈发关注电视媒体与马来西亚社会、文化间的互动关系，进而反思其在推动马来西亚政治民主化与公民社会建设过程中应该发挥的作用（Tarling & Gomez，2008；Rahim & Pawanteh，2011）。如针对马来西亚电视广告道德教化功能展开的一系列研究，就立足于对受众"对抗性"解码的分析，进而对广告的传播效果提出质疑（Holden，2001；Holden & Husin，2002）。而作为这一发展进程中最具代表性的研究成果，《马来西亚的媒体、文化与社会》（*Media, Culture and Society in Malaysia*）（Guan，2010）一书则从马来西亚报刊、电视、网络及新媒体等多个角度出发，对马来西亚媒体发展中存在的问题提出了批评。其中一项从"全球本土化"角度切入的研究（Kim，2010），正与本研究有相似旨趣，分析了马来西亚本地电视媒体如何通过对域外电视节目模式的"山寨"，表达了推动马来西亚政治民主与公民社会发展的"本地"诉求。

综上所述，海外学者针对马来西亚电视媒体的研究主要呈现出以下特点：

一方面，相关研究多以全球化冲击下马来西亚本地电视媒体及本土文化的生存发展为研究主题，囿于"东方—西方""本土—全球"二元对立的视角，无论是经验研究还是批判研究，绝大多数都有突出本土地位、抵制外来文化渗透的意味。

另一方面，相关研究对"本土"的理解较为狭隘。研究中提及的"本地媒体"，主要指马来西亚国家电视网或是主要面向马来观众播出的电视频道，不涉及其他更具地方性的媒体或少数族裔媒体。而以华裔为代表的马来西亚少数族群，无论在西方学者还是马来西亚、新加坡等国学者针对马来西亚电视媒体的研究中，均普遍被视为国家媒体"同化"的对象，而非参与媒体生产与消费的"文化主体"。

### 1.3.2 国内学者研究

与国外学者的相关研究相比，国内学者目前对包括马来西亚在内的海外各地华语媒体的研究主要集中于报业，如《海外华文传媒研究》（程曼丽，2001）、《海外华文传媒概论》（彭伟步，2007）、《星洲日报研究》（彭伟步，2008），等等。而针对马来西亚华语电视的研究，则基本停留在对其发展概况的介绍层面，多带有资料汇编的性质。其中最具代表性的当属《东盟广播电视发展概况》（国家广播电影电视总局培训中心，2008）与《海外华语电视研究》（李宇，2011），但上述著作因出版年代较早，提供的信息已较为陈旧。

与上述研究相比，《东盟国家媒介透视》（李异平，2004）和《全球化背景下的亚洲电视传媒：发展与文化》（刘琛，2009）两项研究，则对相关问题进行了较为深入的阐释。具体来说，以上研究主要关注全球化背景下东南亚国家的媒介政策，同时引入了发展传播学视角，注重探讨媒介在作为发展中国家的东南亚各国如何扮演了"推动国家发展"的特殊角色，与部分海外学者的研究思路有相似之处。但是，由于此类研究多以"东盟五国"乃至"十国"为研究范畴，在研究对象上也广泛覆盖报刊、广播电视及网络媒体，这使得其对各国电视业发展情况的分析往往是蜻蜓点水，在信息的详尽程度与理论的阐释深度上均有不足。

值得注意的是，近年来活跃于我国东南沿海地区高校的学者借助其地缘优势，针对海外华文媒体特别是东南亚华文媒体开展了一些较具突破性的研究，其中与本研究十分相关的包括以下五种。

暨南大学学者彭伟步于2009年出版的《新马华文报文化、族群和国家认同比较研究》一书，虽然以报刊为研究对象，但已注意到了海外少数族群传媒对华人身份认同的建构问题，与本研究具有相似的问题意识。同时在研究思路与方法上，该研究也体现了历史研究思路，运用了文本分析方法，并主要以华文报刊发表的文章以及媒体从业者的言论为分析对象，试图从华语媒体的历史发展进程中，发现其建构身份认同的模式与特征。遗憾的是，该研究过分拘泥于对国家认同、族群认同的探讨，并未在研究中回应流散族群研究与海外华人研究长期关注的华人族群身份的"混杂性"问题。

彭伟步于2012年出版的《少数族群传媒的文化记忆与族性书

写——〈星洲日报〉文艺副刊不同时期对华人的身份建构》相较于此前关于新马华文报刊的比较研究，因更多借鉴了人类学相关理论、强调了"世界主义"（cosmopolitanism）这一超越"国—族"关系的华人身份认同类型，体现出更强的理论新意。然而，该研究在理论视角上存在一定局限性，具体表现为在回应"族裔媒体建构少数族群身份"这一问题过程中，过度借鉴了西方族裔媒体研究的"功能主义分析"视角，将社会整合功能的发挥视为族裔媒体实践"全球本土化"的唯一路径，忽视了批判视角的引入和对受众能动性的关切。

与对《星洲日报》副刊的研究类似，另一项针对澳洲华文报纸的研究《"全球本土化"与海外华文报纸——以〈星岛日报〉澳洲版和〈澳洲新报〉为例》（刘康杰，2013），亦以功能主义分析为主要研究视角，忽视了对海外华文媒体及华人所处社会文化情境的具体分析。具体来说，该研究通过对两份报纸关于2008年奥运会和2007年澳洲大选报道数量和角度的分析，指出两份报纸未能在新闻报道中发挥"为华人代言"的功能，进而提出海外华文传媒应提升对本地华人报道的"质"和"量"，以实践其"全球本土化"发展路径。该研究使用的理论、方法及得出的结论，借鉴了南加州大学"传媒转型"项目对洛杉矶族裔报刊的研究，同时也因缺乏对澳洲族裔媒体发展及当地华人境遇的深入调研，忽视了对当地政府新闻审查、华语媒体自身资金和人员短缺、本土与域外媒体的融合与竞争、当地华人矛盾多元的身份认同与文化需求等影响海外华文媒体发展的"本土因素"的分析。

除了上述针对马来西亚华语报刊的研究之外，《中国内地电视剧在东南亚的传播》（宗倩倩，2014）和《华语电视在马来西亚的传播研究》（蔡菁，2015）两篇硕士学位论文，亦运用了文化接近性理论以及质化的受众研究方法，对马来西亚华语电视进行了较有针对性的研究，其选题在国内相关研究中较具开创性。然而，上述研究并未在开展受众研究之前对马来西亚华语电视的整体发展状况以及政治、经济、文化环境做广泛了解与深入分析，致使其最终得出的关于受众偏好的结论更多局限在现象层面，缺乏理论深度。

综上所述，目前国内学者针对包含马来西亚在内的海外华文报刊、电视等媒体的研究，具有以下特点：

第一，相关研究均以经验学派的功能主义分析为其主导研究范式，过分关注海外华文媒体实现社会整合的功能；缺乏"受众研究"意识与"批判研究"视角。

第二，相关研究对华人身份认同的研究，多局限于对"国家认同""族群认同""世界主义"等类型的僵化分类和讨论，结论的得出亦多出自对生产者及媒体产品的分析；并未引入新受众研究所提倡的深度访谈、参与式观察等方法，关注受众与解读媒体产品相关的意义生产活动。

第三，相关研究并未将马来西亚等地华人及其华语媒体视为在政治、文化上独立于中国之外的研究对象，而是倾向以"中心—边缘"视角理解二者间关系。受上述视角影响，相关学者在研究海外华语媒体时，大多注重开展"以我为主"的经验和策略分析；缺少对传播对象国华语媒体生态和节目市场构成的详尽调研，忽视了中国媒体与海外华文媒体及华人受众互动过程中可能存在的复杂联系。

## 1.4 研究问题

上文通过对流散华裔媒体、媒体与全球化相关理论的批判性分析，呈现出以下两种彼此相关的发展趋势：

一方面，流散华裔媒体研究愈发强调对全球化趋势的关注以及对媒体与全球化相关理论的借鉴，主张以批判视角分析全球流散华裔媒体网络中本土与外域媒体产品的影响力的消长趋势，以及与流散华裔相关的意义生产活动。

另一方面，媒体与全球化理论关于媒体与文化流动现象的阐释框架，经历了从"文化帝国主义"到"文化混杂"的变化过程，愈发关注广泛存在的"全球本土化"现象，例如在以亚洲为代表的地理—文化区域内部，日本、韩国等文化主体因媒体流动而产生的文化间性。

整合以上两种趋势可以发现，当前的流散华裔电视媒体研究正呼唤一种着眼于亚洲区域间媒体流动与文化间性、关注地方层次媒体文化实践与受众意义生产的新趋势。而文化接近性作为一种关注"全球本土化"之本土权力维度的理论，正可为上述研究提供理论基础与方法论支持。

综合文化接近性的理论内涵以及此前学者关于"全球流散华裔媒体"网络的分析，学者关于亚洲流散华裔电视的研究已形成如下假设（Sun & Sinclair, 2016）：

第一，在全球本土化语境下，亚洲流散华裔电视已形成从全球到本土多个层次的节目来源网络，各地文化产品相互竞争，并对本土产生影响。

第二，由流散华裔电视媒体制作的本地节目因具备与受众之间的文化接近性，所占比例逐渐增多、时段逐渐向好。

第三，流散华裔电视媒体进口自相近语言—文化区的节目因具备与受众之间的文化接近性，所占比例逐渐增多、时段逐步向好。

第四，在亚洲流散华裔电视网络中，中国香港、台湾地区作为传统华语影视文化中心的影响力日益式微，中国内地影视文化对流散华裔及其媒体的影响力有所提升。

基于上述假设，本研究在逻辑上以"马来西亚华语电视"为研究对象，以"全球本土化"为研究语境，以"文化接近性"为理论及方法论指导，旨在通过对马来西亚华语电视历史变迁过程的研究，回答以下三个问题：

第一，马来西亚华语电视在其播出渠道、节目数量、节目内容上经历了怎样的历时性变化过程？呈现出怎样的阶段性发展特征？

第二，在全球本土化语境下，产自马来西亚本地、中国、新加坡等不同国家和地区的华语节目，在马来西亚地面电视频道的播出呈现怎样的历时性变化趋势？当前马来西亚地面电视频道更倾向给予哪种产地、类型的华语节目更多的播出时间与更好的播出时段？是否及如何出现了中心转移？

第三，当下马来西亚华人在对华语电视节目收视偏好的自我言说中，如何表述与不同文化地理层次的华语节目之间的文化接近性？这些表述如何与其文化资本及文化身份认同相联系？

## 1.5 研究方法

### 1.5.1 历史研究

本文在总体上秉持历史研究思路，实践一切研究方法的基础是挖掘一切可以挖掘的资源，发现与马来西亚华语电视发展相关、在国内外学术界又鲜少被使用的一手资料，并在此基础上进行分析。相关资料主要包括以下八类：

1.《南洋商报》纸制版

在综合考察马来西亚各大华文报纸的基础上，本研究选择了刊载电视频道节目信息最全、相关背景介绍最丰富、过刊收藏最完整的《南洋商报》（晚报），作为收集马来西亚电视节目播出信息的核心资料。之所以选择其"晚报"，是因为根据马来西亚华文报纸的编排习惯，一日发行两次的报纸仅会在晚报中刊载当日电视节目的播出信息。

具体来说，1990年至2019年的《南洋商报》拍摄自中国国家图书馆南区台港澳文献阅览室，1990年之前的报纸拍摄自厦门大学翔安校区图书馆南洋研究院密集库。此外，暨南大学图书馆收藏的《南洋商报》亦是作者参考的重要资料，用以补充少量在国家图书馆和厦门大学图书馆均未收藏的报纸刊期。

在资料收集过程中，中国国家图书馆的资料查阅工作由研究者本人于2015年3月至2016年12月、2019年12月至2020年1月、2021年10月至2022年1月期间分三次独立完成，厦门大学和暨南大学图书馆的资料查阅工作则由研究者及学生助手在2015年3月至2016年12月间共同完成。

在本研究中，作者对《南洋商报》（晚报）的利用除了收集相应日期的电视节目播出数据之外，还包括对与马来西亚电视业发展相关新闻、节目介绍，以及观众"读者来信"的收集。

上述资料在作者目前掌握的相关研究中，绝大多数是首次被引用；其内容对于作者了解20世纪90年代之前马来西亚华语电视的早期发展状况以及受众反馈，具有极大的参考价值。

2. 马来西亚其他重要中文报纸电子版

除《南洋商报》之外，本研究中利用到的马来西亚华文报纸还包括《星洲日报》（马来西亚版）、《中国报》、《光明日报》（马来西亚版）、《东方日报》四种。资料来源为中国人民大学图书馆购入的"慧科搜索数据库"。

3. 马来西亚主要英文报纸电子版

除马来西亚华文报纸之外，本研究还参考了马来西亚主要的英文报纸，包括《新海峡时报》（New Straits Times）与《星报》（The Star）两种。

资料来源为清华大学图书馆购入的"律商联讯"（Lexis-Nexis）、

"万律"（Westlaw）数据库下属各国报纸数据库。

4.《当今大马》独立新闻网站

"当今大马"新闻网是马来西亚著名的网络媒体，亦是马来西亚除主流报刊外重要的独立新闻媒体，在深度报道方面极具影响力。网站地址为 http://www.malaysiakini.com/c/zh/news。

5."杏仁"网络杂志（Almond Magazine）

"杏仁"网络杂志（Almond Magazine）是马来西亚知名华语网络杂志，专门刊载与华语电视节目相关的影视资讯、名人专访和娱乐新闻，是了解近年来马来西亚地面电视频道播出节目信息及节目内容的重要资料来源。网站地址为 http://almondmagazine.com/。

6."佳礼中文论坛"网站

"佳礼中文论坛"是马来西亚最主要的华人综合网络论坛。论坛下属"影音娱乐"版块刊载了大量电视节目播出信息以及华裔网友的相关点评。网站地址为 http://www.cari.com.my/cijtest/cn/gbk/code.htm。

7. 马来西亚通讯与多媒体部（Ministry of Communications and Multimedia Malaysia，KKMM）网站发布的政府文件。

文件内容包括各时期的广播电视政策、指令，网站地址为：http://www.kkmm.gov.my/。

8. 马来西亚首要媒体集团（Media Prima）官方网站（https://www.mediaprima.com.my）发布的公司历年年报。

## 1.5.2　内容分析

"内容分析法"（content analysis）作为一种社会科学研究方法，是指对被记载下来的人类传播媒介的研究，其内容可具体包括书籍、杂志、网页、诗歌、报纸、歌曲、绘画、讲演、信件、电子邮件、网络上的布告、法律条文和宪章以及其他任何类似的成分或集合

（艾尔·巴比，2009）[318]。在本研究中，内容分析法被具体应用于对电视节目表的分析。

"电视节目表分析"（program analysis）作为一种通过对报纸资料的内容分析来研究电视节目的方法，曾被斯特劳巴哈多次用于对文化接近性理论的论证以及对电视全球流动现象的研究。在其他相关研究中，作者也曾使用此方法，分析马来西亚的电视产业与政策变化（Hashim，1989；CheLah，2001），不同语种、产地节目在马来西亚各地面电视频道的播出情况（Ishak & Firdaus，2010）以及亚洲各地电视剧和马来西亚本地电视剧在地面电视频道的播出情况（Wahab，Kim，& Baharuddin，2013）。

从操作角度来说，针对电视节目表的内容分析有两种常用的抽样方法：一是"结构星期抽样法"（composite week sample），二是"连续星期抽样法"（consecutive week sample）。出于便利性考量，上文提到的绝大多数研究均采用了"连续星期抽样法"，即以作者开展研究的时间为起点，每一年或半年选取一个连续的自然周，对其间播出的每期电视节目进行分析。自然周的选择，或依据"随机数表"确定起始日期，或由作者本人以规避节日、假日等特殊时段为原则自行选择。如斯特劳巴哈在其《世界电视：从全球到本土》（World television: from global to local，2007）[258]一书中，就选择了每年3月或11月的第一个连续自然周作为电视节目的抽样时段。

然而，考虑到电视节目的播出特性，"连续星期抽样法"往往更适用于对电视节目的语种、类型进行分析，难以准确反映电视节目的产地分布及其历时性变化特征。因此，在以节目产地为考察重点的研究中，更宜采用的是非连续抽取日期的"结构星期抽样法"（Hashim，1989）。具体操作方法为在研究总体中从不同星期里随机抽取包含星期一至星期日的样本，并把这些样本构造成"一个周"（王钦，2014）。

具体到本研究,为了回答上文提出的第二个研究问题,即"产自马来西亚本地、中国、新加坡等不同国家和地区的华语节目,在马来西亚地面电视频道的播出呈现怎样的历时性变化趋势;马来西亚地面电视媒体倾向给予哪种产地、类型华语节目更多的播出时间与更好的播出时段",作者综合采用了"结构星期抽样法"和"连续星期抽样法",对《南洋商报》于不同历史时期刊载的马来西亚地面频道电视节目表进行了内容分析。相关分析依据不同的研究目的以及不同历史时期播出华语电视节目数量的差异,遵循不同的抽样规则:

对于1984年至2003年间的电视节目表,作者采用"结构星期抽样法",每半年(26周)抽取一个"结构周",每次抽样的起始数字均随机选自"随机数表"(艾尔·巴比,2009)[524-525],最终依据得到的7个小于或等于26的随机数字,对应选择26周中的星期一至星期天组成"结构周"。

对于2004年至2019年间的电视节目表,因涉及电视节目数量较多,且研究对数据准确性的要求更为精细,作者选择了2004年、2007年、2010年、2013年、2016年、2019年6个年份进行分析。同样以"结构星期抽样法",每季度(13周)抽取一个"结构周",抽取过程同样依据"随机数表"进行,最终依据得到的7个小于或等于13的随机数字,对应选择13周中的星期一至星期天组成"结构周"。

对于抽样所得日期的电视节目表,作者以当日"所有地面电视频道播出的华语节目"为研究总体,以"每期华语节目"为分析对象,分析变量包括电视节目的"频道""时长""时段""产地""类型"。

本研究在内容分析过程中对各变量的操作化定义如下:

"频道"指"电视节目表上实际显示的播出频道"。

"时长"指"电视节目表上实际显示的播出时长"。

"时段"包含"黄金时段"与"非黄金时段"两个属性,"黄金时段"根据马来西亚电视台具体情况,在本研究中指每日晚间 19 时至 22 时 30 分[①]。

"产地"指"电视节目出品方所属地理区域",在本研究中具体包含"马来西亚""新加坡""中国""日本""韩国"等属性。

"类型"以马来西亚电视台实际播出的华语节目类型以及当地观众的分类习惯为依据判定。

值得注意的是,作者在开展内容分析过程中对作为分析总体的"华语节目"的辨别,主要依据《南洋商报》电视节目表上的名称标注以及作者对电视节目的既有知识。具体来说,20 世纪 60 至 80 年代初的《南洋商报》节目表会在每期节目名称后标注其语种,以"C"代表华语节目。此后,《南洋商报》开始对不同语种节目采取不同的名称标注方式,以中文直接标注华语节目名称,对其他语种节目则以其原始语种显示名称,或采用中文翻译加英文、马来文的形式进行标注。此外,《南洋商报》作为华文报纸,对于当日各电视频道播出的多数华语节目都会附上节目内容介绍。

此外,在本研究中,两处以"节目语种分布"而非"节目产地分布"为分析重点的部分,作者亦使用了"连续星期抽样法",所选星期由作者依据"随机数表"选定,分析变量加入了"节目语言",在研究中会以脚注形式做出详细说明。

最后需要特别说明的是,在内容分析的具体操作过程中,对信度的检验是保证研究科学性的重要环节。由于对电视节目表的内容分析要求编码者必须对相关电视节目类型及产地有较为深入的了解,因此,本研究的所有编码工作均由作者一人完成。为了确保研究的

---

① 引自作者 2012 年 3 月 15 日对马来西亚首要媒体集团第 7 频道中文节目总监陈文贵的访谈。

信度，作者主要通过以下三种方式检验编码的准确性：

（1）所有编码工作均由作者本人重复两次进行。通过对两次结果进行比对，作者对不一致的部分均进行了第三次编码，力求将误差降至最低。

（2）作者在编码过程中邀请了一名长期收看马来西亚本地电视节目的马来西亚华裔留学生作为助手，对于不能搜索到视频资料或准确节目信息以判断其类型、产地的节目（此类节目在本研究中主要为20世纪80、90年代马来西亚本地民营公司生产的影视节目），统一交由该学生协助辨识。对于其中年代较早的电视节目，则由其交予家中长辈协助辨识。同时对于此类节目，作者在访谈过程中亦会邀请访谈对象加以辨认，以对助手所做的编码进行进一步验证。

（3）由于本研究对电视节目流动的分析并不完全依赖抽样所得日期的电视节目表，而是关照其整个历史发展过程，因此在展示内容分析结果的同时，作者亦会在文中对相关的产业、政策变化，以及电视台节目编排策略的变化进行详细说明，指出其中较为重要的时间节点、列举其中较为重要的节目信息，以与定量统计数据交叉检验。

### 1.5.3　深度访谈与参与式观察

本研究在受众研究部分继承了新受众研究传统，同时借鉴了斯特劳巴哈在提出"文化接近性"理论过程中所使用的"深度访谈"和"参与式观察"的研究方法。具体来说，作者一方面通过面对面访谈、电子邮件通信、网络电话、微信语音及视频等手段，对马来西亚首要媒体集团华语节目主要负责人进行了深度访谈，访谈内容主要涉及本地华语节目生产机制和进口华语节目的购买原则；另一方面将马来西亚华人视为应该被理解的对象，试图通过深度访谈和参与式观察方法，系统理解其与电视收看相关的文化生产活动。

关于"参与式观察",作者将其理解为一种在一定社会场合经历并记录事件的专业化技艺(Gans,1999)。具体到本研究,参与式观察主要分三部分展开:

首先,作者于2012年2月至3月、2019年10月先后两次赴马来西亚首要媒体下属八度空间频道、第7频道进行考察,对其华语节目制作部门的日常运营与节目生产流程进行了参与式观察,并与一线华语节目制作人员进行了交流。

其次,作者于2015年4月至6月、2016年9月至12月间,参与了马来西亚留学北京学生会(AMSIB)这一学生组织的多次活动。该组织总部设于北京语言大学,是一个成立十年的非营利性学生会组织,定期举办推广马来西亚文化的嘉年华会活动,成员中有大量马来西亚华人。通过该组织,作者结识了在京内多所高校就读的马来西亚华人留学生,与其建立了私人关系,对其电视节目观看偏好进行了访谈。

最后,作者于2015年9月至2016年8月在美国访学期间,加入了访问学校美国得克萨斯大学奥斯汀分校的"马来西亚华人留学生联谊会"。通过定期参与该组织的活动,作者与该组织内成员建立了私人关系,对其电视节目观看偏好进行了访谈。

关于质化访谈,作者将之理解为"鼓励他者自由表达其兴趣与体验的事件"(Lindlof & Taylor,2002)。具体到本研究,作者于2016年9月至2017年3月间,对来自马来西亚柔佛(4个)、雪兰莪(4个)、槟城(4个)的12个华人家庭成员进行了面对面的访谈或微信视频访谈。上述地点的选取综合考虑了马来西亚不同地区的地缘环境、华人的来源及其长期形成的收视习惯。

其中,柔佛州位于马来西亚大马半岛南端,在地理上与新加坡接壤,双方人口、文化交流密切。在首府新山人口中,41.5%为华人。在电视收视习惯上,南部部分地区的观众可直接收看新加坡地面电视频道。

　　雪兰莪为马来西亚首都吉隆坡及行政都城布特拉两个联邦直辖区所在地，是马来西亚经济最发达、现代化程度最高的州属，华人占其人口的 27.8%，接受马来语、英语双语教育程度较高，现代化程度也较高。

　　槟城位于马来西亚大马半岛北端，是马来西亚华裔人口最多的州属，华人占比 40%。多数华裔移民来自中国福建省，是英国殖民时期因"下南洋"定居马来亚的中国劳工的后裔，习惯使用闽南语。在电视收视习惯上，使用闽南语、粤语、客家话等方言播出的节目在华裔观众中影响很大。

　　除考虑上述地域因素外，本研究对受访家庭的选择还包括以下三条标准：第一，所选家庭需至少包含两个代际，可受访人数不低于 3 人。第二，所选家庭最年轻一代需具有熟练的华语阅听能力，可无障碍收看进口自各地、以方言或普通话播出的华语电视节目。根据马来西亚的社会现实，满足第二项条件的年轻华人，大多在拥有完整华文教育体系的华文独立中学而非仅开设一门中文课的国民型中学接受教育。第三，所选家庭成员绝大多数应是电视的忠实观众，且具有长期观看华语电视节目的习惯。最终，作者共从 12 个家庭中采访到 20 人，其中 60 后 8 人，90 后 12 人。

　　对于上述受访者，作者均进行了以签署《知情同意书》为前提的录音访谈，作者享有对访谈录音内容进行誊录、整理的权利。由于访谈内容部分涉及对马来西亚多元族群国情的评价，出于对受访者的隐私保护，本文在引用受访者言论时，统一以姓名缩写标注其身份，例如将作者名"梁悦悦"标注为"LYY"。

　　此外，需要说明的是，在具体开展深度访谈的过程中，研究者并非机械地遵照访谈提纲，以相同顺序询问受访者相同问题，而是尽力规避"对质化信息做量化处理"（Weiss, 1995）的方法误区，以充分开放的问题设计而非等同于"口头问卷调查"的闭合性问题设计（fixed-question-open-response approach）为基础，仅将文化接近性等理论作为指导资源，在访谈中不断鼓励受访者对个人及其家庭成员的电视收视偏好以及其他认为重要并希望表达的内容做尽量丰富的阐释。

### 1.5.4 文本分析

研究者通过看看网（Tonton）、油管（YouTube）等视频网站，付费观看了大量由马来西亚地面频道自行制作的华语电视节目，借此对作为重要研究文本的节目进行了分析，揭示其通过对声音、图像、文字等符号的综合运用和话语表达，传达了怎样的文化内涵。

## 1.6 章节安排

本研究在总体思路上将历史研究、理论研究与受众研究相结合。

第一章为绪论，将马来西亚华语电视研究置于"流散华裔媒体研究"和"电视与文化全球化研究"的双重视域下，结合对相关理论的评述，提出了应在着眼于本土的"全球本土化"语境下关注马来西亚华语电视在亚洲电视媒体流动过程中的历史发展进程，进而借鉴"文化接近性"的理论分析框架与方法论工具，提出了本研究要解决的问题，交代了本研究使用的主要方法。

第二章至第四章秉持历史研究思路，对处于不同历史发展阶段的马来西亚华语电视在播出渠道、播出数量、播出内容、社会文化影响四方面的变化趋势进行了分析，呈现了其间"全球"层次的经济、技术力量与"区域"层次的流行文化力量如何进入马来西亚华语电视市场，进而引起了"本土"层次的华语电视产业和节目的变化与社会文化的变迁。

第五章以此前三章的历史研究为基础，对当前马来西亚地面电视频道播出的各地华语节目的情况进行了定量的内容分析，同时对其自制华语节目的文化特征进行了分析，指出马来西亚华语电视在整合全球、区域、本土各方势力并谋求自身发展"中庸之道"的过程中，日益实现了进口节目的"多元化"与自制节目的"本土化"发展。而在各方影响因素中，发挥根本性作用的是与马来西亚华文教育发展相关的"本土"层次的文化因素。

第六章以第五章的发现为基础，力求通过对华人受众的访谈，进一步了解受众对当前马来西亚地面频道华语电视的"多元化"与"本土化"发展做何反馈，如何与日益兴起的中国和本地制作的华语节目建立联系，以及受到了哪些因素的影响。研究发现，第五章所呈现的马来西亚地面频道华语节目的变化趋势，在一定程度上反映了受众对各地华语节目态度的变化。而在影响受众态度变化的一系列"区域"与"本土"层次的因素中，学校推行的华文教育以及在不同代际华人间传承的儒家家庭伦理价值观，始终是最重要的影响因素，建立了受访华人观众与各地华语节目之间立足于其本土文化诉求的"文化接近性"。在这一过程中，华语电视节目为马来西亚华人广泛接触华人共同体提供了桥梁，亦参与建构了其依据所处历史、教育、家庭等本土情境而形成的对开放、流动的混杂文化身份的认同。

第七章为本研究的结论部分。作者紧扣"全球本土化"这一研究语境，揭示了马来西亚华语电视发展过程中"全球"与"本土"、"区域"与"本土"力量的博弈与混杂过程，分析了"全球流散华裔媒体网络"中各区域媒体影响力消长及华裔受众欣赏品味变化背后的文化逻辑，进而为中国内地影视产品未来面向全球流散华人的传播提出了可资借鉴的启示。

# 第 2 章 国家电视垄断下的华语电视萌芽（1964—1983）

## 2.1 华语电视诞生背景

马来西亚全称为马来西亚联邦，由位于马来半岛（西马）和位于婆罗洲的沙巴、砂拉越（东马）共同组成。历史上的马来西亚自 16 世纪起即被葡萄牙殖民者侵占，在马六甲建立了伊斯兰王国。此后，马来西亚先后被荷兰及英国殖民者占领，并于 19 世纪英国殖民时期形成了包括 9 个邦和海峡殖民地（马六甲、槟榔屿、新加坡）在内的国土范围。1948 年新加坡从海峡殖民地中分离而出，1957 年马来亚赢得独立，1963 年马来亚与新加坡及位于北婆罗洲的沙巴、砂拉越组成马来西亚联邦，并于 1965 年因新加坡退出联邦而形成了当前的格局（廖小健，2012）[25]。

马来西亚的原始居民为沙盖人（Sakai）、尼格列陀人（Negrito）等以狩猎为生的土著，自公元前 3000 年开始，就从亚洲大陆分批迁徙至马来半岛，成为当地的主要居民。此后，伴随着殖民者的到来以及商贾、劳工等外来人口的大量涌入，马来西亚开始成为由马来人、华人、印度人三大主要族群共同组成的多元族群国家。而马来西亚多语种广播电视事业的诞生与华语节目的萌芽，在根本上源自马来西亚于历史上形成的多元族群特征，以及殖民者施行"分而治之"政策所导致的族群区隔与争端。

## 2.1.1 "二战"之前的族群区隔

从中国移民发展史的角度来说，中国人在今日马来西亚地区的定居最早可追溯至 15 世纪中叶，郑和下西洋时曾经过处于葡萄牙殖民者统治下的马六甲。此后，在马六甲港口充当中间商的华人在马六甲定居的越来越多，并形成了当地最早的华人社会。为了对数量日渐增多的华人进行统治，葡萄牙殖民者在马六甲施行了"甲必丹"制度（Kapitan Cina）。所谓"甲必丹"是荷兰语"kapitein"的音译，本意为"首领"。"甲必丹制度"即指殖民政府任命德高望重的华人富商为"甲必丹"，由其负责管理境内华人，在殖民政府与华人社会间扮演沟通角色（孔飞力，2016）[52-53]。17 世纪中叶，荷兰接替葡萄牙政府占领马六甲后依然保留了这一制度，以体现对当地华人社会的重视。早期在马六甲担任"甲必丹"职务的多为属闽南方言群的福建商人，今日被称为"峇峇""娘惹"的马来西亚土生华人，正是侨居马六甲的福建商人与当地人通婚后所孕育的后代。

17 世纪中叶，在中国国内清兵大举入关的背景下，众多难民为躲避战乱而逃往东南亚谋生，使得马六甲等地的中国移民数量出现大幅度增长。至 19 世纪中叶，受到中国开放通商口岸、鸦片战争促使难民流散、英国殖民者招募劳工开发新加坡自由港等因素的综合影响，又有大量华人以华工身份前往马来亚谋生。19 世纪末至 20 世纪初，马来半岛锡矿的发现和橡胶种植业的崛起进一步刺激了大量华工涌入。截至 1931 年，不含新加坡在内的马来半岛华侨数量已占到其人口总数的 33.9%，华人成为具有巨大人口优势的马来西亚第二大种族（巴素，1974）[373]。除马六甲、槟榔屿、新加坡等传统移民地之外，华人移民亦开始集中于作为锡矿中心与橡胶主产地的霹雳州、作为农业州的柔佛州，以及商贾汇集的吉隆坡与雪兰莪州（钟继军、唐元平，2014）[72]。鉴于华人移民数量的激增以及华人非法社团的大量涌现,英国殖民政府于 1826 年废除了葡萄牙及荷兰殖民者建立的"甲必丹"制度,并于 1877 年在新加坡设置了"华民护卫司"(The Chinese Protectorate)①,委任精通中文的英国官员担任首领,对与华人移民相关的事务进行直接管理;其管辖范围亦陆续扩展至吉隆坡等华人大量聚居的城市。这一机构的设置标志着英国殖民政府开始改变对华人的漠视态度,允许华人社会以"国中之国"(imperium in imperio)的形式存在(文平强,2009)[12]。

在第二次世界大战爆发前,华人商贾因为在马来亚社会中处于精英阶层,成为各时期殖民者拉拢的主要对象;再加上华人劳工的涌入有利于殖民地经济发展,使各时期殖民政府均有意识地对华人施行区别于其他族群的政策。以教育为例,在 20 世纪 20 年代之前,英国殖民政府对华文教育多抱以自由放任的态度,允许华侨自由创办以中文授课、使用中国教材的华文学校教育子弟(郑良树,2007)[286-288]。此外,英国殖民政府还默许华人自行组建不带有明显暴力性质,因亲缘、地缘、行缘而结成的社团组织(孔飞力,2016)[160]。值得注意的是,上述政策的施行并非出于对华人公民权的维护,而是由于英国政府并无长期安顿华人、使其成为马来亚永久公民的计划,因此不重视对华人本地效忠意识的培养。在英国殖民者的统治之下,华人与马来亚其他族群之间的政治、经济接触均十分有限,各自处于相对自治的"隔离"状态。这种"分而治之"的殖民政策一方面使得可凭借"侨民"身份在中国与马来亚之间自由往来经商的华人大多抱着"叶落归根"的心态,更多关心中国而非马来亚的本地事务;另一方面也强化了马来亚其他族群民众对华人的排斥心理,使华人被视为本性重利、既掌握国家经济命脉又不愿宣誓效忠的外国人(Hirschman,1986)[352-353]。凡此种种,都为其后华人与其他族群

---

① 1904 年更名为"华民政务司"(Secretary of Chinese Affairs)。(参见《东南亚历史词典》)

间冲突的出现埋下了伏笔。

### 2.1.2 独立前后的族群争端

马来亚各族群因彼此隔离而相安无事的局面，随着第二次世界大战的爆发和 1943 年日军占领马来亚而发生了巨大转变。作为日军对华侵略政策的延续，日本军政府在马来亚施行了怀柔、拉拢马来人，镇压、压榨华人的政策，导致两大族群在政治上日益形成了矛盾关系。期间，部分马来人曾与日军合作打击华侨抗日活动，造成了两族之间流血冲突的发生；再加上日军占领期间马来亚经济萧条局面的出现，迫使许多城市华人"弃商从农"，进入乡村从事农垦业，威胁到了以农业为传统支柱产业的马来人的经济利益。在上述因素共同作用下，1945 年日军撤离马来亚时，华人与马来人已形成了紧张的政治对抗与经济竞争关系（廖小健，2012）[39]。

1945 年英国殖民者在重返马来亚之后，加速了在马来亚建立"马来亚联邦"（Malayan Union）的殖民统治进程，并于 1946 年颁布了《马来亚联邦计划》，在其规定中废除了马来人的政治特权，同时给予了包括华人在内的其他族群平等的公民权。这一计划因严重触犯马来人利益而引发了国内反殖民运动的展开，在这一过程中，华人尤其成为英国殖民政府转嫁社会矛盾的牺牲品。1950 年，英国殖民当局将近 60 万华人（约占当时华人总人口的三分之一）强制迁往农村地区的数百个"新村"进行隔离安置，并对其实行限粮、限水、宵禁等管制政策。这一政策的施行不仅给新村华人带去了深重苦难，也进一步造成了华人和以军警身份协助英殖民者维持新村秩序的马来人之间矛盾的激化。

20 世纪 50 年代，英国殖民者已经无法通过制造族群矛盾扼制马来亚人民的反英情绪与独立意志，华人亦逐渐改变此前自视为客居马来亚的"中国人"，对自身公民身份及权益毫不关心的状态，开始以组建政党、社团等形式投身于马来亚国家的独立运动。除了成立代表华人利益的政党"马来西亚华人公会"(Malaysian Chinese Association, MCA, 简称"马华")参政议政之外,华人教师还分别于 1951 年、1954 年组建了"马来亚联合邦华校教师总会"(简称"教总")和"马来亚华校董事联合会总会"(简称"董总"),二者又合称为"董教总",共同捍卫马来亚的华文教育。上述组织在马来亚争取国家独立及宪法制定的过程中,代表华人就"马来人是否应在公民权上享有特权""华文教育能否在马来亚取得合法地位"两大问题,与其他政党、社团展开了博弈。具体来说,华人政党及社团主张各族群公民应享有平等权利,同时要求将华文与马来语、印度语一道列为马来亚官方语言,以肯定华文教育的合法地位。然而,华人关于华语及华文教育的诉求在当时并未得到其他政党及社团的认可,反而被视为对马来亚国家缺乏忠诚的表现。

1957 年 8 月 1 日,由马来人、华人与印度人共同组成的政治联盟通过选举建立了自治政府,马来亚正式获得独立,《马来亚联合邦宪法》亦随之颁布。该法案在肯定土生华人以及在马来亚长期居住的华侨公民身份的同时,亦给予了马来人若干特权。马来语被规定为国语和官方用语,马来人在接受教育方面也被给予了额外的奖助优待(Pek,1988)[203-232]。而反观华文教育,虽然《1957 年教育法令》肯定了华文小学、中学的合法地位,并承诺由政府分别给予其全部或部分津贴资助,但 1961 年颁布的教育法令却否认了华文中学的合法地位,要求其必须改制为以马来语或英语为教学媒介,才能以"国民中学"或"国民型中学"身份获得政府的经济资助。同时,《1961 年教育法令》还赋予了教育部长随时、直接命令"国民型小学"(以非马来语为教学媒介)转变为"国民小学"的权力(柯嘉逊,1991)[98];同时规定中学所有公共考试只能以马来文或英文为语言媒介(叶钟铃、黄佟葆,2005)[50]。上述政策的最终目标是实现国家教育的"马来化",即将各族青少年纳入以马来语为主要教学媒介的国民教育体系。在该政策影响下,不仅华文中学被排斥于国家教育体系外,需要依靠经济资助才能存活,而且即便是合法存在的华人小学,也随时面临被裁撤的危险。

在政府限制华文教育的背景下,以"董教总"为代表的马来西亚华人社团围绕华语及华文教育的地位问题,开展了一系列被统称为"华教运动"的斗争。在20世纪60年代,"华教运动"的主题是"争取华文为官方应用文,即法庭、官文书、通告、街名、招牌文字等(公共场合用语),并允许华文中、小学使用华文为主要教学媒介语及创办华文大学"(杨建成,1984)[134]。然而,华教运动并未改变华文教育日益式微的现实。1965年,马来西亚政府又颁布了《国语法案》,明确要求只有以马来文为唯一教学媒介语的"国民中学"才能获得政府资助(黄锦树,2000)[73]。同年,政府进一步取消了小学升中学会考,使华文小学学生可以直接升入国民中学并免费就读。上述政策的出台导致了华文独立中学数量及学生人数的大幅度下降,严重阻碍了华文的推广以及华文教育的开展。

虽然华教运动并未彻底改变华文及华文教育在马来西亚的边缘地位,但却逐渐演变成马来西亚华人社会建设的核心议题,促成了华人社会各阶层的团结。同时,华教运动亦促使华人重新审视其在成为马来亚国家公民之后所面临的身份认同问题。在这一过程中,多数华人的文化认同观念由"落叶归根"转变为"落地生根",为获得在所在国的平等生存权利,开始了以家庭为单位扎根的"本土化"进程。这一进程在政治上以宣誓对马来西亚国家"效忠"为前提,在文化上则坚持对中华文化的保存与传承。其中,华文教育尤其被赋予了"文化堡垒"的特殊意义,成为马来西亚华人维系对中华文化认同的重要媒介(孔飞力,2016)[313-316]。

马来西亚自殖民时代蔓延至建国之后的存在于教育等诸多领域

的族群争端，至1969年终于在马来人与华人间发酵出"5·13"种族流血冲突事件。"5·13"事件平息后，持激进观点的马来西亚政治家马哈蒂尔·穆罕默德（Mahathir Mohamad）于1970年撰写了《马来人的困境》（马来语：*Dilema Melayu*）一书，将马来西亚的"种族不和谐"视为冲突爆发的主要原因，进而提出马来人是马来西亚的"合法主人"，以华人为代表的移民"在完全融入马来西亚社会前，只能被视为客人"。据此，政府应对生性温和的马来人施行有倾向性的保护政策，使其在与生性精明的华人移民的竞争中不至于无力还击（Mahathir，1970）[vi]。

作为上述思想在文化领域的表现，马来西亚政府在"5·13"事件后对华人等族群语言、教育的限制更加严格。具体到国家政策层面，1971年召开的国家文化大会明确提出了马来西亚之"国家文化政策"的三大原则，即"马来西亚的国家文化必须以本地区原住民的文化为核心""其他文化中有适合和恰当的成分可被接受成为国家文化的一部分""伊斯兰教是塑造国家文化的重要成分"；而第二条原则中"适合"与"恰当"的含义，必须以第一和第三条原则为基础来诠释。这一主张的直接后果是强化了马来文化的统治性地位，标志着"马来人至上"精神从政治层面扩展到了社会文化层面。在这一过程中，政府一面利用教育及语言政策限制华人等其他族群语言文化的保存与传承，一面利用马来文作为传播国家主流文化的工具，力求促使马来西亚这一多元族群国家向"马来化"的单一文化方向发展（胡春艳，2014）。

### 2.1.3 华语广播的运营传统

作为马来西亚华语电视发展的先驱，马来西亚广播事业的诞生及华语广播的发展，受到了英国殖民时期"分而治之"的族群区隔政策和马来西亚独立前后马来人与华人间族群争端的深刻影响，同时亦开启了马来西亚广播电视媒体为最大程度实现社会动员，面向不同族群、以不同语种播出的传统。

马来西亚的广播事业起步于20世纪20年代，新山（Johor Bahru）政府于1921年引入了第一台广播设备。此后，马来亚各地相继出现了由个体经营的无线广播社团，纷纷开设电台面向本地民众播送新闻资讯及音乐节目。具体到华语广播，1930年成立的"吉隆坡业余广播协会"（Kuala Lumper Amateur Radio Society）首次在马来亚开设了连续性的广播服务，并于当年7月首次播出了华语节目（McDaniel，1994）[22]；1934年成立的"槟城无线广播协会"（Penang Wireless Society）下属电台则首次实现了以马来语、英语、华语、淡米尔语四种语言进行广播，从此开启了马来西亚广播媒体的多语种运营传统（Lent，1977）[33]。

总体来说，20世纪20至30年代马来亚各地方广播协会的兴起与多语种广播节目的出现，是英国殖民政府长期对不同族群施行"分而治之"管理政策的产物。一方面，殖民政府为防止广播技术被敌对势力用于动员反殖民活动，不愿投入力量建立面向殖民地各地方社群的官方广播媒体；另一方面，马来亚各族群由于长期自治，在使用语言及活动范围上均不相通，亦催生了各地方社群以自身语言建立广播的需求。特别是具有较强财力与较高社会地位、同时重视教育与社群联络的华人群体，更是广泛投入到殖民地的广播事业建设当中。以吉隆坡业余广播协会为例，该组织1930年成立时，半数以上成员及副会长本人均为华人，槟城无线广播协会的成员当中亦有大量华人（McDaniel，1994）[29]。

1935年，英国广播公司协助马来亚邮电局（Malayan Post and Telegraph Department）在新加坡成立了"英属马来亚广播公司"（British Malaya Broadcasting Corporation），将吉隆坡业余广播协会、槟城无线广播协会下属电台全部囊括其中。作为马来亚首个受到英殖民政府财政与人员支持的私营广播机构,英属马来亚广播公司于1940年正式被殖民地政府接管并更名为"马来亚广播公司"(Malaya Broadcasting Corporation),成为马来亚首个由政府运营的广播机构。通过这一机构,英殖民政府亦实现了对马来亚广播事业的垄断,并将之用于"二战"期间的政治动员,以多语种节目面向殖民地各族群民众发布战争动态(McDanie,1994)[22]。

1942年至1945年日本占领马来亚时期,同样延续了英国殖民政府以多语种广播开展政治宣传的传统,以普通话、福建话、广东话、客家话四种华语主要方言以及日语、马来语和淡米尔语进行广播,对占领区各族群民众进行思想控制。"二战"结束后,重返马来亚的英国殖民政府进一步加强了对广播事业的控制,于1946年成立了"马来亚广播局"(Department of Radio)。借助该机构,英殖民政府将华语广播用于对华人新村居民的政治动员,不仅以四种主要华语方言播出节目,对重要消息还会以潮州话、海南话等华语方言进行发布。以1950年为例,马来亚广播播出的华语节目时长占到了总时长的33.7%,远高于同期播出的马来语(16.4%)与印度语(16.2%)节目(Gan,2012)[67]。

虽然日本侵略者与英国殖民者都将广播媒体视为推行其政治统治以奴役人民的工具,但由于节目的具体编排与播出均由马来亚本地人员负责,广播逐渐由侵略者及殖民者的政治宣传工具,演变为马来亚人民争取国家独立的社会动员工具。1959年,马来亚的广播事业在联邦独立两年后,彻底摆脱了英国殖民政府的控制,"马来亚广播局"亦分离为"新加坡广播局"与"马来亚广播局"两个机构。从1960年开始,马来亚广播逐渐摆脱了对新加坡的依赖,开始自行制作服务于新兴国家的广播节目。

作为重要的意识形态国家机器,独立后的马来西亚广播天然承担着服务国家建设的政治使命,被政府寄予了整合各族群、建构统一的马来西亚国家的期望。特别是在马来人与华人政党就"华文及华文教育合法性""国家文化应为单一文化还是多元文化"等问题激烈讨论的背景之下，国营广播的语言使用尤其成为各方关注的焦点。尽管马来人中的激进人士将多语种广播视为对马来文化主导性地位的破坏，期待国家广播能实现凸显马来语之"国语"地位的语言统一，然而马来西亚各族群在文化教育领域的长期区隔已然造成了大量国民不掌握马来语的现实，使国营广播不得不在实践中保留自殖民时期形成的多语种制作与播出模式，分别以马来语、英语、淡米尔语以及华语中的普通话、福建话、客家话、广东话等七种语言播出，以实现对各族民众特别是华人的最大程度覆盖（Gan，2012）[88-95]。由此，广播的多语种播出作为一种"殖民遗产"，在马来西亚独立后被继续保留，进而为其后国家电视台节目的多语种播出以及华语电视节目的诞生奠定了基础。

## 2.2　华语电视早期发展

### 2.2.1　多语频道建立

马来西亚国家电视网络诞生于20世纪60年代初，"马来亚联邦"摆脱英国殖民统治、与新加坡共同组成"马来西亚联邦"的背景之下。其间，新加坡的公共电视事业较马来西亚发展更早，于1956年开始筹建，1963年2月15日正式对外运营；马来西亚的电视服务则于1960年3月16日由内阁组建特别委员会发起筹建，后于1962年由加拿大广播公司（CBS）派出工程师乔治·琼斯（George Jones）帮助实施，最终于1963年12月28日开始以"马来西亚电视"（Talivishen Malaysia）为呼号，在位于吉隆坡安邦路（Jalan Ampang）的临时演播厅正式以马来语、华语、英语、淡米尔语四种语言对外播出（McDaniel，1994）[71-72]。上文提到的马来亚广播局亦由此更名为"马来西亚广播电视局"，同时负责广播与电视媒体的运营。

国家电视台在成立之初，信号只能覆盖吉隆坡周围24~32千米的地理范围，至1965年才得以覆盖整个大马半岛。随着1965年8月9日新加坡正式退出马来亚联邦，国家电视台成为马来西亚唯一的电视频道。直至1969年11月17日，国家电视台第2频道投入运营，通过三个频率向西马半岛北部、中部、南部地区观众播出，原有频道亦改为第1电视频道。两家频道共同受马来西亚信息部下属广播局管理——该组织成立于1969年10月12日、"5·13"事件方兴未艾的背景下，标志着马来西亚政府对广播电视媒体内容及运营直接管控的加强。

1969年11月17日晚20时15分，国营第1频道对"电视大厦开幕及第2频道启用礼"进行了全长45分钟的电视转播。在开幕礼上，时任马来西亚首相东姑·阿卜杜勒·拉赫曼（Tunku Abdul Rahman）发表了讲话，在祝贺马来西亚电视台"迁入具有现代化设备的新办公大厦"及"第2频道正式开幕"的同时还指出："政府重视电视台所扮演的角色，它不仅肩负起娱乐、教育及向公众人士报道消息的任务，在这个多元种族的社会中，它更协助建立全民的团结……我希望马来西亚电视台能够通过这些附加的设备，成功满足马来西亚公众人士的不同口味。"（佚名，1969-11-17）上述讲话充分体现了政府对新兴电视媒体在马来西亚现代化进程中发挥"社会整合"功能的期望与重视。

第2频道在其开播首日，自晚21时开始放送了时长1小时50分钟的黑白电视节目，具体包括"报道今日节目大纲""新闻及广播部长广播""各民族歌舞""明日节目预告"四个板块。从次日起，第 2 频道开始正式播出电视节目，首播时间提前至晚 19 时 55 分，收场时间延长至晚 22 时 30 分。其播出的电视节目除进口自美国、英国、加拿大等国的罪案剧、科幻剧、情景喜剧、西部电影和歌舞秀之外，还包括《华语新闻》《淡米尔语新闻》两档面向华裔、印度裔观众的自制新闻节目，分别于晚 20 时至 21 时黄金时段播出，时长均为 10 分钟。

第 2 频道的开播显示出处于起步阶段的马来西亚电视媒体进一步延续了为国内各族群观众提供马来语、华语、英语、淡米尔语四种语言节目的传统，以期解决此前马来西亚国家电视台华语及淡米尔语节目播出数量不足的问题，更好地发挥国营电视媒体的社会整合功能。同时，第 2 频道在建立后亦与第 1 频道有了较为明确的分工，第 1 频道主要负责播出重要国家活动以及本地制作的马来语节目，偶尔播出配以马来语字幕的进口电影，或在重要节日期间播放非马来语特备节目；而其他本地生产或进口的非马来语节目，则于 1970 年后全部转移至第 2 频道播出。由此，第 2 频道成为华语电视节目在马来西亚最主要的播出平台。

值得注意的是，早在 1962 年马来西亚引进电视服务之初，就规定了各语种电视节目应占的比例。马来西亚政府听取加拿大专家建议，将电视台播出的马来语、华语和英语节目比例确定为 45∶30∶25。之后由于印度裔民众抗议，政府又将四种语言电视节目的播出比例修订为 45∶30∶20∶5，最后的 5% 为印度淡米尔语节目。此后，受到节目传输时间的限制，这一比例再次被修订为 39∶26∶26∶9（庄迪澎，2010-12-01）。表 2-1 显示了 1969 年 11 月第 2 频道开播首周，各语种节目在该频道的播出情况。与众多国家电视频道的早期发展特征相似，第 2 频道在其起步阶段，亦存在对美国等西方国家英语节目的严重依赖，同时，面向华裔及印度裔观众播出的非马来语节目所占比例，与官方制定的标准亦存在较为明显的差距。

表 2-1　马来西亚电视频道 1969 年 11 月播出各语种节目情况（单位：分钟）①

| 语言 | 第 1 频道 | 第 2 频道 | 合计 | 时长总占比 |
| --- | --- | --- | --- | --- |
| 英语 | 1573 | 760 | 2333 | 53.6% |
| 马来语 | 1577 | 140 | 1717 | 39.5% |
| 华语 | 180 | 60 | 240 | 5.5% |
| 淡米尔语 | 0 | 60 | 60 | 1.4% |
| 总计 | 3330 | 1020 | 4350 | 100% |

### 2.2.2　华语节目萌芽

具体到华语电视节目的类型与内容，在国家电视台开播之初，除不定期播出进口自香港的电影外，固定播出的华语节目仅有于 1964 年启播的《四喜临门》（马来语：*Empat Sekawan*）。《四喜临门》作为马来西亚最早的自制电视剧与华语节目，以"情景谐剧"形式将华语电台知名广播剧《四喜临门》搬上了电视荧幕。节目多以卧室或客厅为场景，四名主演分别以"福建佬""广西佬""广东妹""客家婆"身份出演，同时使用各自代表地区的方言和马来语、英语进行交谈，以再现生活中马来西亚华人混杂使用不同语言、带有"语言马赛克"特征的真实交流场景。从内容上看，《四喜临门》分单元讲述不同的故事，每个故事 3 至 4 集，每集容量 30 分钟，于每周一晚间黄金时段播出一集，每年拥有 42 小时的播放时间，新年时还会加播新春特备节目。故事内容多与家庭伦理问题相关，延续

---

① 表 2-1 中的数据由作者整理自 1969 年 11 月 17 日至 23 日的《南洋商报》电视节目表。

了歌台"豆腐歌"①的俏皮表演风格，以诙谐幽默的语言为特色，在当时受到了华人观众的广泛喜爱（佚名，2012-10-04）。

1970年，《四喜临门》被调整至新开播的第2频道播出。此后，国家电视台又于第2频道推出了"两家亲"自制华语电视剧时段，所播自制华语短剧与《四喜临门》交替播出。上述节目的出现，可被视为马来西亚本地制作华语电视剧的起点。与《四喜临门》不同，"两家亲"时段播出的自制华语短剧不再以华人常用的四种方言播出，而是采用了纯粹的国语对白。所谓"两家亲"，在寓意上也不再致力于展现马来西亚华人内部不同祖籍地和方言区人群的多样性，而是更加强调马来人与华人之间的亲密团结。就内容而言，"两家亲"时段播出的华语短剧依然以家庭伦理为主要题材，多取材于中国民间传说，不再局限于固定的演员班底和单一的室内场景，开始在表现形式上向多元化方向发展。

除自制华语电视剧外，第2频道开播后还推出了马来西亚电视荧屏上首档自制《华语新闻》和《华语电视杂志》节目。其中，《华语新闻》在1969年开播之初于每日晚间黄金时段播出10分钟，进入20世纪70年代后节目时间逐渐延长，并在新闻播报后加入了访谈性质的"对话"环节，至1984年每期节目时长已延长至20分钟。《华语电视杂志》则以周播频率每期播出30分钟，多在《华语新闻》之后播出。其节目内容以介绍中华文化为主，例如邀请马来西亚华文作家介绍写作生涯、作品和技巧，访问中国成药药酒中心负责人介绍中国药酒文化（1980-02-11），邀请华裔插花大师和古筝演奏者

---

① 所谓"豆腐歌"是指男女打情骂俏的客家对唱情歌，歌词内容大多是男人向女人搭讪、边说边唱、互相揩油吃豆腐。《四喜临门》的四位主演海洋、黄河、韩瑛、黎明于20世纪50年代在吉隆坡南苑游艺场歌台表演期间，即以合作"豆腐歌"为其表演特色，受到华人观众的广泛欢迎。1952年，四人受翡翠广播电台邀请开始录制广播剧，遂成为受听众欢迎的广播明星。

## 第2章 国家电视垄断下的华语电视萌芽（1964—1983）

展示技艺、传授技巧（1984-06-07）。

除了自制的华语新闻和电视剧外，国家电视台自20世纪70年代起，还开创了在中国农历新年期间制作新春特备节目的传统。以1970年中国农历新年期间马来西亚电视台的节目播出情况为例，国营第1频道于2月6日大年初一晚黄金时段播出了时长20分钟的特备节目《华人农历新年》，介绍华人农历新年的历史。第2频道亦于当晚黄金时段播出了50分钟的自制节目《新年联欢晚会》。此后，第2频道将《新年联欢晚会》改版为《新年红包大会串》，于每年中国农历大年初一在第1频道播出，时长也延长至1小时。

《新年红包大会串》在内容上以歌曲演唱为主，早期节目主要播放由马来西亚本地歌手演唱的歌曲录影带。至20世纪80年代，《新年红包大会串》开始以歌手现场演唱的"歌会"为主要表演形式。以1983年2月7日中国农历新年为例，当年参与演出的就有马来西亚本地歌手和中国香港歌手陈百强，演唱歌曲多为"新年歌"，以"新年喜洋洋""大拜年""恭喜发财""条条财路通"等有华人特色的祝福语为曲名，以华语中的普通话、粤语、客家话以及英语、马来语等多语种演唱。

除了第1频道制作的《新年红包大会串》之外，第2频道于中国农历新年期间还会不定期播出新年特备华语电视短剧。以1980年中国农历新年为例，第2频道就在2月15日大年初一晚播出了特备华语短剧《春满乾坤福满门》。该剧讲述了在吉隆坡从事进出口贸易的洪姓华商一家在大年初一当天经历的故事，呈现了"做扫除""写春联"等节日风俗，同时探讨了"婚姻中的忠诚与背叛""离异家庭的亲子关系"等家庭伦理问题。在剧中，华商家庭中的年长一代呈现出勤勉耐劳而又保守迷信的形象，仅仅因为雇工在新年当天失手打翻了家中花瓶，就将其视为不祥之人进行辞退；而年轻一代华人则呈现出追逐流行文化、崇尚男女平等、自由恋爱等现代价值观念的形象，同时亦努力通过将中国港台地区的流行歌曲融入春联创作等方式，对中华传统节日文化进行创新。上述对本地华人传统节日风俗和不同代际华人关系的呈现，是早期马来西亚华语节日短剧的主要内容特征，亦成为此后马来西亚自制华语电视剧特别是贺岁剧一直延续的传统。

### 2.2.3 发展及其困境

为了更好地提升本地节目的制作能力，逐步摆脱对进口电视节目的依赖，马来西亚新闻信息部广播电视处于1970年成立了名为敦拉萨广播电视中心（Tun Abdul Razak Broadcasting Institute）的国家广播电视培训中心，由国家电视台负责运营，为其员工提供与通信工程和电视节目制作相关的培训课程，以及与其他国家电视同行交流和赴海外培训的机会（McDaniel，1994）[90]。这一举措将大量受教育程度较低的蓝领工人吸纳进电视行业，一定程度上推动了马来西亚电视通信技术与产制能力的进步，同时为其后续发展储备了因接受免费技能教育而对国营电视媒体有较高忠诚度的中坚人才。经过近十年的发展，马来西亚国家电视网络于1978年正式迈入彩色电视时代。当年1月28日，时任首相胡申翁（Tun Hussein bin Onn）为第1频道主持了全国首个彩色电视节目。1979年8月31日，为庆贺马来西亚独立26周年纪念日，第2频道亦首次以彩色画面转播了在砂拉越州首府古晋举行的庆祝仪式，正式将信号覆盖范围扩展至位于东马半岛的沙巴及砂拉越地区，实现了国家电视网络覆盖马来西亚全境的目标（叶南泉，1984-06-01）。

然而也应看到，在马来西亚国家电视网络日趋完善的同时，其播出节目却未受到包括华人在内的观众的认可。一方面，由于受到政府控制，国家电视台播出节目多以教育、新闻时事和宗教类为主，在题材上缺乏娱乐性；另一方面，由于资金不足，国家电视台引进的国外节目大多较为陈旧，无法满足观众日新月异的收视需求。在这种情况下，马来西亚民众依据其居住地区不同，纷纷将目光转向国外，通过安装地面接收器等方式收看邻国电视台播放的更新、更好的娱乐性节目。具体来说，位于西马半岛南部的民众多收看新加坡电视，位于马六甲北部及柔佛州西海岸的民众多收看印尼电视，位于西马半岛北部及东海岸的民众多收看泰国电视，位于东马地区的民众多收看文莱电视（陈玉水，1984-06-04）。

一项针对20世纪80年代新加坡、马来西亚两国边境城市新山（Johor Bahru）电视观众的问卷调查也显示，在可同时接收两国节目的情况下，超过60%的马来西亚被调查者会观看新加坡广播公司（Singapore Broadcasting Corporation）的电视节目，而观看马来西亚节目的被调查者则只占23%（Hashim，1989）[70]。马来西亚观众之所以偏爱新加坡电视台，是因为其具备以下吸引力（Hashim，1989）[74]：

（1）新加坡电视台的画面质量更好；

（2）新加坡电视台对最新进口节目的引进更及时，不像马来西亚电视台总是不断重播以前的节目；

（3）新加坡电视台的节目时间安排更合理；

（4）新加坡电视台周末播出节目的时间更早；

（5）新加坡电视台播出的新闻节目更加有趣，不像马来西亚电视新闻总是由死板的新闻播报员占据画面，很少出现来自现场的人物影像。

此外，伴随着20世纪70、80年代中国香港流行文化的兴起以及录像机在东南亚各国的普及①，自中国香港流入的电影录像带日益成为马来西亚民众文化娱乐生活的重要组成部分，而其中绝大多

---

① 具体到马来西亚，从1979年到1984年，经政府许可的录像机销售数量从2800台激增至950,000台。

数录像带都因未经过马来西亚电影审查局审查而属于非法（Boyd, Straubhaar, & Lent, 1989）[103]。对于上述现象，时任新闻信息部部长曾在接受访问时抱怨："现在的家庭主妇从农贸市场采购回家时，往往一手提着鱼和蔬菜，一手就提着在市场租赁的可观看一周的非法录影带。"（Anon，1983-10-08）特别是华人家庭，只要经济条件允许，都会购买录像机以收看自中国香港非法流入的录影带。一项调查也显示，20世纪80年代初，马来西亚超过70%的录像机使用者为华裔。无论是对马来语掌握程度有限的年长华裔还是语言能力较好的新生代华裔，都偏爱以此种方式观看产自中国香港的中文影视剧（Boyd, Straubhaar, & Lent, 1989）[113]。作为这一现象的侧面反映，就连《南洋商报》等马来西亚主流华文报刊，也常常在电视节目介绍版面刊登以录影带形式流入马来西亚市场的最新香港电视剧分集剧情，以方便家中没有购买录像机或未租到录影带的华人观众先睹为快。

在国民私自接收他国电视信号、租借非法录影带等现象屡禁不止的背景之下，马来西亚国内改革国营广播电视体制、让广播电视媒体远离政府管控的呼声愈演愈烈。1983年前后，国家电视台内部就改革其国营体制为"公共服务型体制"的方案进行了讨论。虽然为了保证国家电视媒体在马来西亚切实履行维护族群统一和宗教和谐的整合功能，这一设想最终未能实现，但依然推动了马来西亚国内电视产业的变革。一方面，国家电视台开始在少量"商家特约时段"允许商业广告进入，并于1983年利用广告收入购买了多部英国、美国知名影片的播映权，在第1频道每周一晚间播出；另一方面，马来西亚政府于1983年向私营企业发出了首张电视经营许可执照，马来西亚首个私营地面电视频道投入运营。由此，马来西亚电视产业进入了国家与民间资本共存、国营与私营媒体并置的全新发展阶段。

## 2.3 小结:"整合之困"

本章梳理了20世纪60至80年代,马来西亚国家电视媒体及其华语节目诞生、发展的早期历史。

就媒体功能而言,从政府的角度来看,一方面,与世界上绝大多数发展中国家的广播电视媒体相似,马来西亚国家电视媒体在其起步阶段,即被政府视为实现国家现代化发展的重要工具,扮演着宣传国家政策以教化民众的重要角色;另一方面,马来西亚国家电视媒体作为重要的意识形态国家机器,又因马来西亚过往经历的殖民统治以及国家独立过程中出现的族群争端,承担着帮助政府宣传国家文化政策,将包括华人在内的各族群整合于以马来文化为主导的统一国家文化当中的特殊使命。

而从华人族群的角度来看,马来西亚国家电视媒体诞生于华人由"侨民"成为"公民"、华人政党围绕公民权力特别是华文及华文教育合法性等问题与其他政党展开博弈的历史背景之下,这亦使华语电视自诞生之始,就被马来西亚华人寄予了彰显华文在大众传媒等公共领域"合法性"、存续华人文化传统的期待。

就节目内容而言,早期马来西亚华语电视节目除了宣传国家政策的《华语新闻》《华语电视杂志》之外,尤以自制的华语戏剧节目为主要特色。特别是《四喜临门》华语情景剧的出现,开启了马来西亚本地华语电视节目强调华人"在地性"的制作传统。从"歌台"到"广播"再到"电视",该节目通过将"方言谐剧"这一受马来西亚华人喜爱的传统文艺表演形式搬上电视荧屏,充分展示了马来西亚华人在日常生活中混杂使用多种语言的特殊语言习惯。

然而就传播效果而言,马来西亚国家电视媒体的建立与自制华语节目的播出,在当时既未实现政府整合多元族群、统一国家文化的目标,亦未满足华人彰显华文教育和华人地位的期待。由于国家电视频道播出的华语娱乐节目数量严重不足,华人观众很快就被以新加坡电视为代表的境外电视媒体以及来自中国香港的电影录像带吸引，使马来西亚国家电视台陷入了本地观众特别是华人观众大量外流的困境。

值得注意的是，马来西亚华语电视事业在创建初期陷入的困境，不应简单归咎于电视媒体自身制作水准的有限，而是受到其所处复杂的国内外环境影响。就国外环境而言，自20世纪70年代开始在亚洲各地扩散其影响力的香港流行文化，无论对于草创时期的马来西亚国家电视媒体还是处在摸索阶段的马来西亚自制华语电视节目来说，都是难以与之抗衡的对手。就其国内环境而言，马来西亚华语广播电视节目的出现与少数族裔及移民广播电视节目在加拿大、澳大利亚等地的出现不同，并非政府基于"多元文化政策"（multicultural policy）于媒体领域整合国内少数族群及移民的"主动"选择，而是从殖民时代"被动"继承的遗产。

正如有学者在对马来西亚广播宣传与其国家建立间关系的研究中所指出的：作为"分而治之"这一殖民政策遗产的多语种广播，因其天然具有的"族群区隔"属性，本身并无助于独立后的马来西亚解决其国家统一问题（Gan，2012）[114]。换言之，如果马来西亚政府无法在宏观层面调整其强调马来文化优先地位的政策，媒体的多语种播出反而可能进一步加剧不同族群之间的语言、文化区隔，长久阻碍马来西亚的社会整合进程。而这一观点亦可用于解释20世纪70、80年代，马来西亚华人观众因本地华语节目不敷所需而转向海外媒体及非法录像带市场的现象。具体来说，一方面，华人与马来人在语言、教育、媒体使用等领域存在的长期区隔，使得多数年龄较长的华人不具备欣赏本地马来语节目和进口英语节目的语言能力，只能通过观看华语节目满足自身文化娱乐需求；另一方面，国家电视台自制的少量华语节目以社会整合而非娱乐为目的，难以长期吸引华人观众，使其只能转向海外市场，通过观看境外华语节目满足自身文化娱乐需求。

# 第 3 章 私营频道建立后的华语电视发展（1984—1994）

## 3.1 华语电视市场变化

### 3.1.1 私营频道建立

马来西亚国家电视媒体在垄断市场 14 年后，于 1984 年迎来了首个竞争对手。1984 年 6 月 1 日，由马来西亚电视系统有限公司（Sistem Televisyen Malaysia Berhad）运营的首家私营电视频道开始以"第 3 频道"为名，面向巴生谷流域（包含吉隆坡及八打灵地区）约 150 万户居民正式播出，覆盖人口约占当时马来西亚全国人口的十分之一。其播出首周从下午 17 时播放至午夜 0 时，播出节目除频道介绍外，以进口自美国的动画片和电影为主。

第 3 频道成立于时任马来西亚首相马哈蒂尔（Datuk Seri Mahathir Bin Mohamad）为应对经济危机于 1983 年 3 月提出国营企业"私营化"（privatization）政策的背景之下。该经济政策以"向东学习"（Look east）政策和"马来西亚公司化"（Malaysian incorporated）政策为主体，前者强调改变马来西亚对西方政府模式的学习和依赖，主张向日本、韩国等经济发展迅速的东方国家学习，以提升政府行政效率；后者主张通过私有化改革设立公私合作组织，进而削减公共服务部门职能和政府开支（耿长娟，2011）。而在若干国营经济产业中，广播电视及电子通信业成为首批改革对象。具体来说，在充分借鉴日本广播电视体制的基础上，马来西亚电视媒体的私有化改革以公营、私营双轨并行为特征，力求建立区别于国家电视网、财政独立的电视媒体。

1983年8月，政府将首张电视播映执照派发给了由马来西亚执政党联盟最大党巫统（UMNO）掌控的投资公司"车队集团"（Fleet Group），授权其组建马来西亚电视系统有限公司以运营第3频道。与日本私营电视媒体多由朝日新闻、读卖新闻等新闻事业机构运营相似，马来西亚电视系统公司在组成上亦以新海峡时报集团（New Straits Times）为主，同时包含马来前锋报集团（Utusan Malaysia）、马印国大党投资公司麦卡控股，等等（Anon，1983-08-06）。此后，第3频道所有权虽数度易手，但始终未脱离执政党联盟巫统的资本控制。

值得注意的是，第3频道播映执照的正式生效日期是1985年1月1日。作为世界上以最短时间（10个月）完成筹备的电视频道之一，该频道之所以提前7个月播出，意在如期实现1984年7月对美国洛杉矶奥运会开幕式及体育赛事的转播。这一安排在彰显私营电视媒体体制灵活、资金雄厚等优势的同时，亦使其在开播之初即收获了大量观众的关注与好评。除此之外，第3频道对商业利益的追逐与观众口味的迎合，还体现在大力提升进口英语和华语娱乐节目的数量与质量上。

表3-1显示了第3频道开播后半年马来西亚电视台各语种节目的播出时长分布与占比情况。从中可以看出，与1969年的数据相比，国家电视台大力调整了本地马来语节目与其他语种节目的播出比例，使本地生产的马来语节目所占比例从39.5%上升至54.3%；而华语节目则全部转移到第2频道播出，所占比例为4.5%，比1969年略有降低。与两家国营电视频道不同，新成立的第3频道在开播首周给予了进口英语和华语节目较高的播出比例，将华语节目总占

比提升至6.8%，马来语节目则维持在与1969年相近的水平。可见，私营频道的出现为马来西亚电视节目市场的多样化做出了贡献，尤其成为进口英语、华语电视节目抢占市场份额的重要增长点。

表3-1　马来西亚电视台1984年6月各语种节目分布情况①（单位：分钟）

| 语种 | 第1频道 | 第2频道 | 占比 | 第3频道 | 占比 | 总占比 |
| --- | --- | --- | --- | --- | --- | --- |
| 英语 | 1167 | 1266 | 36.8% | 2490 | 79.1% | 50.4% |
| 马来语 | 2338 | 1250 | 54.3% | 300 | 9.5% | 39.8% |
| 华语 | 0 | 300 | 4.5% | 360 | 11.4% | 6.8% |
| 淡米尔语 | 0 | 289 | 4.4% | 0 | 0 | 3.0% |
| 总计 | 3505 | 3105 | 100% | 3150 | 100% | 100% |

具体到华语节目，为了有针对性地为广告商吸引购买力强大的华人观众，第3频道在开播之初即推出了"华语节目播出带"，在周一至周六晚间19时至20时这一黄金时段②，以套播方式同时推出了三部从中国台湾和香港地区进口的最新华语电视剧。以其开播首周为例，就在黄金时段以套播方式播出了《网中人》（周一、周二）、《星星知我心》（周三、周四）、《变色龙》（周五、周六）三部电视剧，在保留其粤语或普通话原音基础上，配以马来文字幕播出。

为了吸引更多华人观众关注进口华语电视剧，第3频道还在《南洋商报》上刊发了"今晚就扭开第三电视广播网，你将不必转换波道"的广告词，并对播出电视剧的内容特色与获奖情况进行了详细介绍，着力突出三部电视剧"围绕家庭人际关系展开"的主题共

---

① 表3-1中的数据由作者整理自《南洋商报》1984年6月1日至7日电视节目表。

② 这一"华语节目带"的播出时段主要依据华人观众的收视习惯设置。具体来说，晚间19时至20时既是普通马来西亚华人家庭吃晚饭、看电视的时段，亦是马来人因做祷告而无暇观看电视节目的时段。

性，以此提升偏爱家庭伦理题材剧集的马来西亚华人观众的收视热情。随着上述电视剧的热播，马来西亚中文报纸也开始刊发《〈网中人〉人物谈》等文章，为观众分析剧中人物性格和情节走向（万里城，1984-06-05）。从《网中人》的热播开始，作为该剧主演的香港演员周润发成为在马来西亚各族群观众中家喻户晓的明星。由此，香港影视节目开始依托私营电视频道，在马来西亚观众中扩散其影响力。

第3频道的成立在20世纪80年代中叶的确促成了之前收看非法录影带和新加坡等国节目的华人观众向本国电视频道的回流。例如一位华人观众就在《对第三电视的期望》（小初，1984-06-06）一文中表达了马来西亚南部华人因国家电视台节目无法满足需求而被迫转投新加坡电视台的心理，以及对尽快接收到第3频道信号的强烈诉求：

> 马六甲以南一带的居民似乎很幸运，可以把自家的电视天线铁架装得高高的，"捞过界"就能看到新加坡新传媒所提供的电视节目，也是羡煞了好多马六甲以北地区的电视迷。其实如果天高气爽信号清晰，跷起二郎腿看电视节目真是一大享受，偏偏是往往在最精彩的时候会来个天公不作美，见影不闻声或是沙沙刺耳声加上"雾一般"的线条画面一直在闪动，让人尽管又急又气也没办法！……就因为一直以来对国家电视台的节目有诸多不满，所以才会被邻国的电视节目吸引去了，结果不但没收到娱乐效果，反而烦恼多多！我国居民的生活水准已普遍提高，电视似乎成为每个家庭的"必需品"，第三电视启播的消息传来的确振奋人心，可是令人大失所望的是第三电视只照顾巴生谷一代的居民而忽略了我们……我们虽被新传媒的节目吸

引，但是更希望观赏本国的佳作，电视台不应该介怀我们的"向外之心"，给我们一次机会吧！我们的支持肯定会是一股很大的力量！

为了满足南马及东马地区观众对本国电视娱乐节目的收视需求，第 3 频道在 1985 年播映执照正式生效后，开始不断扩大其信号覆盖范围。1986 年 12 月 1 日，第 3 频道开始在马六甲及柔佛州大部分区域播出。为了与在马六甲影响深远的新加坡电视台争夺观众，第 3 频道还专门在首播当日推出了由马六甲本地华裔及葡萄牙裔歌手联手演绎、在马六甲本地取景拍摄的自制音乐录影带，并在节目中有意融入了马六甲土生华人演唱"班顿"（Pandun，马来文称为"Dondang Sayang"）的特色民间音乐表演，以向当地土生华人示好（黄润妹，1986-10-30）。此后，第 3 频道进一步拓展其覆盖范围，直至 1991 年年底，终于实现了对包括沙巴东海岸地区观众在内的全国电视观众的完整覆盖。值得注意的是，这一进程亦与华人群体密切相关，是在沙巴州华人组织中华商会联合会的推动下实现的。在致新闻信息部的多封函件中，东马相关华人团体曾多次表达沙巴东海岸观众因无法收看国际重大体育赛事和国外华语娱乐节目而感到"十分失望"的心情（佚名，1991-11-22）。

从总体上看，20 世纪 80 年代第 3 频道的开播，促成了马来西亚国家电视台、私营电视台与新加坡电视台竞争局面的形成。与国营电视频道相比，第 3 频道以打造纯粹的娱乐频道、提供纯粹的娱乐节目为优势，在节目编排上减少了新闻报道、时事论坛等可能使观众感到枯燥乏味的节目类型，以进口自美国、英国的最新卡通片、科幻片、歌舞片、西部牛仔片，以及进口自中国港台地区的电视剧为主打节目。而与新加坡电视频道相比，第 3 频道则主要发挥其资金优势，与新加坡频道争取海外新片特别是华语新片的播映权，购入了一批画面清晰、音质优秀的港台长篇电视剧（陈玉水，1984-06-04）。第 3 频道在其开播 18 个月后的 1986 年年初，即全面超过马来西亚国家电视台下属两频道，成为马来西亚广告市场份额最高的电视媒体（McDaniel，1994）[151]。至 1986 年年末，第 3 频道在其覆盖范围内已吸引了近 94% 的电视观众收看，尤其受到华裔观众的青睐（其中华裔占 51%，马来裔占 39%）。反观同时期的国营第 2 频道，则因第 3 频道的成立而在其覆盖区域内流失了大量华裔观众（华裔约占 23%，马来裔约占 77%）（Hashim，1989）[252]。

### 3.1.2　国营频道改革

私营电视频道的建立打破了国家电视媒体的垄断地位，使国营频道在收视率与广告收益上均面临巨大压力。为了扭转颓势，国营电视台对其下属多语种频道第 2 频道进行了多轮改革，着力提升进口自中国台湾、香港等地区影视剧的播出数量，以与第 3 频道展开竞争。

具体来说，国营电视频道的首轮改革从 1985 年开始酝酿。1985 年年初，第 2 频道更新了其电视节目表，分别于每双数周周三晚间以及每周日下午增设了"中华剧场"和中国"台湾电视剧"时段，每周播放 2 至 4 小时进口港台影视剧。当年，于"中华剧场"时段播出的中国香港电视剧有《老爷大过天》（无线电视台，1984）、《播音人》（无线电视台，1983）；于"台湾电视剧"时段播出的电视剧则有《苦心莲》（台视，1984）、《昨夜星辰》（中视，1984 年）等。与第 3 频道播出的《网中人》《星星知我心》等剧集相比，上述作品无论在时效性、知名度还是质量上均不逊色。然而，由于第 3 频道在开播初期即以一周 6 天套播 3 部进口剧集的播出模式成功吸引了华人观众的注意力，这使得国营频道上述剧集的播出并未为其带来收视率的明显增长。

1985年8月，第2频道再次更新了电视节目表，宣布从8月5日星期一开始，将推出四档全新的儿童教育节目，并将华语新闻的播出时间由每日晚间21时延迟至21时30分，以配合日间儿童节目的时间变化（佚名，1985-08-05）。新增的儿童教育节目均为进口自西方国家的最新儿童情景剧，分别为加拿大儿童剧《奇妙的电脑世界》(Bits and Bytes, 1983)、英国儿童情景剧《小子神探》(Young Sherlock, 1982)、美国儿童情景剧《男仆嬉春》(Charles in Charge, 1984)，以及英国儿童情景剧《书中自有黄金屋》(Book Tower, 1979)。从策略上看，第2频道的此次改版主要针对第3频道每日播出进口儿童片（下午17时至18时30分）与香港电视剧（晚间19时至20时）的时段，试图以较新的进口儿童剧取代原有的纪录片等教育节目，在上述时段与第3频道展开竞争。然而，此次改版依旧未在收视上取得良好成绩。

在进口儿童片不足以提升收视率的情况下，1985年11月，国营电视台对第2频道节目表进行了第三轮改革。此次改革依旧针对华语节目，拟从1986年年初起，取消每周四下午18时至18时30分对《四喜临门》及"两家亲"时段自制华语电视剧的重播，代之以私营公司拍摄的华语电视剧，以为华裔观众提供每周多一个时段的华语电视节目（黄润妹，1985-11-28）。通过此次改革，国营电视频道旨在与私营公司合作，提升本地华语电视剧的制作水平，进而为第2频道提供区别于私营频道的、更具本地特色的华语戏剧节目资源。在合作过程中，私营制作公司主要负责策划剧本和完成拍摄，国营电视台则负责提供拍摄器材以及委派把关的工作人员。事实上，在国营电视台做出此项改革决定时，已有三家马来西亚本地电视制作公司向国营电视台提出申请，有意承包上述时段的电视剧拍摄工作，并有一家公司的剧本已经进入审查阶段。在国营电视台看来，此项计划若取得成功，则可兼顾国家电视台扶持本地制作节目的职责与电视观众的娱乐需求，既在政策上响应政府的"私营化"号召，又可在商业上谋求更高的收视率与更大的广告收益。

然而，此项改革却在实践中遭遇了阻力。由于本地制作公司呈交的剧本大多因质量不达标而未能通过国营电视台的审查，第2频道最终并未获得足以填补预留节目时段的、足够数量的本地华语电视剧。综观1986年至1987年间第2频道的节目播出情况，每周四下午18时至18时30分这一时段依然被用于重播《四喜临门》及"两家亲"时段的自制华语短剧，或是播放纪录片等教育节目，并未有出自本地私营公司之手的华语电视剧在该时段或第2频道其他任何时段播出①。至1987年，第2频道不仅未开发出新的本地华语电视剧时段，还取消了《四喜临门》节目和"两家亲"时段华语节目的播出。

在本地制作华语电视剧无法与第3频道进口华语电视剧竞争的情况下，国营电视台于1987年再次对其华语节目播出时段进行了调整，从当年1月1日起，正式将每周播出的进口华语电视剧的数量由每周1至2次、共计2或4小时，增加至每月5次、共计5小时。这一改革实施后，进口华语电视剧不再集中于双数周周三晚间的"中华剧场"和周日下午的中国"台湾电视剧"时段播出；而是与第3频道一样，均衡分布于每周一至周五晚间19时至20时的黄金时段，形成了与第3频道晚间时段重合的华语电视节目带（佚名，1986-12-27）。同时，第2频道为迎合观众追看香港电视剧的热情，1987年后对华语电视剧的选播也全面向第3频道看齐，所播电视剧几乎全部产自中国香港。此次改革结束了私营频道成立后第2频道在短期内不断调整节目表的局面，亦标志着国营频道不再回避与私营频道之间的收视竞争，在保留《华语新闻》《华语电视杂志》两档原有华语新闻时事节目基础上，开始以引进更多、更新、更优质的

---

① 相关信息由作者整理自1986年《南洋商报》每日电视节目表。

香港影视剧作为提升其收视率与广告收入的主要手段。这一改革重新为国营电视台赢得了华裔观众注目,使第2频道成年收视观众中的华裔占比在1987年一度涨至50%,创造了该频道开播以来的最高纪录(Hashim,1989)[252]。

作为对此前系列改革的总结,1988年,时任国家电视台影片组主任东姑莫哈末阿里在接受《南洋商报》专访时,曾将国家电视台应对私营电视频道挑战的改革原则概括为"精益求精""娱众不忘使命""金钱不是一切",并对其内涵做出了如下阐释(黄润妹,1988-11-25):

> 国家电视台不是一个商业电视台,不能与第3频道相提并论。基于不同的使命,两台选播节目的标准也会有异。虽然如此,国家电视台仍然会继续努力,选播最好的影片,赚取更多的利润……身为国内电视媒体"大哥大"其实并不容易,在迎合观众口味、争取广告盈利之余,国家电视台作为政府向人民传播信息、教育观众的喉舌,还须时刻谨记保持形象。

而在谈及对包括华语节目在内的进口节目的选择标准时,该负责人则指出:

> 国家电视台播映的海外节目,肯定比第3频道多。但是,这并非"多而滥",其中仍有许多可观性极高的节目……第2频道选播海外影片与娱乐节目的标准是在重视教育与兼顾节目娱乐性的同时,"摈暴力""舍色情"……而具体到中文节目的播放,由于国家电视台每周播放中文影片的时间是工作日晚间及礼拜天下午,家庭中的每一个成员都会观看,因此大致上不适合播映恐怖或太过渲染暴力的节目。而考虑到当前影片制作的趋势,我们大多在儿

童片及纪录片方面会有更好的选择。

然而，尽管国营电视台领导层在各种公开场合着力强调自身与私营电视媒体不同的、团结和教育国民的责任，但在实际操作中，国营电视频道对进口电视节目的选择并未真正做到摒弃暴力和色情元素，亦未以儿童片、纪录片填充黄金时段，而是逐渐走上了与私营电视频道相似的娱乐化道路。具体到华语电视节目，这一趋势正表现为大力引进香港电视剧集。

自1987年至20世纪90年代初，国营第2频道的进口华语影视节目带虽然在播出时段及播放次数上有过数次调整，但基本与第3频道的晚间华语影视节目带保持一致。与此同时，第2频道在选片质量上也追求与第3频道的"势均力敌"。在当时的中文报纸上，经常有类似"第3频道看中《狙击神探》，国营频道以《当代男儿》争宠"（佚名，1989-04-27）的标题见诸报端，以体现国营与私营频道同时以香港电视剧吸引观众眼球的激烈竞争关系。随着《流氓大亨》《上海滩》《季节》等一系列香港电视剧的热播，第2频道的收视率亦明显改善。以1990年第42周的收视情况为例，在政府大选即将举行的特殊时期，第2频道于周二晚间中文剧场播映的香港电视剧《优皮干探》，依然力压第1频道为介绍大选选情而特别制作的系列时事节目《广电与你同在》，以308.1万人次的收视人数高居当周十大节目榜首位（黄润妹，1990-11-01）。正是由于第2频道节目质量与收视率的显著提升，第3频道还曾于1990年短暂取消了每周一、二晚间的中文影视剧播放时段，以缓解因播放质量较差华语影视剧而出现的收视率降低、广告商止步等不利状况（佚名，1989-12-01）。

### 3.1.3 政府限制进口

随着第2频道与第3频道竞争的愈演愈烈，马来西亚政府开始对进口节目的大量涌入抱以警惕态度，日益将之视为对本地电视产业发展的威胁。在时任首相马哈蒂尔的直接授意下，马来西亚在20

世纪 80 年代末 90 年代初陆续出台了一系列旨在限制节目进口、净化节目内容、扶持本地电视产业发展的政策法规。

其实早在 1984 年私营电视频道建立之初，马来西亚信息部就成立了专门审查进口电视节目的委员会，以确保马来西亚社会不受到与政府意识形态相悖的外来价值观影响。该委员会在成立后制定了针对各类影视节目的审查条例（Censorship Guidelines for Films. Programs. Variety Shows. Local and International News），对电视出镜人物的着装、发型乃至接吻等性爱镜头的表现方式进行了详细规定，以为电视台提供审查、删减节目镜头的依据。

1988 年，马来西亚政府又颁布了《广播电视法案》（Broadcasting Act of 1988）以及作为其补充的《广播电视职业道德规范》（Code of ethics of broadcasting, 1988），用以替代建国前颁布的《电子通信法案》（Telecommunications Act of 1950）。相关法案旨在对广播电视节目，特别是私营频道播出的包含大量性爱、暴力镜头的进口节目进行规制。只不过这一时期政府法令规制的主要对象是进口自美国等西方国家的歌舞秀等英语娱乐节目，而非进口自中国香港的华语节目。虽然也曾有《玫瑰的故事》等香港电影因性爱镜头过多而无法在国营电视频道播放，但此类节目在自我审查较为宽松的私营第 3 频道播出则未受到太大阻碍（黄润妹，1988-07-10）。然而，出于对电视节目伦理性与教育意义的考量，依然有华人观众在第 3 频道成立之初就表达了对其私营性质的担忧，提示媒体不应一味迎合市场，播放尺度较大的进口电视节目，还应兼顾社会责任（峻崖，1984-06-06）：

> 第 3 电视频道身为商业电视台，节目主要以娱乐和体育为主，这本是无可厚非的。但是希望除了这两方面之外，也应多放映一些具有教育性、能引起我们思考和富有知识性的影片。当然一些具有一定情趣，具有伦理性及反映各

> 国风俗人情和旅游的健康片集更不可少……我虽非食古不
> 化，但对于歌舞片，我不主张太新潮、太狂热，而歌手穿
> 得不伦不类的歌舞片还是少放映为妙，这对时下喜欢模仿
> 的少年，可能会带来不良的影响。

1990年，马来西亚于两周内接连发生两起青少年致多人死亡的恶性枪击事件，成为马来西亚政府进一步加强对电视节目管制的导火索。事件引发了公众关于电视节目社会责任以及对青少年影响的讨论，其抨击对象亦由进口英语节目扩展至华语节目。如《南洋商报》刊登的一篇评论就指出（佚名，1990-06-23）：

> 大众传播媒体，尤其是电视必须背上影响青少年犯罪
> 的黑锅，实在令人为电视叫屈。不过这是一项学术界、警
> 界共同承认的事实。我们除了正视这一事实外，可能更必
> 须对症下药……是否有可能使电视节目的制作和播映转化
> 为正向教化的功能……相比于西方国家生产的《芝麻街》
> 等优质电视节目，一些华语节目对儿童的影响可谓不堪入
> 目……其粗糙、卑劣、荒诞、庸俗的反教化程度实在只能
> 用心惊肉跳、担心害怕来形容。

作为对此类批评的回应，时任新闻信息部部长在讲话中就将两起枪击事件的发生定义为"暴力从影视节目流入现实生活"的标志，并表示政府将进一步强化对电视节目的管制，消除其中对社会有害的暴力元素（Zulkifi，1990-02-09）。在此背景下，马来西亚政府于1990年组织成立了独立的电视内容审查委员会。该委员会由25名退休学者、法律工作者及宗教学专家组成，主要负责依照现行法规，对国营及私营电视频道播出的节目进行无差别的内容审查（McDaniel，1994）。

以上述审查制度及机构的建立为铺垫，1991年5月，马来西亚

内阁正式向新闻信息部下达指令,要求包括国营与私营电视网在内的所有电视媒体减少其进口节目数量,致力于在2000年前将本地电视节目的播出比例提升至80%(Anon,1991-05-31)。为了实现这一目标,政府开始给予本地制作公司更多的预算支持,并要求国营频道为其提供播映时段(Foo,2004)。1992年2月,马来西亚政府又出台了针对这一举措的补充意见(简称"VHS"),要求新闻信息部以更加严格的标准对电视台播出的进口节目执行审查,对其中包含暴力(Violence)、恐怖(Horror)、色情(Sex)元素的内容予以禁播,或经严格删减后再行播出。由于多数香港影视剧均被政府认定为含有对青少年不利的色情、暴力内容,1992年,新闻信息部对第2频道与第3频道做出指示,要求其将每周一至周五晚间播出的进口华语电视节目时长统一从5小时缩减至4小时(Anon,1992-02-14)。

## 3.2 华语电视节目变化

### 3.2.1 进口节目起落

根据上文的分析以及图3-1、图3-2中的数据变化可以看出,虽然进口华语节目在马来西亚电视媒体上的广泛传播始于1984年私营第3频道的建立,但其后续发展却得益于随之而来的国家电视台改革,以及改革之后呈现的、第2频道与第3频道竞相播出香港电视剧的激烈竞争局面。从1987年国营电视频道显著提升进口华语影视剧播出数量开始,马来西亚地面电视频道播出进口华语节目的数量及比例逐步提升。1990年至1991年间,第2频道与第3频道平均每周播放进口华语影视剧的总时长更是连续两年分别达到9小时。进口华语节目总占比亦分别达到9.14%与8.78%,与1984年第3频道成立之初的数据相比增长了近一倍。

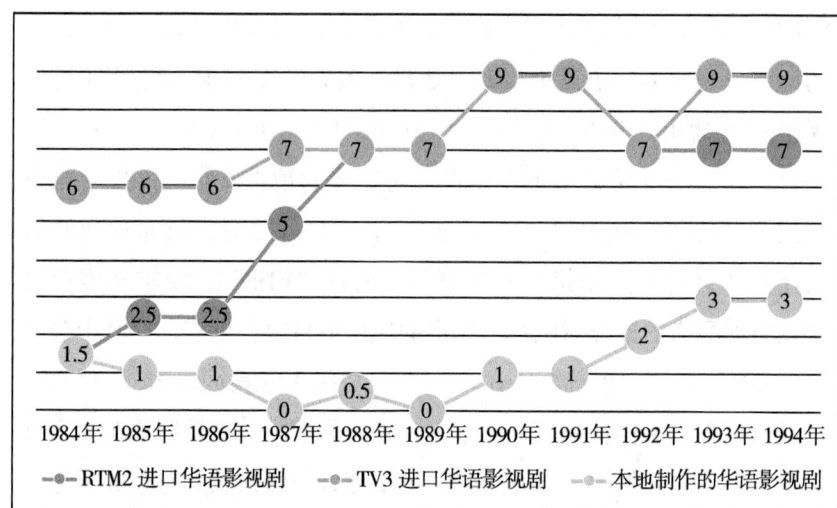

图 3-1　马来西亚地面频道播出华语影视剧周均时长变化
（1984—1994）（单位：小时）①

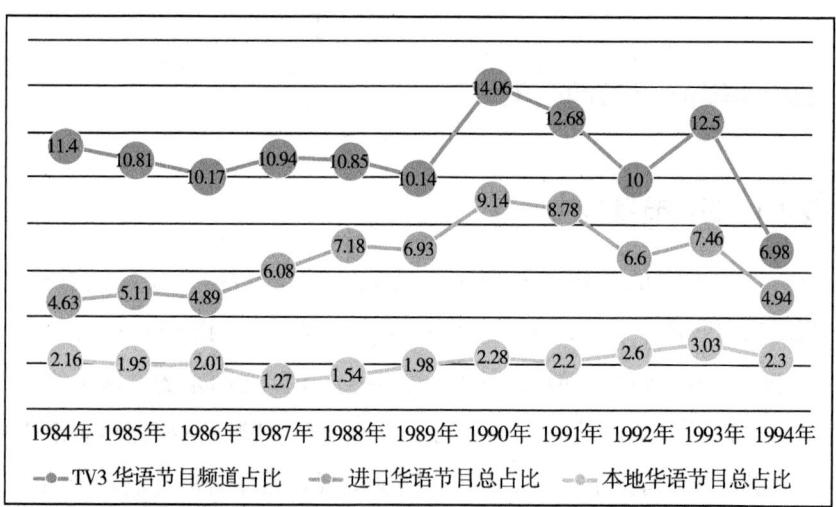

图 3-2　马来西亚地面频道播出华语节目比例变化
（1984—1994）（单位：%）②

---

① 图 3-1 数据由作者以结构星期抽样方式，每半年抽取一个结构周，对马来西亚电视频道播出的每档华语电视剧节目分析得来。

② 图 3-2 数据由作者以结构星期抽样方式，每半年抽取一个结构周，对马来西亚电视频道播出的每档华语电视节目分析得来。

1991 年至 1992 年，受政府减少进口节目数量指令的影响，进口华语影视剧在马来西亚地面电视频道的播出比例显著下降，除华语电视剧时段每周减少 2 小时外，第 2 频道与第 3 频道每周播出香港电影数量也分别由两部缩减为一部；进口华语节目总占比亦于 1992 年下降至 6.6%，低于 1988 年国营频道改革之初的水平。

虽然政府对进口华语节目的政策调控只维持了十分短暂的时间，1993 年，第 3 频道进口华语影视剧的周播出时长即恢复到 9 小时，但这一改革依然带来了一些不可逆转的影响。为了顺应政府扶持本地节目的要求，第 3 频道的节目编排开始向国营电视频道看齐，由开播之初纯粹的娱乐频道，逐渐转变为包含《国语新闻》《英语新闻》《第三电视杂志》等众多自制马来语、英语新闻时事类节目，同时在晚间设有固定"马来剧场"时段的综合电视频道。1994 年 3 月，第 3 频道更在政府监督下与国营第 1 频道进行了同步改版，将工作日始播时间由上午 9 时提前至 6 时，增加的 3 小时时段全部用于为都市上班族提供资讯服务，循环播出《最先新闻》《商业新闻》《今日大马》等以马来语播出的本地新闻资讯节目（陈如韵，1994-03-01）。

上述变化明显稀释了进口华语节目市场比例，使得 1994 年进口的华语节目在第 3 频道播出节目中所占比例从 1984 年频道开播之初的 11.4% 下降至 6.98%；在所有地面频道播出节目中，进口华语节目占比亦降至 4.94%，基本回到了 1984 年私营频道建立之初的水平。而对于国营频道来说，政府改革的影响则更加持久，不仅体现在 1990 年后第 2 频道本地华语影视节目播出数量与比例的回升上，还体现在马来西亚本地华语影视制作产业的发展上。

### 3.2.2 本地制作的发展

其实早在私营第 3 频道成立之初，就有华人观众在致《南洋商报》的信中表达了对电视台培植本地艺人、加强本地华语节目制作能力的期待（烈造，1984-06-05）：

> 商业电视台，顾名思义，相信这个电视台的经费是以广告费维持的。如果这个电视网广泛受人欢迎，相信商家一定会争着在这个电视网打广告。在此，希望有关电视台的负责人，不要一味想着赚取广告费而打了太多的广告，使观众失去了观赏的乐趣。纵观这一电视台（作者注：第3频道）所播映的节目，都是国外的一些热门片，希望电视台在播出这些热门片的当儿，也别忘了栽培一些本地艺人，拍摄一些反映本地特色及文化的影片。

然而，这一期待并未在第3频道成为现实。鉴于进口自中国港台地区的华语节目物美价廉，第3频道自开播后就从未播出过任何马来西亚本地制作的华语节目。而国营电视频道自1987年改革后，一度也因与第3频道竞争而忽略了对本地华语节目的播出，并未给予本地民营公司生产的华语电视剧充足的播出时段。

1988年6月，试图对本地华语电视剧加大投入的国营第2频道开辟了"彩虹剧场"时段，斥重金制作了《沙城》《路》《自己的天空》三部本地华语电视剧，于每周日晚黄金时段播出。《沙城》的编剧戴小华更凭该剧成名，从此奠定了在马来西亚华文文学界的地位。有观众在致《南洋商报》的信件中，就充分肯定了该剧叙事与拍摄手法的进步，同时表达了对本地华语电视剧未来"媲美"中国香港电视剧的期待（威宁，1988-05-27）：

> 从主题曲、片头、故事剧情发展至拍摄手法，《沙城》这部本地华语电视剧已经表现出少许进步……整部剧集的节奏快且流畅，不拖泥带水……笔者觉得本地华语电视剧集的播映时间太短了。就如《沙城》，只播约三十分钟便告

完毕，相信未能满足大部分观众的胃口……总体来说，《沙城》有其可观性价值。希望所有参与本地华语电视剧的工作者都能更积极地提高本地华语电视剧的水准，也希望本地观众都能支持本地的华语电视剧，并提出建设性批评。但愿有一天，本地的华语电视剧将能媲美中国香港的电视剧。

然而，"彩虹剧场"所播剧目虽然在当时受到了部分华人观众的喜爱，但始终难以与制作更加成熟的中国香港电视剧竞争，在开播仅半年后，即被国家电视台以中文剧集制作连年亏损为由撤销。1989年，国家电视台全年未播出任何本地制作的华语电视剧。直至20世纪90年代，这一局面才随着本地民营公司投入华语电视剧制作有所改善。在政府限制电视节目进口与扶持本地影视产业发展的政策鼓舞下，马来西亚兴起了一批本地民营影视制作公司，并逐渐发展为推动本地华语电视节目发展的中坚力量。国营第2频道也于每周六至周日晚间22时30分至23时30分开辟了"双喜剧场"（Twin happiness）时段，专门用于播放由本地民营公司制作的华语电视剧。这一举措使得国营电视台本地制作华语电视节目的播出时长与比例于1990年后明显回升，且呈现持续上升的趋势。

山水影视作为最早涉足华语电视剧制作领域的本地民营公司，将马来西亚本地华语电视剧由"单集短篇电视剧"带入了"长篇电视剧"时代。由其拍摄的《警探精英》（20集）、《芭山恩仇》（30集）两部长篇华语电视剧，先后于1991年在第2频道播出。上述电视剧的幕后制作团队并非来自马来西亚本土，而是自中国香港引进的外援，使用语言也是粤语。时任山水影视制作经理及电视剧监制的陈树楷，在入职前曾供职于香港丽的电视台和无线电视台，拍摄过《上海滩》等经典影视作品；两部电视剧的主演亦全部是香港知名艺人，例如《警探精英》的主演为曾江、任达华，《芭山恩仇》的主演为夏雨、杨盼盼。

作为山水影视引进的外援之一，加盟《警探精英》拍摄的香港著名演员曾江在接受《南洋商报》(佚名，1988-05-27)采访时曾提到，自己之所以选择在合约期满后加盟马来西亚山水影视，是因为公司给予了其三倍于香港电视台的优厚薪酬。但同时，他也因赴大马演出，承担了被港视"永不录用"的后果。而港视之所以出台此条规定，主要是因为"大马的制作对港视的利益有很大冲突"。由此可见，以"高薪养廉、引进港援"为特征的"山水模式"，在20世纪80年代末90年代初马来西亚本地华语影视剧的生产中并非孤例，甚至还因刺激了香港导演、艺员大量"出走"，引起了香港地区本地电视媒体的警惕。

然而也应看到，这种高度依赖香港影视创作团队的发展模式，本身亦存在极大的不稳定性。多数香港演员不会与马来西亚影视公司签订长期合约，合作仅限于对个别剧集的拍摄，而香港导演及制作团队的流动性亦很大。以山水影视为例，在陈树楷1988年转投香港亚洲电视之后，该公司即因难以继续招揽香港制作团队和知名艺员而解散。直至1990年，原班底才在国家电视台重新接受本地制作的政策鼓舞下，以"心得影视制作公司"的名义再度投身本地华语电视剧制作。

山水影视的发展沉浮正体现了20世纪80年代末90年代初马来西亚民营影视公司普遍面临的发展困境。由小规模民营公司出品的本地华语电视剧，只有极少数能被国家电视台采购，而要在竞争中脱颖而出，则需要有能力邀请到中国港台地区的导演及艺人参与创作，以提升作品在华人观众中的市场号召力。为了摆脱上述高度依赖外援的发展困境，马来西亚本地民营影视公司也在培养本地艺人团队等方面进行了积极尝试，以期借鉴香港电视媒体发展的成功经验，为华人观众制作能媲美香港电视剧的优质本地粤语电视剧，其

## 第 3 章  私营频道建立后的华语电视发展（1984—1994）

中尤以"家庭影业公司"（Home Video Distribution，简称"HVD"）的实践最为成功。

家庭影业公司成立于 1981 年，最初主要扮演进口电视节目代理商的角色，同时为国营及私营电视台的本地节目制作提供技术服务。自 1990 年起，该公司开始自行制作包括电视剧、综艺节目在内的粤语节目，通过与第 2 频道签订长期合约，成为国营第 2 频道本地华语电视剧播放时段的主要供应商（Anon, 1992-07-04）。在作为家庭影业公司竞争对手的其他民营影视公司看来，该公司的崛起主要源于公司高层与时任新闻信息部部长的默罕默德·拉赫马特（Mohamed Rahmat）良好的私人关系，以至于在 1990 年新落成的新闻信息部大楼主楼上，都会悬挂该公司的广告板。然而，客观分析家庭影业公司的发展策略，可看出其优势并不仅仅体现于与政府官员间的密切联系上。

一方面，该公司充分借鉴了香港无线电视台艺员培训班在当时较为先进的艺员培训与管理模式，主张从源头上培养具有良好粤语表达能力与成熟表演技巧的本地华裔艺人，控制因高薪外聘演员而可能产生的高额制作成本，为华语影视剧生产提供了可持续发展的动力。该公司在《南洋商报》（佚名，1993-02-01）上发布的演员招考广告，正体现了上述发展思路：

> 欢迎你加入本地规模最大、发展最稳健的影视制作公司。为了日益增加的片集需求，我们决定培训及发掘更多的我国电视专业演员。报名条件：年龄 17 至 40 岁之大马公民，五官端正，身体无缺陷，男身高 5 尺 7 寸以上，女身高 5 尺 2 寸以上；通晓广东话，能阅读、书写中文。经面试获录取者，将获得最少三年演员合约，并免费参加四个月的演员培训课程。

正是上述立足本地的发展模式，为该公司提供了较为稳定的本地华裔艺员资源，使其能从容应对国营频道对本地华语节目不断提升的需求。自1990年年初开始，该公司为第2频道贡献了包括《天蝎》《黑暗》《水中莲》在内的多部本地华语电视剧，培育了黄志强、刘俊强、陈美娥、温绍平、江家荣、陈可美等一批本地华裔艺人，同时也吸引了黎明、郭峰等曾出演国营第2频道《四喜临门》情景剧的本地华裔演员加入公司。为了提升旗下本地华裔艺人的知名度与社会形象，该公司还频繁率艺人团队赴大马各地参与慈善义演等活动（赖宝信，1993-11-26）。

另一方面，该公司在践行立足本地发展模式的同时，还积极投身对外影视文化交流，有意识地向海外市场推介马来西亚本地影视作品。1993年，家庭影业公司就曾代表马来西亚，率队赴中国参加了第二届北京国际电视周的展映活动。活动期间，由该公司制作并负责海外发行的《我是谁》《陌路英雄》《哭泣的杀手》三部马来西亚本地电视剧的华语版本作为观摩片，受到了包括北京电视台在内的海峡两岸及香港地区多家电视媒体的青睐。这一事件在当时被马来西亚媒体视为马来西亚本地电视剧在国际市场上的首次正式亮相。值得注意的是，时任家庭影业公司经理的胡琼隆在接受《南洋商报》采访（黄润妹，1993-05-28）时，还有意识地强调了活动现场新加坡广播局展映摊位前"空荡荡"的场面，以衬托马来西亚电视剧的"备受瞩目"。此番描述从侧面反映了该公司意图代表马来西亚，以自制华语影视节目在海外赢得声望的愿望。

从总体上看，在香港影视团队的深度参与以及山水影视、家庭影业公司等本地民营影视制作公司的积极推动下，马来西亚本地华语电视产业于20世纪90年代进入了第一个快速发展时期。其间崭露头角的长篇本地华语电视剧和本地华裔影视演职人员，均为马来西亚本地华语电视剧的后续发展奠定了重要基础,亦开启了马来西亚华语影视作品对外传播之先河。

## 3.3 粤语文化影响提升

### 3.3.1 电视剧

在马来西亚华人中,使用闽南语方言的人口最多,占比超过华裔人口总数的40%,粤语方言人口约占华裔人口总数的20%(罗福腾,2019)[58]。虽然粤语并非华裔人口使用最多的华语方言,但在马来西亚华人中长期拥有最广泛的社会影响力。在马来西亚文化语境下审视华人对粤语的偏好,这一现象的出现在很大程度上与20世纪80至90年代粤语电视剧在马来西亚的流行相关。由于在电视上观看到的进口及本地华语电视剧普遍由香港团队及香港演员参与制作,马来西亚华人观众在文化层面受到了作为中华文化重要组成部分的粤语文化的深刻影响,并以粤语文化为纽带,与马来西亚以外的中华文化圈建立了深厚的情感联系。

具体来说,香港影视剧的广泛流行以及本地华语电视剧对粤语的广泛使用,在很大程度上造成了20世纪80年代末90年代初马来西亚华人观众对"港音"的偏爱。有观众在致信《南洋商报》时就提到(苏曼凝,1992-09-01):

> 很多时候,我们在本地制作的电视剧里看到一个事实,有香港演员参演的剧集,显而易见地比纯本地演员的剧集有看头得多。这批香港演员无疑是每部剧的支柱……可惜的一点是,本地演员的最大特色竟然是五音不全的广东话。大马各地人士皆很多,不可能像中国香港那样,人人广东话"出口成章",但是身为演员讲好广东话,应该也算是演

艺之路的修为……再说，还有开拓本地剧集市场及他日与中国香港地区"切磋"的用途，至少不会让香港人笑破肚皮。有"乡音"，固然是本地制作的"特色"，可对于观众而言，实在应该好好想想"乡音"的问题了。

该观众的评论呈现出一个有趣的现象，即在华文学校接受普通话教育、被提倡"少讲方言"的马来西亚华人因受到香港影视剧的影响，在观赏本地电视剧时亦会表现出对纯正"粤语"的偏爱，甚至将熟练掌握粤语视为本地演员必须修炼的技艺。与该观众的评论相似，一名华人在回忆20世纪80、90年代所经历的港剧热潮时，也提到了港剧使粤语在学生群体中流行的现象（佚名，2012-05-28）。

犹记得当年中国香港电视剧"入侵"我国的时候……每天回到学校听同学们兴高采烈地讨论连续剧的剧情，七情上面地描绘戏中的角色……什么周润发、郑裕玲、黄日华、汪明荃……更甚的是，班上的同学开始兴致勃勃地给每位同学的姓名改为广东音，并呼唤对方，大家乐此不疲，使当时原本推广"多讲华语，少讲方言"的努力付诸流水。

对语言的偏好和使用作为一种象征性权力，具有塑造文化身份、建构文化秩序的重要作用。特别是对马来西亚华人这类流散族群来说，语言作为一种自我言说、自我确认的方式，对其进行选择和使用的背后，往往彰显着个体对自身文化主体身份的理解，以及与作为精神"家园"的原乡之间的情感联系。从这个意义上说，马来西亚华人因香港影视剧而形成的对粤语的语言偏好，背后所反映的并非单纯是一种以"方言"为基础的马来西亚华人地方性文化认同，而是对更广大区域范围内存在的华人共同体及其传承的中华语言文化的认同。

## 3.3.2 综艺节目

粤语文化对马来西亚本地华语电视产业和华人观众的影响既体现于华语影视剧中，也体现于华语综艺节目当中。无论是马来西亚国营、私营电视媒体还是民营影视公司，都会在中国农历新年、中国洪灾等与华人相关的特殊时段，在当地制作的节目中融入大量香港流行文化元素。以对华裔观众影响最深、最广，且受政府管制较松的春节特备节目为例，20 世纪 90 年代初，马来西亚电视媒体及民营制作公司在其新春贺岁节目生产过程中，都曾与中国香港电视媒体及艺人开展过密切合作。

1992 年农历新年期间，第 2 频道为与私营频道争夺收视率，特意购买了香港无线电视台于大年初一中午播出的新春贺岁节目《金猴接福迎新岁》的同步直播版权，使马来西亚华人观众有史以来第一次与中国香港观众于同一时间观赏到了由无线群星主演的新春节目。该节目以"大马与中国香港观众共享新春欢乐"为主题，由香港无线电视台利用人造卫星面向马来西亚全国播出。在节目中，时任香港无线电视主席的邵逸夫亲自主持了醒狮点睛仪式，在带领无线电视台全体艺员向马来西亚观众拜年的同时，还特意送出若干足金的金猴作为新春贺礼，体现了对马来西亚华人观众极高的礼遇（佚名，1992-02-03）。此外，当年第 2 频道大年初二中午播出的《群星贺新岁》，亦同样有周润发、任达华、黎明等香港明星亮相。

无独有偶，同样是在 1992 年，家庭影业公司在其提供给第 2 频道的自制新春综艺节目《吉星报喜贺猴年》中，也设计了本地艺人与香港艺人联欢的内容。除了本地艺人向观众拜年、玩贺岁游戏、斗唱新年歌、灵猴贺岁表演、相士讲解新年运程等新年节目的常规内容之外，当期节目的最大卖点即为节目组专程前往中国香港，对罗大佑、郭富城、周润发等众多知名港星进行了访问（佚名，1992-02-03）。

此外，作为第 2 频道的主要竞争对手，第 3 频道在中国农历新年期间播出的特备节目亦以香港明星演唱会及慈善歌会为主。以 1992 年农历新年为例，播出的节目就包括《利舞台：今夜星光灿烂》《超越乐队（Beyond）+ 草蜢音乐特辑》《星光熠熠耀保良 1991》《梅艳芳 90 年百变演唱会》等。

除了新春综艺节目之外，1991 年 8 月 15 日，马来西亚国家电视台还与香港无线电视台联合摄制了为中国华东水灾募捐的慈善义演节目，分上下两期在第 2 频道播出。在这档名为《星光闪聚吉隆坡》的节目中，刘德华、黎明、叶倩文、温兆伦等香港明星纷纷到场献艺，并成为受马来西亚观众关注的焦点。

上述香港演艺明星于 20 世纪 80 至 90 年代在马来西亚电视台转播或自制的各类综艺节目上的频繁亮相，显著提升了他们在华人观众中的知名度；而这种对明星的熟悉与偏爱，亦对粤语电视节目在马来西亚的广泛传播具有重要的反哺作用，进一步强化了马来西亚华人与中国香港影视节目所承载的粤语文化之间基于"语言"和"明星"的文化接近性，密切了其与马来西亚以外地区华人之间的文化联系。

## 3.4 小结："内外之争"

本章梳理了 1984 年至 1994 年间，马来西亚华语电视伴随电视私有化改革而经历的历史变化过程。具体来说，其变化可概括为以下三个层次的"内外之争"。

第一个层次的"内外之争"是"渠道"之争，存在于"马来西亚本地电视"与"境外媒体及录像带市场"之间，主要由政府与电视媒体出于政治与商业目的共同推动,旨在改变最具购买力的华人观众收看电视节目的渠道。在这一过程中,以香港节目为代表的华语节目,成为本地电视媒体吸引华人观众自境外电视台及非法录像带市场"回流",进而吸引广告商以谋求利润的工具。而从效果上看,在私营与国营频道相继大量播放进口华语节目之后,华人观众的确大量向马来西亚本地电视频道"回流"。

第二个层次的"内外之争"是"节目"之争,存在于"马来西亚本地制作华语节目"与"进口华语节目"之间,主要由政府"自上而下"推动,旨在改变马来西亚华人对进口华语节目的过度依赖。具体来说,政府吸引观众"回流"的一系列改革措施,仅仅改变了马来西亚华人观众观看进口华语节目的渠道,却未能使其将关注点转向本地华语节目。因此,马来西亚政府于20世纪90年代初开始意识到进口娱乐节目对国家电视产业发展及国家文化塑造可能产生的负面影响,并开始加强对进口电视节目的数量控制与内容审查。从效果上说,相关政策控制了进口华语节目的增长,同时促进了马来西亚本地华语电视制作产业的发展。

第三个层次的"内外之争"是"文化"之争。在文化影响力上,马来西亚政府对进口电视节目的管制,并未削弱中国香港影视产品所承载的粤语文化对马来西亚本地华语影视行业和华人观众的影响力。从上文的分析可以看出,中国香港演员及影视制作团队在这一阶段大量活跃于马来西亚本地制作的华语电视剧、综艺节目及节庆特别节目中,成为吸引电视台购买与观众收看本地华语节目的重要因素,使得马来西亚华人与中国香港影视节目之间基于"明星"与"语言"的文化接近性不断得到强化。

总体来说,马来西亚华人电视观众在这一时期的"外流"与"回流",均延续了其自华语广播草创时期即存在的、对收看华语娱乐节目的需求。而20世纪80年代风靡东南亚各地的中国香港影视节目，则适时地满足了马来西亚华人电视观众对优质华语节目的收视需求，使观众对自身华人身份及包含粤语文化的中华文化的认同显著提升。

# 第 4 章 付费电视推动下的华语电视转型（1995—2003）

## 4.1 华语电视市场变化

### 4.1.1 付费电视诞生

#### 4.1.1.1 美佳电视

在私营第 3 频道开播十年且发展较为成熟之后，1995 年，马来西亚政府加速了对广播电视媒体的私营化改革进程，开始允许付费电视进入马来西亚市场。在此背景下，马来西亚首家 24 小时运营的付费有线电视网络"美佳电视"（Mega TV）于 1994 年 10 月开始筹建，并于 1995 年 11 月正式投入运营。

美佳电视在 1995 年开播之初，服务范围仅限于吉隆坡及巴生谷流域地区，共为订户提供 5 个美国电视频道的收视服务，具体包括有线新闻频道（CNN）、探索频道（Discovery）、体育频道（ESPN）、电影娱乐频道（HBO），以及卡通与综艺频道（Cartoon & Variety Network）。1997 年，美佳电视将索尼公司旗下的动作影视娱乐频道（AXN）纳入了其服务范围（Samat，1997-12-30）。1998 年，美佳电视为了满足华裔观众的收视需要，又将中国台湾地区的中天频道（CTN，在马来西亚又名"Mega 天地"）这一全中文频道纳入了服务范围。

在美佳电视成立早期，订户需支付 395 至 595 令吉的初始安装费用，并于此后支付每月 45 令吉的服务费。而如果要收看索尼公司旗下的动作影视娱乐频道，则还需额外支付每月 5 令吉的费用（Lai, 1995-12-24）。根据统计数据显示，1995 年马来西亚的平均家庭月收入为 2,020 令吉，家庭月收入低于 500 令吉的人口约占全国总人口的 10.6%。其中，华人的平均家庭月收入高于全国水平，为 2,890 令吉，中等收入家庭的平均月收入为 2,560 令吉[①]。根据上述数据，对于一个中等收入的华人家庭来说，美佳电视的初始安装费约占其家庭月收入的 15.4% 至 23.2%，月服务费约占其家庭月收入的 1.8%。从总体上看，美佳电视对于当时马来西亚的中等收入华人家庭来说，虽然每月服务费用在合理范围之内，但初始安装门槛较高。1996 年 8 月，为了吸引更多订户，美佳电视实行了初次安装免费的优惠政策，并将其服务范围扩展至森美兰及马六甲等地区。1997 年，美佳电视进一步将服务范围扩展至太平、槟城、亚罗士打，以及麻坡、新山等西马半岛南部地区，实现了对包括沙巴及砂拉越地区在内的马来西亚全境的覆盖（Sajahan, 1999-12-30），订户数量达到 150,000 户（Samat, 1997-12-30）。

此后，由于受到亚洲金融危机影响，美佳电视先后停止了对兰卡威等地区的服务，订户数量于 1998 年减至 130,000 户（Anon, 1998-03-28）。随着订户的减少，美佳电视于 1998 年 12 月裁撤了 120 名员工，以维持其"低成本、高素质"的运营方针（佚名，1998-11-27）。至 2000 年 1 月，美佳电视又停止了对关丹等地区的服务，仅保留了巴生谷地区的 60,000 用户。至 2001 年年初，美佳电视全面终止了其服务。

虽然美佳电视仅开播 5 年即停止运营，但在其运营期间，仍以丰富的频道资源和娱乐化的节目内容得到了马来西亚观众的肯定。

---

① 参见网页：https://knoema.com/MYHIP2016/malaysia-household-income-poverty-1970-2014。

在《新海峡时报》组织的一次用户调查中，多数订户都给予了美佳电视"物超所值"的评价。甚至许多长久不看电视或已厌倦原有地面电视频道的观众，亦将美佳电视的开播视为"当年最值得庆贺的事件"，认为其成立"标志着马来西亚电视开始在技术与内容上与全球接轨"（Al-Attas & Kadir，1995-12-22）。

具体到华语节目，虽然美佳电视转播的绝大多数频道都以播放英文节目为主，但其中的"卡通与综艺频道"每晚均会播出较新的进口华语电视剧。至1998年，中天卫视的开播更加满足了华裔观众同步收看中国台湾地区华语电视节目的需求。值得注意的是，区别于主要播出中国香港电视剧的地面频道，美佳电视卡通与综艺频道是马来西亚最早播出中国内地电视剧的媒体。1997年7月，由刘晓庆主演的古装历史剧《武则天》于晚间22时至23时在该频道"中文电视剧"时段播出，成为在马来西亚电视荧屏上播出的首部中国内地电视剧。1998年，美佳电视卡通与综艺频道亦开始引进新加坡节目，播出了《敢敢做个开心人》《人海孤鸿》等电视剧。

#### 4.1.1.2 寰宇卫视

继向美佳电视开放市场之后，马来西亚政府进一步放宽了其对公众使用卫星接收器的管制政策，允许"寰宇卫视"进入马来西亚市场。"寰宇卫视"作为马来西亚第二个付费电视网络以及首个直播卫星电视网络，于1996年9月26日正式开播。该电视网络通过马来西亚东亚卫星系统（Malaysia East Asia Satellite System），在包括马来西亚及印度、菲律宾、新加坡在内的南亚及东亚多地落地，由包括马来西亚政府控股的国库控投公司（Khazanah Nasional Berhad）、安南达·克里斯南（Ananda Krishnan）的私人公司，以及美国微软公司等多家马来西亚国内外财团联合控股。

寰宇卫视付费电视网络在开播之初共包含20个电视频道和3

个广播频道,其中首个华语频道是寰宇卫视与中国香港无线电视台联合创办的"华丽台"(Wah Lai Toi),绝大多数节目由中国香港无线电视台直接供应。至1997年4月,寰宇卫视的家庭订户已达到5万户,当年11月达到10万户。1997年5月,作为寰宇卫视第二个华语频道的家庭电影院频道(Star Asian Movie Channel)开播,当年9月1日,该频道被寰宇卫视自办的亚洲娱乐频道(Asian Entertainment Channel,又称"本地圈"频道)替代。本地圈频道每日24小时不间断播出产自新加坡、中国、日本等亚洲国家的最新娱乐节目,所有节目均以普通话形式或原音配中文字幕形式播出(Anon,1997-09-01)。

1998年,寰宇卫视在马来西亚的订户数量上升至19.5万户。当年11月,寰宇卫视宣布调价,一次性安装费用涨至马币1,499令吉,并在此基础上每月收取80令吉的用户费。根据当时的国家财政统计数据,1999年马来西亚的平均家庭月收入为2,472令吉,西马半岛贫困家庭平均月收入为425令吉,家庭月收入低于1,499令吉的人口约占全国总人口的43.8%。根据此数据计算,当时在马来西亚,只有极少数富裕家庭可以负担得起寰宇卫视,而超过40%的人则需要花费至少一个月的家庭收入,才可支付得起寰宇卫视的初始安装费用和首月用户费(Unit,2001)[57,61]。具体到华人群体,虽然其平均家庭月收入为3,456令吉,高于全国水平,但家庭平均月收入低于1,499令吉的华人家庭依然超过40%。即便是平均月收入为3,405令吉的中等收入华人家庭,要负担寰宇卫视的安装费用与每月服务费用,也需分别花费其家庭月收入的44%和2.3%①。因此,当时的报刊曾对寰宇卫视提出批评,认为其过高的定价将大量中、低收入家庭排斥在外,加剧了马来西亚社会的阶级分化。

---

① 参见网页:https://knoema.com/MYHIP2016/malaysia-household-income-poverty-1970-2014。

## 第 4 章 付费电视推动下的华语电视转型（1995—2003）

调价后的寰宇卫视于 1999 年进一步扩充了其下属频道。具体到华语频道，1999 年 11 月，寰宇卫视将香港凤凰卫视中文台（Phoenix TV）和台湾无线卫星亚洲台（TVBS ASIA）两家华语频道纳入其电视网。2001 年和 2002 年，寰宇卫视分别将香港无线电视台普通话 8 频道（TVB 8）和"星河"频道纳入其电视网。2003 年，寰宇卫视又将以播出华语电影为特色的天映电影频道（Celestial Movies channel）纳入其电视网，同时开设了第三个华语自办频道——寰宇卫视"双星"频道，重点播放中国内地以及韩国、日本的电视节目。双星频道在开播之初即被划分为两个 24 小时不间断播出的子频道，分别播出中国内地和韩国电视剧。以开播首周为例，双星 1 频道播出了中国内地电视剧《成吉思汗》和《给我一个妈》；双星 2 频道则播出了韩国电视剧《英雄》和《双面歌姬》。此后，双星频道又对下属两个子频道进行了调整，1 频道主要播出韩国电视剧，2 频道主要播出日本及中国内地电视剧。自此，寰宇卫视下属各华语频道播出的华语节目开始向多元化方向发展。除了直接落地的中国香港电视频道、与香港合办频道及电影频道之外，"本地圈"和"双星"两个寰宇卫视自办华语频道开始有意识地进口产自中国和新加坡、日本、韩国等地的电视节目，以为华人观众提供多种选择。

对于马来西亚华语电视产业发展而言，寰宇卫视的影响主要体现在两方面：一方面，寰宇卫视的出现进一步提升了中国香港影视节目及其承载的粤语文化在马来西亚华人中的影响力。除四家直接落地的香港电视频道外，寰宇卫视华丽频道还与香港无线电视台合作，共同推出了《寰宇卫视新秀大赛》（1997）、《寰宇卫视国际华裔小姐竞选》（1998）等在马来西亚华人社群中影响深远的综艺选秀节目，在马来西亚华人与全球华人文化圈之间建立了深入联系。在上述选秀中胜出的多位马来西亚华裔艺人，此后成为活跃于中国香港及马来西亚娱乐圈、沟通中马两国娱乐产业交流的中坚力量。另一方面，寰宇卫视的出现亦促使马来西亚地面频道开始播出产自更多国家和地区的电视节目。继寰宇卫视自办华语频道陆续引进中国以及新加坡、日本、韩国电视节目之后，马来西亚各地面频道为了与寰宇卫视争夺电视观众，亦开始进口上述国家和地区生产的电视节目。特别是在寰宇卫视华丽台享有香港无线电视台最新电视剧优先播映权的情况下，地面频道开始尝试播出产自更多国家和地区的华语电视剧，以应对因播出"过时港剧"而造成的华人观众的流失。

### 4.1.2 免费电视洗牌

#### 4.1.2.1 城市电视

除有限度地对付费及卫星电视施行"解除管制"（deregulation）政策之外，马来西亚政府在1995年至1998年间，还增发了两张私营免费电视运营执照，以使电视市场向更加多元化的方向发展。其中，"城市电视"作为马来西亚第二家私营免费电视频道与第一家数字电视频道，于1995年2月开始筹备，于同年7月1日正式面向巴生谷流域地区观众播出。至1996年1月，其信号覆盖范围扩展至吉打州、槟城、霹雳州等地区的城市中心地带。

城市电视由都会电视有限公司（Metropolitan TV Sdn Bhd）负责运营，开播之初由包括马来西亚美丽华集团（Melewar Group，控股50%）、前锋报业集团（Utusan Malaysia，控股30%）、多元体系有限公司（Diversified System Sdn Bhd，控股10%）和棉兰公司（Medanmas，控股10%）在内的四家私营公司联合控股（Anon, 1998-07-12），后于1997年3月被乐话公司（Senandung Sesuria）收购。该频道以"改变电视面貌"（changing the face of television）作为其频道口号，以"城市居民和社会经济地位处于上升阶段的专业人士、中产阶级家庭"作为其目标受众（Anon，1995-07-02），旨在为人口结构日益复杂的城市地区高收入人群提供区别于原有国营第1、第2频道以及私营第3频道的专享电视服务（Kadir，1997-11-20）。

城市电视开播首日从下午18时30分播出至午夜24时，自1995年9月起，其播出时间扩展至下午13时30分至次日0时30分，每日共放送11个小时的节目。在开播筹备阶段，城市电视发言人曾公开承诺，该电视台会严格遵守新闻信息局的规定，将本地生产的马来语节目播出比例保持在60%以上（Anon，1995-02-08）。然而，城市电视在正式开播后却未兑现上述承诺。1995年9月，城市电视在开播前夕向政府提出申请，希望以英语而非马来语作为该频道的主要播出语言。虽然这一申请最终由于"与政府对所有电视媒体提出的基本要求相违背"遭到了新闻与信息部的驳回（Anon，1995-09-21），但在城市电视频道开播后，仍然将70%的节目时段给予了进口自中国香港地区和美国、澳大利亚、英国等地的娱乐节目（Anon，1995-05-26）。由本地制作的马来语节目，在其常设节目中只保留了每日晚20时播出的30分钟国语新闻。

具体到华语节目，城市电视自1995年8月开始，于工作日下午17时至18时设置了"凤凰剧场"时段、22时30分至23时30分设置了"威龙剧场"时段，专门用于播放进口自各地的华语电视剧。以1995年为例，"凤凰剧场"播出的华语电视剧有中国香港电视剧《家仇》《触电情缘》《我系TUNA FI》和新加坡电视剧《亲心唤我心》；"威龙剧场"播出的电视剧则有中国香港电视剧《可怜天下父母心》《美梦成真》《新朱门怨》《凤凰传说》，以及中国台湾电视剧《包青天》和新加坡电视剧《金色珊顿道》。除华语电视剧外，城市电视还曾在其白天时段播出过中国香港动画片《成语动画廊》，以及中国内地烹饪节目《中华食膳百科》。

城市电视主打进口华语娱乐节目的经营理念，曾被视为对20

世纪80年代马来西亚私营电视频道娱乐传统的复兴，并因此受到许多华人电视观众的欢迎。曾有华人观众表示（No. 1 Fans，1996-11-25）：

> 就像我们长久以来期盼的那样，城市电视的开播的确改变了马来西亚电视的面貌，让我们这些沉迷于电视的"沙发土豆"得以美梦成真……不再需要换频道到第3频道，被迫接受该频道日益增多的本地节目和体育节目。

总体来说，热衷于收看进口电视节目的城市高收入群体，大多希望城市电视不要重蹈第3频道在政府干预下逐渐转型为综合类电视频道的覆辙，保持住自身以娱乐为主打的频道特色。然而遗憾的是，城市电视在开播仅四年后，便退出了马来西亚市场。受亚洲金融危机以及马来西亚国内电视市场竞争日益残酷的影响，城市电视于1999年11月正式宣布全面停止播映（Anon，1999-11-01）。

#### 4.1.2.2　第7频道

1998年4月7日，马来西亚第三家免费私营电视频道第7频道正式开播。在开播当天，该频道即基本实现了全国覆盖，来自大马半岛及沙巴、砂拉越地区约370万个城市家庭的电视观众第一时间接收到了该频道的电视信号，约占当时马来西亚全国家庭电视用户总数的80%（Sajahan，1999-12-30）。

第7频道诞生于亚洲金融危机肆虐的背景之下，以"感觉美好"（Feel good）作为频道口号与品牌运营理念，以播出华语节目和英语节目为主，重视增强观众的娱乐体验。该频道在开播之初每日播出6小时节目，从下午18时播出至午夜0时。自1998年9月起，其工作日播出时间扩展为中午12时至凌晨1时，周末播出时间扩展为上午8时30分至午夜0时30分。

虽然受到亚洲金融危机的影响，开播仅半年的第7频道曾在1998年11月因企业亏损而被迫重组了旗下业务和人力资源，关闭了公司制作与工程部门及电台部（杨荔婷，1998-11-01）。所幸与城市电视的命运不同，第7频道最终顺利度过了经济危机，并在城市电视停播后，逐渐发展成为马来西亚"最具娱乐性"的免费地面电视频道。如表4-1中的数据所示，在2000年第7频道所播节目中，有85%是娱乐节目，占比明显高于其他三家免费地面频道。

表4-1 马来西亚地面电视频道2000年各类型节目所占比例（单位：%）[①]

|  | 娱乐节目 | 新闻节目 | 纪实节目 | 体育节目 | 其他节目 | 总量 |
| --- | --- | --- | --- | --- | --- | --- |
| 国营1频道 | 35 | 27 | 17 | 5 | 16 | 100 |
| 国营2频道 | 64 | 13 | 16 | 1 | 6 | 100 |
| 第3频道 | 52 | 30 | 12 | 4 | 2 | 100 |
| 第7频道 | 85 | 9 | 3 | 3 | 0 | 100 |

具体到华语节目，第7频道自开播起，即大量播出包括新闻、影视剧、综艺在内的各类华语节目。在华语新闻方面，第7频道自1999年4月起，于每晚22时25分华语电视剧时段后播出5分钟的华语新闻快讯节目，成为除国营2频道之外马来西亚第二家播放华语新闻的电视频道。1999年6月，第7频道将每晚18时30分至19时时段命名为"娱乐一品锅"，专门用于播出包括华语新闻快讯在内的华语节目。1999年7月，由于华语新闻快讯受到华人观众的高度好评，第7频道决定改版其"娱乐一品锅"华语节目时段（Anon，1999-07-15），自1999年8月2日起，将该时段提前至每晚17时30分至18时30分，连续播出《华语新闻》和《今日睇真D》等进

---

[①] 相关数据引自《新海峡时报》报道"NTV7 has the most entertainment shows of all TV stations"（Anon，2003-03-23）。

口自中国香港的综艺节目。其中华语新闻从晚18时开始播放，时长从5分钟延长至15分钟。至2000年，第7频道再度将华语新闻时间延长至30分钟，于每晚18时30分至19时分三个版块播出，其中15分钟的"国内新闻"与"专题报导"版块分别报道马来西亚国内新闻以及与华人社群相关的新闻，15分钟的"全球新闻"版块则用于报道全球重大新闻事件（佚名，1999-08-02）。

在华语电视剧方面，第7频道自1998年4月起，于每周二至周五晚21时30分至22时30分设置了名为"美好时光"的电视剧播出时段，专门用于播出进口自中国以及新加坡等地的中文电视剧。1999年，第7频道将"美好时光"剧场调整至每周一至周四晚21时至22时播出。此后，第7频道又于2000年增设了电视剧时段，将"娱乐一品锅"时段调整至每周一至周五晚18时至19时，专门用于播放进口华语电视剧。2002年，第7频道将"美好时光"剧场的播出日期调整至周一至周五。至2003年，"娱乐一品锅"成为华语配音韩国电视剧的专属播出时段，"美好时光"剧场则用于播出产自其他地区的华语电视剧。

在华语综艺节目方面，除在"娱乐一品锅"时段播出《超级星期天》等中国台湾地区综艺节目以及中文歌曲音乐录影带之外，第7频道还自行制作、播出了《中文娱乐杂志》（1999年至2000年）和《娱乐新世纪》（2001年至2003年）两档华语娱乐节目。

2000年5月，第7频道实施了频道战略改革。时任首席频道执行官曾将此次改革的目标设定为加强电视观众对第7频道的品牌忠诚度。在其看来，1998年至2000年作为第7频道发展的第一阶段，频道主要目标在于培养受众对频道的品牌认知。而在进入21世纪后，第7频道将进入发展的第二阶段，其建设重点将放在与观众通过电话、互联网以及可能出现的各类新媒介展开互动上，立志成为与观众建立紧密联系的电视媒体（Anon，2000-05-05）。

作为对上述发展战略的贯彻，第 7 频道以"有奖观看"的方式与华裔电视观众展开了多种互动。例如 2001 年 3 月，第 7 频道就曾在《南洋商报》上发布了题为《收看刘德华〈缺陷美〉，第 7 频道巨奖待赢取》的广告，宣布将全天候播放刘德华的最新音乐录影带《缺陷美》，留意该节目的观众只要正确回答相关问题并将答案传真至电视台，就有机会赢取丰厚奖品（佚名，2001-03-28）。通过上述改革，第 7 频道逐渐取代第 2 频道和第 3 频道，成为华语节目在马来西亚最主要的地面电视播出平台。

### 4.1.3　政府加强管制

针对付费电视与多家私营电视频道的出现，以及进口节目数量的大幅度增长，1995 年后，马来西亚政府对此前施行的电视节目审查制度进行了改革，旨在引导私营电视媒体更自觉地开展自我审查。在审查中，播出节目内容是否与马来西亚国家文化及其社会主流价值观相符、是否能满足"作为整体的马来西亚社群"的家庭娱乐需要（Ramayah，1995-10-06），尤其成为被考察的重点。

1995 年 2 月，政府将此前针对暴力、恐怖、色情节目的审查条令进行了修订，修订后的条令英文简称为"VHSC"，新加入的英文符号"C"是"反文化"（Counter-culture）的缩写，旨在确保电视节目中不会出现与马来西亚国家价值观不符的庸俗表达（Osman，1995-02-09）。然而在实际应用中，该条例却因为对"反文化"的确切含义缺乏清晰界定而面临"无定法可依"的局面，被外界诟病为旨在禁止重金属、朋克、同性恋等所有令官方不悦的有别于马来西亚国家文化的亚文化元素（Foo，2004）[145]。

1996 年 1 月，马来西亚新闻信息局进一步出台了针对电影、电视节目的分级制度，规定所有通过审查的节目将被划分为两类：以"U"标识的节目可供所有人观看，并且可在一天当中任意时段播出；

以"18"标识的节目则只能由18岁以上成年人观看,且只能在晚间22时以后播出。其中,18岁以上人群观看的节目还被细分为四小类:"18 SG（Seram/Ganas）"指包含不适宜未成年人观看的暴力、恐怖内容;"18 SX（Seks）"指包含不适宜未成年人观看的性爱内容;"18 PA（Politik dan Agama）"指包含不适宜未成年人观看的宗教、社会、政治内容;"18 PL（Politik dan lain-lain）"指包含上述两类及其他不适宜未成年人观看的内容。

1996年,为了应对付费卫星电视网络寰宇卫视的出现,马来西亚政府进一步改革了其广播电视媒体法案,于1998年出台了《广播电视与多媒体法案》（Communication and Multimedia Act of 1998）,以取代1988年制定的广播电视法案。该法案于1999年4月1日正式施行。作为马来西亚使用至今的广播电视法案,该法案提出了以下三条原则,以对全球化浪潮冲击下的马来西亚广播电视及多媒体产业施行经济、技术、社会等多维度管控（Manecksha,1999-05-17）[29]:

（1）将马来西亚建成全球主要的传播与多媒体信息中心及内容服务中心;

（2）促进马来西亚的公民社会建设,以信息服务提升人民的工作与生活质量;

（3）通过挖掘更多的本地信息资源以及更好的文化再现,为加强国家同一性与全球多样性做出贡献。

具体到各语种节目的播出,该法案明确提出:地面频道电视节目"60%的内容必须以国语播放,若是非国语,则60%必须是本地节目"。与该法案相配套,马来西亚还于1998年11月1日正式成立了取代马来西亚信息部的"传播与多媒体委员会"（The Malaysian Communication and Multimedia Commission）,将与电子通信、广播电视与计算机互联网相关的多媒体产业全部纳入其管辖范畴。

总体而言，马来西亚政府出台上述政策的核心目的在于，在因信息技术发展而日益开放的市场环境下，抑制数量激增的进口电视节目对马来西亚国家文化可能产生的负面影响，进而保证电视节目的制作与播出不仅仅为某一地方性社群服务，而是随时对马来西亚的文化与政治环境保持敏感，进而为国家文化同一性的建构做出贡献。而这些原则的提出，亦是为了达成政府提出的"在2000年实现80%电视节目由本地生产"的目标（Anon，1996-05-22）。

## 4.2 华语电视节目变化

### 4.2.1 节目总量增加

表4-2 马来西亚电视台平均每月播出各语种电视节目情况[①]

| 语言 | | 1995年 | 1998年 | 2001年 |
|---|---|---|---|---|
| 马来语 | 小时 | 389.40 | 4,233.6 | 5,472.0 |
| | 比例 | 41.2% | 21% | 9.5% |
| 英语 | 小时 | 417.90 | 13,406.4 | 36,507.0 |
| | 比例 | 44.2% | 66.5% | 60.4% |
| 华语 | 小时 | 97.20 | 1,673.3 | 14,105.0 |
| | 比例 | 10.3% | 8.3% | 23.3% |
| 淡米尔语 | 小时 | 40.95 | 846.70 | 4,126.0 |
| | 比例 | 4.3% | 4.2% | 6.8% |
| 总量 | 小时 | 945.45 | 20,160.00 | 60,210.00 |
| | 比例 | 100% | 100% | 100% |

---

① 相关数据引自1995年、1998年、2001年的《亚洲传播手册》(Asian Communication Handbook)。

表 4–3　马来西亚电视台平均每月播出各地进口电视节目情况[①]

| 国家 | | 1998 年 | 2001 年 |
| --- | --- | --- | --- |
| 美国 | 小时 | 11,894.40 | 31,258.00 |
|  | 比例 | 63% | 58.6% |
| 英国 | 小时 | 1,000.80 | 4,210.00 |
|  | 比例 | 5.3% | 7.8% |
| 澳大利亚及加拿大 | 小时 | 504.00 | 1,048.00 |
|  | 比例 | 2.7% | 4.9% |
| 中国香港 | 小时 | 1,411.20 | 12,008.00 |
|  | 比例 | 7.5% | 22.5% |
| 总量 | 小时 | 14810.4 | 53,298.00 |
|  | 比例 | 78.5% | 100% |

表 4-2、表 4-3 中的数据显示，付费电视网络的出现与更多私营地面频道的建立，使得马来西亚政府愈发难以在开放的市场环境下对进口电视节目进行管制。尽管马来西亚政府出台了一系列加强对进口节目审查的政策，依然未能实现"在 2000 年前将本地制作电视节目播出比例提升至 80%"的目标，特别是以香港地区节目为主的华语电视节目，呈现出显著增长的趋势。1995 年至 2003 年，马来西亚各电视频道平均每月播出的华语节目时长及占比均呈上升趋势，从 1995 年的 10.3% 增长至 2003 年的 23.3%。而在华语节目中，

---

① 相关数据引自 1998 年、2001 年的《亚洲传播手册》(*Asian Communication Handbook*)。其中，1998 年的《亚洲传播手册》只收录了来自美国、英国、澳大利亚、加拿大、印度、中东、中国香港等七个国家和地区的数据情况，涉及节目占马来西亚进口电视节目总量的 78.5%，剩余 21.5% 的节目则没有记载。

中国香港的节目所占比重亦始终维持在 85% 上下①,占据绝对的主导地位。

## 4.2.2 节目来源扩大

为了与付费电视网络展开竞争,马来西亚各地面频道亦不断拓宽其进口华语节目的产地来源,为华人观众提供更多选择。如图 4-1、4-2 所示,虽然从数量上看,1995 年至 2003 年间,马来西亚地面频道全部时段及黄金时段播出的华语节目依然以产自中国香港的节目为主,但已显现出多元化的发展趋势。具体表现为产自中国大陆及台湾地区和新加坡的华语电视节目,以及以华语播出的日本、韩国电视节目,陆续开始登陆马来西亚地面电视频道及其黄金时段。

而与进口华语节目相比,马来西亚本地制作的华语节目占比则在整体上呈现"先升后降"的变化趋势。具体来说,国营第 2 频道为适应政府发展本地制作的要求,曾在 20 世纪 90 年代大量购入本地民营公司制作的华语电视剧。再加上新成立的第 7 频道也于 1998 年开始参与制作本地华语新闻和娱乐节目,使得本地节目占比一度持续增长,并于 1999 年达到峰值 43.9%。此后,由于私营第 3 频道和第 7 频道持续加大对各地华语节目的进口,而国营第 2 频道亦从 2002 年开始出于收视率考虑不再安排专门时段播出本地华语电视剧,使得本地华语节目占比显著下降,至 2003 年已跌至 16.8%。而具体到黄金时段,由于本地华语电视剧无法有效吸引观众,国营第 2 频道自 1997 年改版后即以中国香港电视剧替代了此前安排于黄金时段播出的本地自制华语电视剧,使得马来西亚本地华语节目在黄金时段占比自此开始大幅度下降。

---

① 整合表 4-2、表 4-3 的数据可知,香港地区的节目在马来西亚电视台播出的所有华语节目中,1998 年约占比 84.3%,2001 年约占比 85.1%。

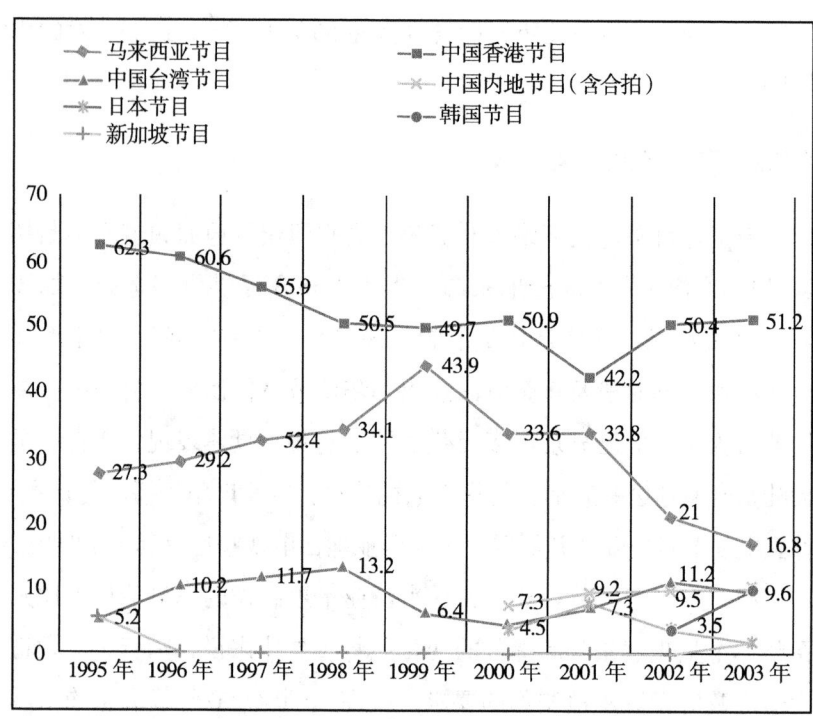

图 4-1 马来西亚地面频道播出华语节目产地分布（1995—2003）（单位：%）①

#### 4.2.2.1 中国台湾节目

中国台湾电视节目在马来西亚地面频道的播出可追溯至 20 世纪 60 年代，国营第 2 频道自建立之初即不定期选播少量中国台湾电影。1984 年私营电视频道开播之后，国营第 2 频道与第 3 频道也曾播出过《星星知我心》等电视剧。但从 20 世纪 80 年代末开始，马来西亚地面频道为适应观众对香港地区节目的收视偏好，逐渐将其进口重点转移至香港影视剧。特别是 1987 年，国营第 2 频道取消其周日"台湾电视剧"播出时段后，马来西亚地面频道几乎未再播出过产自中国台湾的电视节目。

---

① 图 4-1 中的数据由作者以构造星期抽样方法，每半年抽取一个构造周，对马来西亚各家地面电视频道播出的每档华语节目分析得来。

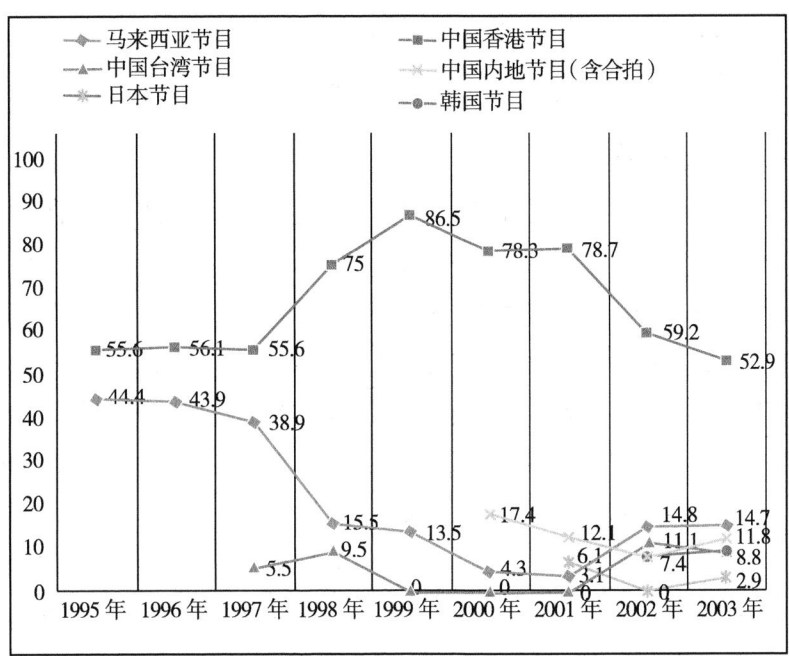

图 4-2　马来西亚地面频道黄金时段播出华语节目产地分布
（1995—2003）（单位：%）①

1995 年，城市电视频道的开播使中国台湾电视剧重新回归马来西亚电视荧屏，当年 10 月该频道播出电视剧《包青天》并引发巨大反响后，国营第 2 频道与第 3 频道亦开始恢复对中国台湾电视剧的选播。至 1997 年，一贯以选播港剧为主的第 3 频道首次在其晚间黄金时段"明珠剧场"播出了由琼瑶小说改编的年代爱情剧《雪珂》。此后，中国台湾电视节目一直在马来西亚地面频道保持着一定的播出比例，被选播的节目多为琼瑶小说改编的年代爱情剧，亦有部分由中国民间故事及武侠小说改编的古装电视剧，如《花木兰》（第 7 频道，2000 年）、《新绝代双骄》（第 3 频道，2001 年）、《新楚留香》（第 2 频道，2002 年）、《天地传说之鱼美人》（第 7 频道，2003 年）

---

① 图 4-2 中的数据由作者以构造星期抽样方法，每半年抽取一个构造周，对马来西亚各家地面电视频道播出的每档华语节目分析得来。

等。2002年至2003年,《橘子酱男孩》(第3频道)、《流星花园》(第7频道)等中国台湾偶像剧开始登陆马来西亚地面频道黄金时段。

#### 4.2.2.2 新加坡节目

上文曾经提到,早在马来西亚国家电视台成立之初,新加坡电视节目就曾凭借地缘优势,在马来西亚南部地区华人观众中产生了一定影响力。马来西亚主要华文报纸,长期以来亦有在"柔佛"专版介绍新加坡第5、第8频道节目的传统。然而在此后很长一段时间里,由于马来西亚第2频道和第3频道播放的进口节目满足了华人观众对华语娱乐节目的需求,新加坡电视节目的影响力并未能辐射至马来西亚中部、北部地区的华人观众。

1983年,新加坡广播局成立了华文戏剧处,同时借中国香港丽的电视台解散之际,吸纳了包括现任新传媒总监袁树伟在内的众多香港电视剧创作人,使其中文电视剧制作能力显著提升。20世纪90年代中叶,新加坡广播局进一步开展了"公司化"改革,先后改组为新加坡国际传媒机构(1995年)和新加坡传媒机构(1999年),专门播放华语节目的第8频道亦于1995年发展为24小时不间断播出的电视频道,自制中文节目数量增长明显。

在此背景下,马来西亚本地频道开始引进新加坡电视节目,以为南马以外地区华人观众提供更多选择。自1995年城市电视频道率先播出新加坡电视剧后,美佳电视与寰宇卫视本地圈频道也分别于1998年和1999年开始选播新加坡节目。而在城市电视和美佳电视相继停运后,寰宇卫视本地圈频道更一度成为新加坡电视节目在马来西亚最主要的播出平台[①]。2003年2月,第2频道在下午时段播

---

[①] 2000年下半年,寰宇卫视本地圈频道改版后,晚19时黄金剧场时段主要用于播出新加坡华语电视剧。2001年至2003年三年间,该时段全年播出剧集数量分别为10部、10部、11部,其中进口自新加坡的电视剧各占7部。(相关数据由作者整理自2001年至2003年间的《南洋商报》电视节目表)

出了新加坡电视剧《谁与争锋》，新加坡节目自此开始在马来西亚地面频道稳定播出。

#### 4.2.2.3 中国内地节目

上文曾经提到，中国内地电视节目登陆马来西亚电视荧屏始于1997年电视剧《武则天》在美佳电视台的播出。在美佳电视之后，寰宇卫视本地圈频道亦曾播出过多部中国内地影视剧。1998年1月，本地圈频道于晚间18时至19时剧场时段播出了首部中国内地电视剧《西施》；并于同年9月1日开始在每周一至周五晚间黄金时段播出中国内地古装电视剧《水浒传》。作为庆祝该频道成立一周年的献礼剧目，《水浒传》播出后引发了华人观众热烈反响。该剧收官后，本地圈频道又于11月播出了与之类型相似的中国内地电视剧《唐明皇》，并在《南洋商报》等中文媒体上大力宣传。在电视台看来，此类中国电视剧与其他进口华语电视剧相比，对华人观众最主要的吸引力在于其以宏大的场面与精致的制作真实还原了中国历史（佚名，1998-11-02）。

> 中国文学名著电视剧《水浒传》播出后大受欢迎，让许多观众穷追不舍，证明了观众对于这类型电视剧深感兴趣。寰宇卫视亚洲娱乐台有鉴于此，在一百零八位英雄好汉梁山起义的故事完结后，将紧接着播出另一部取材自中国唐朝历史的大型电视连续剧《唐明皇》……与《水浒传》一样，《唐明皇》属于巨型电视制作，气势磅礴，场面浩大，登场角色达188人，拍摄大场面人数更多达两千余……观众可透过《唐明皇》，揭开被当作东方文化之源的盛唐文化的帷幕，探查那琼楼玉宇、市井通衢中的人们如何开拓一段辉煌的历史，他们给后人创造的文化遗存也将在剧中被真实展现。

在寰宇卫视播出的两部古装剧为中国内地电视剧赢得声望后，自 1999 年起，马来西亚地面频道亦开始选播中国内地的电视节目。作为马来西亚地面频道播出的首部中国内地电视剧——《东方母亲》（在马来西亚播出时名为《东方教母》）于 1999 年在第 2 频道下午 17 时 30 分 "双红剧场" 时段播出。在电视台看来，该剧对马来西亚观众的吸引力主要在于有汤镇业、张敏等香港知名演员担任主演，且外景多取自深圳等马来西亚观众较为熟悉的中国南方城市（佚名，1999-10-28）。自 2000 年起，第 3 频道与第 7 频道亦开始播出中国内地电视剧，海峡两岸合拍剧《还珠格格》，亦于当年首次登陆了马来西亚地面频道晚间黄金时段。

如图 4-1、图 4-2 所示，2000 年至 2003 年间，中国内地电视节目（含合拍）在马来西亚地面频道播出的所有华语节目中所占比例分别为 7.3%、9.2%、9.5%、9.6%，位列第三；黄金时段占比亦分别达到 17.4%、12.1%、7.4%、11.8%，2000 年及 2001 年甚至超过了马来西亚本地制作的华语节目。可见，中国内地在 2000 年后已成为除中国香港地区及马来西亚本地之外，马来西亚地面频道选播华语节目的主要来源地。

具体到电视剧数量，如表 4-4 所示，2000 年至 2003 年间，马来西亚地面频道选播的中国内地电视剧数量逐渐增多，依次为 4 部（黄金时段 2 部）、6 部（黄金时段 2 部）、12 部（黄金时段 4 部）、12 部（黄金时段 7 部）。至 2003 年，中国内地制作及参与合拍电视剧在各地面频道中文剧场时段已占有较大比重。其中，第 2 频道白天中文剧场当年共播出 6 部电视剧，其中 5 部为中国内地制作或参与合拍的电视剧；第 7 频道晚间黄金剧场当年共播出 8 部电视剧，其中 4 部为中国内地制作或参与合拍的电视剧；而一贯以播出中国香港电视剧为主的第 3 频道，亦于当年首次在晚间黄金剧场选播了中国内地电视剧《射雕英雄传》。可见，与20世纪90年代相比，中国内地电视剧在马来西亚地面频道的播出数量有明显提升。

表4-4 马来西亚地面频道播出的中国内地电视剧及参与合拍剧一览表（1999—2003）[①]

| 时间 | 频道 | 剧名 | 时段 | 制片 |
|---|---|---|---|---|
| 1999年 | 第2频道 | 东方教母 | 非黄金 | 内地 |
| 2000年 | 第2频道 | 千娇百媚 | 非黄金 | 内地 |
| | 第3频道 | 京港爱情线 | 非黄金 | 合拍 |
| | 第7频道 | 还珠格格 | 黄金 | 合拍 |
| | | 康熙微服私访记Ⅱ | 黄金 | 内地 |
| 2001年 | 第3频道 | 侠女闯天关 | 非黄金 | 内地 |
| | | 新一剪梅（又名青河绝恋） | 非黄金 | 合拍 |
| | | 机灵小子（又名机灵小不懂） | 非黄金 | 合拍 |
| | 第7频道 | 苍天有泪 | 非黄金 | 合拍 |
| | | 还珠格格Ⅱ | 黄金 | 合拍 |
| | | 康熙微服私访记Ⅲ | 黄金 | 内地 |
| 2002年 | 第2频道 | 外来媳妇本地郎 | 非黄金 | 内地 |
| | | 钱王 | 非黄金 | 内地 |
| | | 凤阳小子朱元璋 | 非黄金 | 内地 |
| | | 少年包青天 | 黄金 | 内地 |
| | | 情深深雨蒙蒙 | 黄金 | 合拍 |
| | 第3频道 | 女人三十 | 非黄金 | 内地 |
| | | 真情告白 | 非黄金 | 内地 |

[①] 表4-4中的信息由作者整理自1999年至2003年间《南洋商报》电视节目表。

续表

| 时间 | 频道 | 剧名 | 时段 | 制片 |
|---|---|---|---|---|
| 2002年 | 第7频道 | 大清药王 | 非黄金 | 内地 |
| | | 九岁县太爷 | 非黄金 | 合拍 |
| | | 笑傲江湖（2001年版） | 非黄金 | 内地 |
| | | 铁齿铜牙纪晓岚 | 黄金 | 内地 |
| | | 黑洞 | 黄金 | 内地 |
| 2003年 | 第2频道 | 秦始皇（2002年版） | 非黄金 | 内地 |
| | | 七品钦差刘罗锅 | 非黄金 | 内地 |
| | | 心网 | 非黄金 | 内地 |
| | | 梦断紫禁城 | 非黄金 | 内地 |
| | | 乱世英雄吕不韦 | 非黄金 | 内地 |
| | | 少年包青天Ⅱ | 黄金 | 内地 |
| | 第3频道 | 风云 | 黄金 | 合拍 |
| | | 射雕英雄传（2003年版） | 黄金 | 内地 |
| | 第7频道 | 天地传说之宝莲灯 | 黄金 | 合拍 |
| | | 少林武王 | 黄金 | 内地 |
| | | 再见爱人 | 黄金 | 内地 |
| | | 聚宝盆 | 黄金 | 合拍 |

从题材上看，在马来西亚地面频道2000年至2003年间选播的全部34部中国内地电视剧中，涉及历史、武侠、民间神话传说等题材的古装剧数量最多（24部），更容易被置于黄金时段播出（12部）；其余少量年代、都市题材电视剧，或者由中国港台地区演员主演（如《千娇百媚》），或者根据中国台湾地区流行小说及电视剧改编（如《苍天有泪》《情深深雨蒙蒙》《新一剪梅》），或者以香港（《京港爱情线》）、广州（《外来媳妇本地郎》《真情告白》）、深圳

(《女人三十》)等中国南方地区城市为故事发生的地理背景。如《黑洞》这类纯粹由中国内地班底制作、展现中国北方城市景观和社会转型过程中反腐败问题的都市剧，则属于凤毛麟角。可见，马来西亚地面频道在引进中国内地电视剧之初，明显呈现出趋向古装类型与中国港台地区元素的特征。

#### 4.2.2.4　日本及韩国节目

除了中国内地电视节目外，马来西亚地面电视频道亦开始进口产自日本、韩国的电视剧，以华语配音版本面向华人观众播出。具体来说，日本电视剧在马来西亚地面频道的播出始于2000年，第3频道晚间"明珠剧场"时段首次选播了《青涩时代》《朋友的恋人》《GTO麻辣教师》三部日本偶像剧，以华语配音播出。从2001年开始，第7频道亦于工作日下午开辟了以中文播出的日本电视剧时段，日剧的播出由此出现了一个小高潮。2002年后，第3频道逐渐开始减少对日本电视剧的进口，第7频道亦取消了其日本电视剧专属时段，转而播出韩国电视剧。

韩国电视节目在马来西亚地面频道的播出始于2002年，第3频道晚间"明珠剧场"播出了《冬季恋歌》与《蓝色生死恋》，早于付费频道将"影视韩流"带入了马来西亚。2003年，第7频道亦将其晚间"娱乐一品锅"中文时段改为韩国电视剧专属时段，用于播放华语配音的韩国电视剧。韩国电视剧在马来西亚的影响力由此开始提升。

## 4.3　华语节目引发争议

### 4.3.1　"包青天事件"

所谓"包青天事件"，是指1995年10月，中国台湾电视剧《包青天》在马来西亚被禁播的事件。作为一部备受马来西亚华裔观众期待的电视剧,《包青天》早在1993年于亚洲各地热播之际,就引起了马来西亚华人观众的强烈关注。《南洋商报》在对《包青天》的报道中,就评价该剧"打破了香港电视剧二十年来称王称霸的局面,奠定了中国台湾剧集的地位"(赖宝信,1993-09-29)。然而时隔两年之后,在《包青天》全剧已有33集通过审查,即将于城市电视频道晚间"威龙剧场"播出之际,却被马来西亚新闻信息部禁播;理由是根据1988年出台的《广播电视法案》规定,进口的"古装"影视剧均不能在马来西亚电视媒体播放(Mimi,1995-10-01)。这一决定在当时引发了社会各界的热烈讨论。

针对《包青天》的禁播,马来西亚时任新闻信息部秘书长给出的解释是:1988年《广播电视法案》是在阻止电视媒体过度进口电视剧的背景下出台的。此次政府依据这一法案禁播《包青天》,也是为了适应本地影视产业发展的需要,同时引导电视台播放更多能"正确传播马来西亚价值观的现代题材影视节目"。然而,鉴于在《包青天》之前,曾有莎士比亚戏剧、日本大河剧等大量"古装"题材电视剧在马来西亚电视台播出,政府提出的《包青天》禁播理由受到了各方质疑,被反对党领袖评价为"自相矛盾、软弱无力"(Anon,1995-10-06)。这一事件在发酵过程中逐渐衍生出两股批评声浪:一种批评认为政府此举是希望通过打压在亚洲各地创下收视佳绩的《包青天》,保护国营频道于同时段播出的本地华语电视剧收视率;另一种批评则认为政府对中文古装剧的抵制,反映了对华人语言文化的不了解与不尊重。

面对上述批评,新闻信息部部长拿督穆罕穆德·拉马特(Datuk Mohamed Rahmat)曾做出过公开回应。一方面,他坚决否认禁播《包青天》是为了保护国营电视频道收视率的说法,指出:"覆盖全国的国家电视台有足够的实力与私营电视台竞争,禁播《包青天》与广告收入等商业考量没有任何关系……整个事件的重点在于城市电视不应为追逐经济利益而轻视相关法规、忽视社会责任。"（Anon, 1995-10-11b）另一方面，他也拒绝接受与"不尊重华人"相关的批评，认为城市电视应无条件遵守政府出台的政策法规，同时反省其混淆公众视听、煽动华人不满情绪的不负责任的行为。在其看来："政府在禁播《包青天》一事中坚持的立场在于马来西亚电视台不应助推外国文化的传播，忽视了对马来西亚国家文化认同的塑造。"（Anon, 1995-10-10）

值得注意的是，原定播出《包青天》的城市电视台"威龙剧场"时段（晚 22 时 30 分至 23 时 30 分）与国营电视台播出本地华语电视剧的"双喜剧场"时段（晚 18 时至 19 时）并不存在直接的收视竞争关系。同时，第 2 频道"欢喜剧场"于 10 月选播的电视剧也并非由本地制作，而是中国香港电视剧《千岁情人》。由此可见，认为政府通过禁播《包青天》保护本地制作收视率的猜测实际上缺乏足够的事实依据。同时，从新闻信息部负责人的回应来看，对于此次禁播事件，政府的立场并非对华人文化进行限制，而是试图排除外来文化可能存在的干扰，以维护马来西亚国家文化的主流地位。对此，时任马来西亚华人公会主席的林良实（Ling Liong Sik）有较为清醒的认识。在就该事件接受媒体采访时，他曾提醒马来西亚华人社群中的激进人士：当前解决问题的关键"根本不在于与政府当局争论禁止电视台播出中文古装剧的政令是否合理，而是要向当局力证，《包青天》传达的'公正、和谐、分享、扶贫济困'等诸多优秀的'亚洲价值观'是与马来西亚的国家文化相符合的"（Anon, 1995-10-07）。

在马华公会领袖将《包青天》禁播事件提请内阁会议讨论后，1995 年 10 月底，新闻信息部在内阁授意下取消了对《包青天》的禁播处罚，同时对 1988 年《广播电视法》进行了修订，取消了其中禁止外国古装剧在电视台播出的条款（Anon, 1995-10-29）。1995 年

11月20日,《包青天》在城市电视"威龙剧场"正式播出(佚名,1995-11-02)。因"包青天事件"而受到波及的多部中国台湾电视剧也于此后顺利送审(Anon,1995-10-11a),其中《雪珂》与《梅花三弄》分别于1998年和2001年在第3频道获准播出。

有马来西亚学者曾将"包青天事件"的顺利解决视为政府在发挥对媒体把关作用时审慎处理与族群相关敏感议题的正面案例(Foo,2004)[159-160]。从历史发展的角度看,这一事件的最终处理结果有效推动了马来西亚针对古装电视节目审查条例的修订,使其能更好地适应电视行业在全球化时代所处技术与市场环境的变化,特别是禁播外国古装剧条款的取消,为未来更多呈现中国古代历史风物、承载中华传统文化元素的古装电视剧登陆马来西亚电视荧屏打开了政策空间。与此同时,这一事件也促使马来西亚社会各界就如何在国家文化政策框架下正确看待华人对进口华语节目的观看行为展开了深入讨论。

### 4.3.2 事件后续争议

针对"包青天"事件所引发的争议,部分马来西亚电视行业代表在1996年召开的一次讨论付费卫星电视发展的会议上提出了"付费和私营电视最让人担忧之处并不在于其与国营电视间的市场竞争,而是外国价值观正通过这一渠道大举进入马来西亚"这一观点,认为无论进行多么严格的节目审查,外国电视所展示的价值观对于马来西亚来说都是与国家文化难以相融的。在其看来,引进国外的电视节目正使得马来西亚华裔、印度裔观众对马来西亚以外地区的文化习俗感到日益熟悉,而这种现象可能带来的危害在于,"马来语作为团结马来西亚各族群的主要工具,正在这一过程中被严重侵蚀"(Anon,1996-12-01)。

对于上述针对华裔观众收看外国电视节目行为的批评性言论,

时任马来西亚副首相拿督斯里阿都拉（Abdullah Ahmad Badawi）曾专门发表讲话，表示不能将华裔观看进口华语影视节目的行为视为"对国家不忠诚"，但同时也期望华人应该给予本地制作的华语节目更多关注（Anon，2000-03-20）。

> 对观看中国内地和台湾地区电视节目的华裔加以苛责并非政府的本意，我们从未因此而怀疑他们对国家的效忠……但是作为政府，我们的确希望提醒华裔国民在欣赏外国节目的同时，不要忘记了观看本地生产的新闻和其他电视节目。因为只有通过这些本地电视节目，他们才能对自己生活的国家正在发生的事情有所了解。

然而，马来西亚政府的中立回应并未完全平息针对相关问题的持续讨论。2001年年初，马来西亚执政党巫统在其官方网站发表了一则评论，对农历新年期间私营第7频道过量播放中国港台地区节目的现象进行了批评，认为私营电视媒体的这一举动存在盲目追求经济利益、轻视国家文化政策的问题（佚名，2001-01-29）。

> 国家文化政策以马来文化为基础，并以马来文作为主要文字，可是某家本地电视台的做法，却与这项政策背道而驰……对于这种趋势，有关方面有必要加以正视。如果已经有了电视台广播影片的播映指南，那有关方面现在就应该传召其所有人，提醒他们务必遵守既有的政策……他们应该顺应民意，即使是在任何佳节，都应使国家文化更加丰富。

作为对巫统网站言论的回应，时任副首相拿督斯里阿都拉在为首届"第三电视新闻及时事节目大奖"颁奖礼致辞时，进一步从全球化角度分析了国外电视节目涌入对马来西亚可能产生的消极影响，并在此基础上重申了"电视台必须传达符合国家要求的正确价值观"的要求（佚名，2001-01-29）。

> 今天世界媒体业只由大约 20 家国际媒体公司引导，塑造世界的使命落在这些西方媒体公司的考量中，使他们拥有了控制和垄断世界政治、经济、文化及价值观的力量。如果某个国家成功通过先进工艺掌握国际资讯，该国将同时控制世界的政治、经济、文化、教育领域，在极端的方面，该国也将通过资讯影响全球人民的思维和想法……我国并没有出现某家电视台垄断市场的情形，国内国营和私营电视台都有各自的使命和方针以迎合观众的口味。全球化使得大马观众被更多外国电视节目吸引，外国电视节目的不健康影响和压力是政府在塑造马来西亚民族方面的最大挑战。

值得注意的是，马来西亚政府官员对争议的上述回应并未如执政党内部激进人士一样，将批评矛头单纯指向华裔社群与播放进口华语电视节目的私营媒体，而是在更宏观的层面讨论了西方跨国传媒集团在全球化扩张过程中对发展中国家电视节目市场和民众文化观念可能产生的负面影响。总体来说，马来西亚政府在"包青天事件"后回应针对华裔社群和华语节目的批评时始终抱以中立的谨慎态度，既主张国民正视外国电视节目对马来西亚可能产生的负面影响，又试图将不同族群的多元文化需求整合进与国家文化政策相适应的制度框架当中。

针对"包青天事件"所引发的争议，马来西亚华人亦通过读者来信等形式在报刊上积极发表言论，表达华人群体的态度与立场。

在当时的华人看来，虽然进口华语节目的大量涌入的确在一定程度上对本地华语电视产业的发展有所阻碍，但这种局面的改善应由政府与本地华语电视从业者共同负责，而非归咎于华人受众。当时《新海峡时报》刊载的多封回应相关争议的华人来信，都表达了类似的观点（A. K. J., 2000-03-26）。

> 当前因为华人观看中国影视剧就怀疑其对国家的忠诚度的舆论风潮，对华人是非常不公平的……事实上，也有很多马来人和印度人在成为付费卫星电视的用户后，会时常观看国外的中文电视频道……试问，我们会因为马来人收看了这些外国频道，就认为他们会丧失对自己身为马来人的文化身份认同，或是降低对马来西亚国家的忠诚度吗？答案显然是不会……那么在本地生产的华语电视节目质量无法达到华人要求的情况下，又凭什么质疑我们对国家的忠诚？

另一位华人也在致报刊的来信中提到：华人观众之所以通过付费电视和私营电视大量收看境外中文电视剧，本质是因为国营频道播出的由本地民营影视公司出产的华语电视剧质量不佳（Chow, 2001-03-30）。

> 第2频道每天下午3点中文电视剧时段播放的剧目，实在是非常糟糕，我最多只能坚持五分钟就必须换台……剧情非常没有逻辑，画面质量和色彩都非常差，太黄了；角色的服饰和他们的身份很不搭配，演技不是太浮夸就是太呆板……我注意到现在绝大多数本地制作的电视剧都有这些问题……真心希望国营电视台可以提升节目特别是中文电视剧的质量！

## 4.4 小结:"身份之思"

本章梳理了1995年至2003年间马来西亚华语电视的发展历程及其带来的社会影响。期间大量进口海外华语节目的付费电视网络与私营地面频道,无论此后是否长期留存,都开拓了马来西亚华人的文化视野。这亦促使地面电视频道为应对竞争,在政府对进口电视节目限制日益严格的政策环境下,依然明显加强了对中国香港以外不同地区华语电视节目的选播。而在这一变化趋势背后暗含的逻辑,正是作为"全球"力量的各国电视媒体及其制作的节目在与作为"本土"力量的马来西亚国家政府、电视媒体及华人观众相遇、融合的过程中,不同主体因"根源意识"强化而做出应对举措,进而围绕国家文化塑造和华人文化认同建构等问题展开博弈的过程。这一过程既促使马来西亚电视媒体特别是私营媒体不断探寻与自身社会角色相关的"身份"边界,也促使马来西亚电视观众特别是华人观众开始思考自身对华语节目的收视行为及偏好与"身份"认同之间的关系。

全球化研究学者曾经提出:"全球化"与"本土性的加强"是两种并行的趋势,具体表现为全球化冲击会使地方的语言、性别、年龄、地域、阶层、信仰等"根源意识"得到强化(小森阳一、陈多友,2005)[20]。而具体到这一时期的马来西亚,一方面,面对"开放天空"后亚洲各国影视节目流入对本土电视市场造成的威胁,作为马来西亚政府及国民"根源意识"的"国家文化认同"得到了进一步强化。这一意识与马来西亚国内的多元族群环境相结合,使得"华人对进口华语节目的观看"这一议题一度成为备受社会各界关注的焦点。而另一方面,对于华人来说,其渴望维护自身语言文化权利、在全球化时代拥有更宽泛华语节目选择空间的"根源意识",亦在政府对进口华语节目的管制以及由此引发的"包青天事件"等争议性事件中逐渐强化。上述马来西亚华语电视业于转型时期发生的政策与市场变化，以及由此催生的关于华人对华语节目观看偏好与其文化身份认同塑造之间关系的社会性讨论，都为此后马来西亚地面频道播出华语节目的日趋多元化，以及华人观众对不同国家和地区华语节目多元化的接触与接受埋下了伏笔。

# 第 5 章 地面频道整合后的华语节目多元化与本土化

## 5.1 华语地面频道出现

### 5.1.1 地面频道发展

进入 21 世纪后，随着马来西亚华人对华语电视节目需求的不断提升，马来西亚首要媒体集团于 2004 年 1 月将曾经归属于都会电视有限公司、于 1999 年停播的城市电视频道重新包装，以中文"八度空间"为名称开播，以面向华人播出华语节目为频道主要特色。2005 年，首要媒体又将第 7 频道收归旗下并对其进行了改革。改革后的第 7 频道开始以华语与英语节目各占一半的编排形式播出，同样以华人为主要目标受众。

值得注意的是，第 7 频道和八度空间频道虽然是首要媒体旗下的"姐妹台"，但也各自针对不同的目标受众，彼此之间存在着竞争关系。其中，第 7 频道主要面向年龄在 25 岁以上、较为成熟的城市华人观众，将华语新闻和自制华语电视剧作为频道特色。八度空间频道则主要面向 25 岁以下的青少年华人观众，以播放娱乐节目为主，在形式上也更加新颖活泼。从两家频道的口号上，也能看出其发展方向的差异：八度空间频道的口号为"我们与众不同（We are difference）"，更加迎合年轻人的口味；而第 7 频道的口号"感觉美好"，相比之下则更加迎合以家庭为单位观看电视的各年龄段观众

（梁悦悦，2014a）。

根据艾杰比尼尔森公司（AGB Nielsen）于2006年发布的媒体研究报告，当年在马来西亚华裔电视观众中最受欢迎的电视频道，依次是八度空间频道、第7频道和第3频道，国营第2频道排名第五，寰宇卫视旗下的本地圈频道、香港无线电视台第8频道和凤凰卫视则分列第7、8、10位（佚名，2006-11-16）。由此可见，以华人为目标受众的新增地面频道八度空间以及改版后的第7频道，已在华人观众中具备了较高影响力。随着八度空间频道与第7频道的日益壮大，第3频道于2007年取消了历史悠久的"明珠剧场"中文时段，转型为以服务马来观众为主的电视频道。多语种播出的第2频道则继续保留了多档华语新闻时事节目以及晚间18时的"金凤凰"中文剧场。至此，马来西亚形成了较为稳定的主要面向华裔观众的地面电视频道格局。

八度空间频道和第7频道节目质量的不断提升，对马来西亚的付费电视网络造成了一定冲击。由于寰宇卫视需要从国外大量进口华语节目以填补空白时段，其运营成本相对首要媒体而言较大，向订户收取的费用也因此水涨船高。2007年，寰宇卫视就曾因宣布涨价而招致华人观众的不满。当时一封致《南洋商报》的观众来信就列出了不再续订寰宇卫视的几大理由。其中除了信号不稳定等寰宇卫视自身存在的技术缺陷之外，进口节目更新缓慢以及免费地面频道华语节目素质的提升，被认为是造成寰宇卫视吸引力下降的主要影响因素（洪清木，2007-05-10）：

> 我国国营与私营的非收费电视台，近来其节目内容也相当不错。国营的2频道已增加了一些娱乐节目、电视剧与影片；而私营的第7频道与八度空间频道的中文节目可说缤纷多彩，符合观众的品味。

地面电视频道华语节目质量的提升除波及寰宇卫视之外，亦使主打华语节目的新兴付费电视遭遇了挑战。成立于 2005 年的马来西亚第二家付费电视网络 MiTV，在开播仅一年后便因签购人群未达到预期而将频道数量由 39 个削减至 10 个，其中还有 5 个是免费地面频道（佚名，2006-10-27）。至 2007 年 4 月，MiTV 因效益不佳而正式宣告停运。

由于市场的日益开放与私营频道数量的日益增多，马来西亚政府很难再对包括免费地面频道在内的私营电视媒体进行节目语种及产地等方面的严格管控。2007 年，马来西亚通讯与多媒体委员会在向媒体通报各地面频道国语节目的播出比例时就曾提到，目前在私营地面频道中，只有第 3 频道和第 9 频道达到了 1998 年《通讯及多媒体法令》提出的"60% 内容为国语或非国语的本地节目"的要求，并督促八度空间及第 7 频道在节目编排中加强对国语的应用（佚名，2007-04-13）。然而，此后政府并未以强制手段督促上述两家频道进行整改，两家频道播出的国语节目及本地制作的节目占比也始终未达到法令要求。

2009 年，首要媒体集团进一步建立了可在线观看下属所有频道电视节目的门户网站"看看网"（tonton.com.my）。该网站的"中文节目"子频道整合了八度空间频道和第 7 频道播出过的所有自制及进口华语节目，网站注册会员在马来西亚国内网络环境下，可免费观看最新播出的电视节目，并以付费方式回看已播出的电视节目。由此，马来西亚地面频道华语电视节目开始依托网络平台传播。

至 2015 年，马来西亚已拥有 518 万华人电视观众，约占其华人总数的 76%、全国电视观众总数的 26%。而从马来西亚各地面电视媒体拥有的华人受众份额上看，排名第一的是八度空间频道，约占华人电视观众总数的 22.9%；排名第二的是第 7 频道，约占华人电视观众总数的 14.6%（Media Prima，2015）[63]。虽然上述两家频道在当时依然会播出少量英语及马来语新闻节目,但随着频道发展的日益成熟,马来西亚许多华裔观众已习惯称其为"中文频道""华文频道""华语频道",并将之视为华语电视节目在马来西亚的最主要播出平台。

### 5.1.2 华语频道整合

值得注意是,虽然进入新世纪后,马来西亚通讯与多媒体委员会并未出台更严厉的法案对私营电视媒体进行规制,对于各地面频道非马来语节目播出比例的限制亦有所放宽,但其在实质上依然没有放松对私营电视媒体节目内容的审查,只是采用了更隐蔽的方式,即通过私营媒体高层管理者的把关进行。来自媒体管理层的把关,曾在很长一段时间里制约了马来西亚私营地面频道向华语频道转型。

以垄断了马来西亚私营地面电视频道的首要媒体为例,虽然其主要面向华人播出的八度空间频道和第 7 频道长期以来都是集团重要的利润增长点,但其最高管理层的历任成员始终未出现过华人,而是由有执政党巫统背景的马来人担任。因此,八度空间频道和第 7 频道在马来西亚除了被称为"华人媒体"之外,也常常被称为"党控媒体",其公信力受到很多华人观众乃至媒体人的质疑。

事实上,早在 2005 年首要媒体收购第 7 频道时,以该频道金牌华裔女主播方若琪为首的一批华裔媒体人,就曾因对未来新生媒体的专业精神缺乏信任而大批离职。当时亦曾有马来西亚本地报章在评论马来西亚电视媒体的商业化时指出,当前面临的最主要问题不是商业化,而是"不够商业化",意在讽刺政治势力对私营媒体的影响。而在私营电视媒体中扮演中层管理者角色的华裔媒体人,也往往对自己的尴尬处境有所不满。作者在 2012 年 3 月前往马来西亚调研期间，对时任首要媒体集团第 7 频道中文节目总监陈文贵的一段访谈，正表明了当时作为"准"华语频道的八度空间和第 7 频道所处的两难生存境地。

> 总之，马来西亚华语电视媒体从业者现在面临的最大问题就是又不能有政治立场，又要有政治立场。如果我们有明显政治立场的话，马来西亚华人社会是不会接受的，我们的观众会放弃我们。但是如果我们完全没有政治立场的话，我们的公司又会炒掉我们。所以我们必须要做到里外不是人才会得善终，必须要走中间路线……但其实中间路线是最难走的。而平面媒体就没有这种问题，因为它是"一语言"媒体，只需要向华人交代，而电视不是。所以说，马来西亚现在并没有真正的中文电视媒体，只有看上去像中文电视的"准"中文电视媒体……不管是哪个频道，最高主管都是不懂中文的，而我们这些华人"小老大"却不得不向他们交代……除非以后能出现一个免费的纯中文频道，否则这种局面很难有所改善。

马来西亚华语电视媒体人期望出现的"变局"出现于 2017 年。为了更好地整合频道资源以应对日益复杂的市场竞争环境，首要媒体于 2017 年开始实践"一台一语"的改革思路，并以此为契机对下属第 7 频道和八度空间频道进行了改版。改版后的第 7 频道被打造成了与韩国 CJ 集团合资运营的中文电视购物平台，全天大部分时段均播出中文电视购物广告；八度空间频道则在保留原有华语节目时段的基础上接手了原本在第 7 频道播出的多数自制华语节目。2018 年 4 月，八度空间正式成为马来西亚第一个以全中文播出的、真正意义上的华语免费地面电视频道。根据首要媒体在官网发布的数据，2018 年 4 月 1 日至 5 月 12 日，八度空间频道改版为全中文频道仅 5 周，收看人数即提高了 42%，达到 242 万（彭雨晴，2019）[57]。

2021 年 2 月，第 7 频道正式更名为滴滴教育电视频道（Didik TV KPM），由马来西亚教育部与首要媒体集团合作运营。改版后的教育频道不再提供华语节目和娱乐性节目，而是根据马来西亚教育部关于改善全国学生教育教学水平的要求，每天播出包括教育新闻、国际教育和课外教学在内的国语节目。至此，第 7 频道彻底退出了马来西亚华语电视节目市场，八度空间成为马来西亚唯一一个面向华人观众播出全中文节目的免费地面频道，亦成为当前马来西亚自制和进口华语节目最主要的播出平台。

## 5.2 进口节目的多元化

### 5.2.1 进口中心转移

根据表 5-1 的统计数据可知，2004 年八度空间频道开播后，马来西亚地面频道播出的进口华语节目①在产地上呈现出明显的中心转移趋势，具体表现为中国港台地区国语节目占比显著下降，中国内地（含合拍）节目占比显著提升，中国台湾闽南语节目自 2007 年登陆马来西亚地面频道后占比显著提升。至 2016 年，马来西亚地面频道各国家、地区华语电视节目占比由高到低依次为马来西亚、中国台湾（闽南语）、中国内地（含合拍）、中国香港、韩国、新加坡、中国台湾（国语）、日本。

---

① 本研究所统计的作为"进口华语电视节目"的韩国、日本电视节目，是指在马来西亚私营地面频道中文时段以"中文配音"形式播出的韩国、日本电视节目，而非在国营第 2 频道以"马来语配音"或"韩语、日语原音配马来文字幕"等形式播出的韩国、日本电视节目。

从黄金时段占比情况来看，如表 5-2 所示，2004 年后各地进口节目也呈现出与全部时段节目变化相近的中心转移趋势，具体表现为中国香港和中国台湾国语节目占比显著下降，中国内地（含合拍）节目占比显著提升。其他地区的节目占比情况则与表 5-1 显示的全时段变化趋势有所不同，具体表现为八度空间频道播出的中文配音的韩国节目在黄金时段占据了较高播出比例，中文配音的日本节目及新加坡华语节目极少被安排在黄金时段播出，中国台湾地区的闽南语节目则从 2016 年才开始登陆第 7 频道黄金时段。

表 5-1 马来西亚地面电视频道播出华语节目产地分布（单位：%）①

|  | 2003 年 | 2004 年 | 2007 年 | 2010 年 | 2013 年 | 2016 年 |
| --- | --- | --- | --- | --- | --- | --- |
| 中国内地（含合拍） | 9.6 | 10.4 | 9.1 | 12.3 | 19 | 19.4 |
| 中国香港 | 51.2 | 31.9 | 20.3 | 15.5 | 11.2 | 7.6 |
| 中国台湾（国语） | 9.6 | 13.9 | 7.1 | 4.8 | 7 | 1.2 |
| 中国台湾（闽南语） | 0 | 0 | 9.1 | 16.5 | 18.3 | 26.2 |
| 新加坡 | 1.6 | 2.3 | 11.7 | 8.7 | 2.5 | 3.3 |
| 马来西亚 | 16.8 | 29.2 | 29.4 | 37.8 | 35 | 37.3 |
| 日本 | 1.6 | 3.7 | 2.1 | 1 | 2 | 0.7 |
| 韩国 | 9.6 | 8.6 | 11.2 | 3.4 | 5 | 4.3 |
| 总量 | 100 | 100 | 100 | 100 | 100 | 100 |

① 表 5-1 中数据由作者以构造星期抽样方式，在相关年份每季度抽取一个构造星期，对马来西亚地面电视频道播出的每档华语节目分析得来。

表 5-2 马来西亚地面电视频道黄金时段播出华语节目产地分布（单位：%）[1]

| | 2003 年 | 2004 年 | 2007 年 | 2010 年 | 2013 年 | 2016 年 |
|---|---|---|---|---|---|---|
| 中国内地（含合拍） | 11.8 | 15.3 | 15.5 | 18.2 | 18.7 | 22.9 |
| 中国香港 | 53 | 31.8 | 20.9 | 22.5 | 16.4 | 11.7 |
| 中国台湾（国语） | 8.8 | 13.1 | 12.3 | 4.3 | 1.4 | 0 |
| 中国台湾（闽南语） | 0 | 0 | 0 | 0 | 0 | 10.6 |
| 新加坡 | 0 | 0 | 2.7 | 0 | 0 | 0 |
| 马来西亚 | 14.7 | 30.2 | 35.6 | 47.9 | 52.4 | 41 |
| 日本 | 2.9 | 0 | 0 | 0 | 0 | 0 |
| 韩国 | 8.8 | 9.6 | 13 | 7.1 | 11.1 | 13.8 |
| 总量 | 100 | 100 | 100 | 100 | 100 | 100 |

### 5.2.2　电视剧变化

作为马来西亚地面电视频道播出进口华语节目中最主要的节目类型，进口华语电视剧在 2004 年后亦呈现出产地上的多元化趋势。如表 5-3 所示：进口自中国海峡两岸及香港地区以及新加坡和韩国、日本等地的电视剧开始"百花齐放"，中国香港电视剧不再"一家独大"。

---

[1]　表5-2中数据由作者以构造星期抽样方式，在相关年份每季度抽取一个构造星期，对马来西亚地面电视频道黄金时段播出的每档华语节目分析得来。

表 5-3  马来西亚地面频道播出华语电视剧产地分布（单位：%）[①]

|  | 2004 年 | 2007 年 | 2010 年 | 2013 年 | 2016 年 | 2019 年 |
| --- | --- | --- | --- | --- | --- | --- |
| 中国香港 | 49.4 | 13.2 | 14.3 | 18.5 | 9.5 | 10.3 |
| 中国内地（含合拍） | 10.9 | 10.2 | 14.3 | 20.8 | 20.3 | 26.4 |
| 中国台湾（国语） | 21.3 | 26.6 | 4.3 | 0.8 | 0 | 0 |
| 中国台湾（闽南语） | 0 | 11.7 | 33.3 | 30.4 | 34.3 | 9.3 |
| 新加坡 | 1.9 | 17.6 | 15.6 | 9.1 | 8.3 | 9.4 |
| 韩国 | 14.1 | 12.6 | 6.4 | 8.1 | 8.5 | 9.3 |
| 日本 | 2.4 | 2 | 2 | 0 | 0 | 7.5 |
| 马来西亚 | 0 | 6.1 | 9.8 | 12.3 | 19.1 | 25.9 |
| 泰国 | 0 | 0 | 0 | 0 | 0 | 1.9 |
| 总量 | 100 | 100 | 100 | 100 | 100 | 100 |

具体来说，2004 年后马来西亚地面电视频道对进口华语电视剧的选播，主要经历了以下六点变化：

第一，中国香港电视剧作为长期占据马来西亚地面频道中文电视剧时段的剧种，在中国台湾偶像剧和韩国电视剧等剧种的冲击下，逐渐失去了垄断地位。2004 年，主打华语节目的八度空间频道开播后，即在其剧场时段大力引进产自韩国、中国内地（含合拍）和台湾地区的电视剧，以与主要选播中国香港电视剧的第 7 频道、第 3 频道和第 2 频道三家地面频道展开差异化竞争，争夺偏爱偶像剧、喜欢尝试不同口味的年轻华裔观众。在其当年设置的三个电视剧首

---

[①] 表 5-3 中数据由作者以构造星期抽样方式，在相关年份每季度抽取一个构造星期，对马来西亚地面电视频道播出的每档华语电视剧节目分析得来。

播时段中，下午15时的"东方瑰宝"剧场主要播出产自中国内地的《大宅门续集》《射雕英雄传》（2003年版）等年代剧、古装剧；下午17时的"超人气剧坊"主要播出《流星花园2》《薰衣草》等受学生欢迎的中国台湾偶像剧；晚间20时30分的"亚洲精选"剧场则主要播出《大长今》等热门韩国电视剧。该频道的成立，为来自中国大陆及台湾地区、韩国等国家和地区的电视剧提供了播出平台，培养了华人观众对中国香港以外地区华语电视剧的收视习惯，极大冲击了香港电视剧在马来西亚电视荧屏上的垄断地位。2007年3月，第3频道取消了其历史悠久的中文"明珠剧场"时段，开始在同时段播放马来语电视剧。由于"明珠剧场"一贯以播出中国香港电视剧为特色，该时段的取消使港剧损失了平均每周5小时的播出份额。此后，虽然中国香港电视剧依旧在马来西亚地面频道占据不低的播出份额，但始终未能恢复21世纪初的垄断优势，其在地面频道播出的全部华语电视剧中所占播出份额，从2004年的49.4%锐减至2019年的10.3%。

第二，中国台湾地区偶像剧与韩国电视剧在取代中国香港电视剧短暂"领跑"中文电视剧时段后，从2007年开始因自身产量和质量下降而逐渐丧失了优势地位。其中，与韩剧始终保持相对稳定的播出比例不同，以偶像剧为代表的中国台湾地区国语电视剧2010年后基本淡出了马来西亚地面频道，原本集中播出此类电视剧的八度空间频道下午17时时段转而播出新加坡电视剧。

第三，新加坡电视剧在1999年登陆马来西亚付费频道后，亦开始在马来西亚地面电视频道播出。2004年，第7频道于下午15时开辟了中文电视剧时段，专门用于播放新加坡电视剧。此后，新加坡电视剧即以第7频道和八度空间频道为播出平台，以下午非黄金时段为主要播出时段，呈现出较为稳定的播出状态。尽管如此，新加坡电视剧的播出份额始终维持在10%上下，未能接替中国港台地区电视剧,成为马来西亚地面频道播出华语电视剧中新的优势剧种。

第四,作为华语方言节目的中国台湾闽南语电视剧开始在马来西亚地面电视频道播出,并占据日益重要的地位。2007年,为满足华人观众中年长福建移民以及柔佛州等南马地区观众对方言节目的需求,八度空间频道成为马来西亚首家播出闽南语电视剧的地面电视频道。该频道从当年5月开始在每晚18时增设"6点好康头"时段,平均每周播出5小时进口自中国台湾地区的长篇闽南语乡土剧,首播剧为《台湾阿诚》。第7频道也于当年开始在下午15时播出闽南语乡土剧《世间路》。此后,私营地面频道形成了较稳定的闽南语电视剧播出传统,播出时段与时长亦逐年增加。2010年前后,中国台湾地区闽南语电视剧一度成为马来西亚地面频道播出华语电视剧中占比最大的剧种。2018年后,随着私营频道进一步明确面向年轻人的市场定位,第7频道和八度空间频道合并了其闽南语电视剧时段,使台湾地区闽南语电视剧的播出份额显著下降,至2019年下降到接近2007年的水平,仅高于2017年才开始以华语配音形式登陆马来西亚地面频道的泰国电视剧。

第五,中国内地(含合拍)电视剧发展迅速,2010年后逐渐超越其他地区华语电视剧,播出份额从2004年的10.9%上升至2019年的26.4%,成为马来西亚地面频道播出华语电视剧中占比最高的剧种,亦成为马来西亚地面频道播出华语电视剧网络中新的区域中心。

具体来说,在2017年第7频道改版前,中国内地(含合拍)电视剧已在八度空间和第7频道拥有三个专属播出时段。其中,八度空间下午17时的中文剧场主要面向年轻华人观众播出以《克拉恋人》《何以笙箫默》《漂亮的李慧珍》为代表的中国内地青春偶像剧;晚20时30分的"亚洲精选剧场"主要播出宫廷(《金钗谍影》)、武侠(《新萧十一郎》)、传奇(《班淑传奇》)、神话(《山海经之赤影传说》)等传统类型的中国内地古装剧,以及《锦绣未央》《孤芳不自赏》《择天记》《兰陵王妃》《青云志》等当年度在中国内地热播的网络小说改编剧。第 7 频道下午 13 时 30 分的中文剧场则主要播出《虎妈猫爸》《二胎时代》《爱的妇产科 II》等以年长华人及家庭主妇为目标受众的家庭题材都市剧。

2017 年后，八度空间成为华语电视剧在马来西亚最主要的播出平台，至 2019 年已在频道内形成了包含七个国家和地区的播出矩阵。其中，非黄金时段主要设置了台湾闽南语电视剧"福建好康头"（15：30—16：30）、新加坡电视剧"优 6 剧场"（18：00—19：00）和韩国电视剧"韩流精选"（22：30—23：30）三个工作日剧场，以及泰国电视剧"泰靓精选"（18：00—19：00，周六）和中国内地青春偶像剧"周日 Hito 派"（15：00—17：00）两个周末剧场。黄金时段则设置了香港电视剧"TVB 之最"（19：00—20：00）、中国内地电视剧"亚洲精选"（20：30—21：30）、本地电视剧"原创强档"（21：30—22：30）三个剧场。从实际播出情况看，除"亚洲精选"外，八度空间频道其他剧场以及第 7 频道、第 2 频道中文剧场也会不定期播出中国内地（含合拍）电视剧，使得中国内地（含合拍）电视剧相对其他地区华语电视剧，无论在播出份额还是时段上均处于优势地位。

第六，新类型中国内地电视剧涌现。在播出份额增长的同时，马来西亚地面频道播出的中国内地电视剧在类型上亦有所丰富。

具体来说，一方面，经网络文学改编的中国内地古装剧正在接替传统古装剧，成为受马来西亚地面频道青睐的优势剧种。以 2017 年至 2020 年八度空间播出的 52 部中国内地（含合拍）电视剧为例，其中有 21 部为中国内地独立制片的网络文学改编剧（如表 5-4 所示），占播出中国内地电视剧总量的 40.4%；有 17 部被安排在黄金时段播出，占黄金时段播出内地电视剧总量的 56.7%；有古装剧 15 部，黄金时段播出 14 部，多为古装玄幻剧，占播出中国内地古装剧总量的 53.6%。可见，网络文学改编剧正成为马来西亚地面频道播出中国内地电视剧特别是古装剧中的重要剧种，同时相对于非网络文学改编剧，还具有在黄金时段播出较多的特征。

另一方面，中国内地拍摄的都市题材电视剧无论从制片地区、主创团队还是题材内容上看，都在逐渐减轻对中国港台地区影视剧制作团队和文化元素的依赖，展现出更为独立的发展面貌。具体来说，在 2017 年至 2020 年八度空间频道播出的 18 部中国内地（含合拍）都市剧中，有 16 部由中国内地独立制片，其中 13 部由中国内地演员担任主演，11 部来自中国内地编剧的原创剧本，4 部改编自中国内地网络文学作品。同时其故事背景和主要取景地也不再集中于中国南方地区，在 16 部剧中，明确以中国港澳台地区为故事背景的仅有 3 部，其余电视剧多以上海、苏州等中国内地城市为背景，《咱们相爱吧》《北上广依然相信爱情》《我在北京等你》《我站在桥上看风景》4 部电视剧更明确以北京所代表的中国北方都市为故事背景及主要取景地。此外值得注意的是，得以在黄金时段播出的《欢乐颂 I》《我不是精英》《北上广依然相信爱情》3 部都市生活情感类电视剧，都在题材上显著区别于以职业剧、偶像剧、商战情仇剧为代表的中国港台地区电视剧，而是聚焦于"北漂""上漂"以及都市新中产阶级的社会焦虑等中国内地年轻人当下在职业发展和情感生活中面临的现实问题。

表 5-4　2017 年至 2020 年八度空间频道播出中国内地网络文学改编电视剧简况[①]

| 序号 | 剧名 | 播出年份 | 类型 | 时段 |
|---|---|---|---|---|
| 1 | 锦绣未央 | 2017 年 | 古装/偶像 | 黄金 |
| 2 | 孤芳不自赏 | 2017 年 | 古装/偶像 | 黄金 |

---

① 数据由作者整理自 2017 年至 2020 年的《南洋商报》电视节目表。

续表

| 序号 | 剧名 | 播出年份 | 类型 | 时段 |
|---|---|---|---|---|
| 3 | 择天记 | 2017年 | 古装/玄幻 | 黄金 |
| 4 | 兰陵王妃 | 2017年 | 古装/宫廷 | 黄金 |
| 5 | 青云志 | 2017年 | 古装/玄幻 | 黄金 |
| 6 | 花千骨 | 2017年 | 古装/玄幻 | 非黄金 |
| 7 | 候鸟之恋 | 2017年 | 都市/偶像 | 非黄金 |
| 8 | 人生若如初相见 | 2018年 | 年代/传记 | 黄金 |
| 9 | 武动乾坤之英雄出少年 | 2018年 | 古装/玄幻/武侠 | 黄金 |
| 10 | 武动乾坤之冰心在玉壶 | 2018年 | 古装/玄幻/武侠 | 黄金 |
| 11 | 香蜜沉沉烬如霜 | 2018年 | 古装/玄幻 | 黄金 |
| 12 | 我不是精英 | 2018年 | 都市/生活 | 黄金 |
| 13 | 路从今夜白之遇见青春 | 2018年 | 都市/偶像 | 非黄金 |
| 14 | 站在桥上看风景 | 2018年 | 都市/偶像 | 非黄金 |
| 15 | 三国机密之潜龙在渊 | 2019年 | 古装/历史 | 黄金 |
| 16 | 烈火如歌 | 2019年 | 古装/武侠 | 黄金 |
| 17 | 招摇 | 2019年 | 古装/玄幻 | 黄金 |
| 18 | 大明风华 | 2020年 | 古装/宫廷 | 黄金 |
| 19 | 庆余年 | 2020年 | 古装/传记 | 黄金 |
| 20 | 三生三世枕上书 | 2020年 | 古装/玄幻 | 黄金 |
| 21 | 重启之极海听雷（第一季） | 2020年 | 年代/冒险 | 黄金 |

由上述变化可知，2004年私营地面频道整合后，中国内地电视剧在马来西亚地面频道的播出比例显著提升，已发展成为进口华语电视剧中最主要的剧种。与此同时，被选播的中国内地电视剧在类

型上亦有所突破。由中国内地影视团队独立制作、编剧的青春偶像剧和展现中国北方城市景观、聚焦中国内地社会现实的都市情感剧日益受到马来西亚地面电视频道的青睐；以古装玄幻剧为主的中国内地网络文学改编剧也正在接替传统古装剧，成为地面频道黄金时段的选播重点。

### 5.2.3 综艺和纪实类节目变化

作为马来西亚地面电视频道播出的进口华语节目中另一较为主要的节目类型，进口华语综艺节目在2004年后亦呈现出产地上的多元化变化趋势。从表5-5中的数据可以看出：马来西亚地面频道对进口华语综艺节目的选播主要经历了从以中国台湾、香港地区综艺节目为主转向以中国内地综艺节目为主的变化过程。

具体来说，2004年马来西亚地面频道播出的进口综艺节目分别产自中国台湾地区（《我猜我猜我猜猜猜》《阿鸿美食地图》《美食三大通》《封面人物》）、中国香港地区（《智在必得》《惊天动地奖门人》）和新加坡（《奇趣搜搜搜》）三地，其中中国台湾地区综艺节目占据了最大比重。

2005年，第7频道首次选播了中国内地综艺节目《我型我Show》（东方卫视），于周五下午16时播出；此后，中国内地综艺节目开始陆续登陆马来西亚地面频道。2006年，国营第2频道开始于周一至周五午夜时段播出《亚洲新势力》（广东卫视）和《势不可挡》（安徽卫视）；2007年，第2频道开始于晚间中文综艺时段播出《志在必得》（山东卫视）；2008年，八度空间频道开始于周日下午时段播出《吉尼斯中国之夜》（中央电视台）；2009年，第7频道开始于周四午夜时段播出《非诚勿扰》（江苏卫视）。至2010年，八度空间频道又于周末下午时段播出了中国湖南卫视的《快乐男声Ⅱ》与《快乐大本营》等节目，中国内地综艺节目在马来西亚地面频道播出的华语综艺节目中所占比例达到15.4%，超越了进口自中国香港和新加坡的综艺节目。

表5-5 马来西亚地面电视频道播出中文综艺节目产地分布（单位：%）[①]

| 产地 | 2004年 | 2010年 | 2016年 |
| --- | --- | --- | --- |
| 中国台湾 | 33.3 | 23 | 15.3 |
| 中国香港 | 14.8 | 10.3 | 2.5 |
| 中国内地 | 0 | 15.4 | 35.7 |
| 新加坡 | 3.7 | 5.1 | 0 |
| 马来西亚 | 48.2 | 46.2 | 46.5 |
| 总量 | 100 | 100 | 100 |

2010年后，马来西亚地面频道进一步加大了对中国内地综艺节目的进口力度，除继续播出最新的《非诚勿扰》等节目外，还于2011年新增了《我要上春晚》(中央电视台)，2013年新增了《饭没了秀》(深圳卫视)，2014年新增了《中国好声音III》(浙江卫视)、《十二道锋味》(浙江卫视)、《最强大脑》(江苏卫视)、《爸爸去哪儿》(湖南卫视)、《出彩中国人》(中央电视台)，2015年新增了《中国梦想秀IV》(浙江卫视)、《中国达人秀V》(东方卫视)、《妈妈咪呀II》(东方卫视)、《梦想星搭档》(中央电视台)、《我是歌手I》(湖南卫视)、《中国好歌曲II》(中央电视台)等一系列中国内地综艺节目。

2016年，作为进口华语综艺节目在马来西亚最主要播出平台的八度空间频道，于每周一至周二晚22时45分开辟了"中文综艺"时段，专门播放中国内地综艺节目，当年播出节目包括《中国之星》

---

[①] 表5-5中数据由作者以构造星期抽样方式，每季度抽取一个构造星期，对马来西亚地面电视频道播出的每档华语综艺节目分析得来。

（东方卫视）、《中国好歌曲 III》（中央电视台）、《奔跑吧兄弟 I、II》（浙江卫视）、《星星的密室 II》（浙江卫视）、《西游奇遇记》（浙江卫视）、《挑战不可能》（中央电视台）。除此之外，八度空间与第 7 频道的周末黄金时段也以播出中国内地综艺节目为主，当年播出的节目包括《中国新歌声》（浙江卫视）、《一路上有你》（浙江卫视）、《加油小当家》（江苏卫视）、《超级战队 II》（江苏卫视）、《女婿上门了》（江苏卫视）、《极限挑战》（东方卫视）、《挑战不可能》（中央电视台）、《叮个隆咚呛》（中央电视台）等新节目，以及《非诚勿扰》《吉尼斯中国之夜》《出彩中国人 II》《妈妈咪呀 IV》《最强大脑 II、III》等节目的最新一季。至此，中国内地综艺节目已成为马来西亚地面频道播出进口华语综艺节目中占比最高的类型。

值得注意的是，中国综艺节目近来在马来西亚的崛起并非孤立现象。在华语媒体更发达的新加坡，2010 年后出现了中国大陆综艺节目播出数量赶超中国台湾节目的趋势。例如以播出海外综艺及戏剧节目为主的新加坡新传媒 U 频道，近年来播出的综艺节目就越来越多地带有"中国"二字，如《中国好声音》《出彩中国人》等。而在中国综艺节目的冲击下，即便是新加坡最具影响力的本土综艺节目《绝对 Superstar》，2014 年的收视率也只屈居第五，前四位全部为中国大陆综艺节目。2016 年，在新加坡 U 频道选播的十档中文综艺节目中，亦有六档产自中国大陆，数量超过了在其中占有四席的中国台湾地区的综艺节目（佚名，2016-01-24）。

上述电视台在选播进口综艺节目的过程中呈现的变化趋势，被新加坡、马来西亚两地媒体视为中国"娱乐软实力"在整个东南亚地区显著提升的标志，并评价这一过程"具有高铁速度，颇有让竞争者感到错愕之势"（佚名，2016-09-21a）。《南洋商报》的另一则报道也提到（佚名，2016-01-24）："随着《中国好声音》《我是歌手》等中国歌唱类综艺节目在马来西亚的热播，马来西亚非华人观众正在通过流行音乐加深对中国'普通话'的了解。而在此前几十年，马来人对此几乎没有任何接触。"

除进口华语综艺节目之外，马来西亚地面频道还会不定期选播少量海外华语纪实类节目，中国香港的美食类纪实节目《中国八大名菜》（八度空间，2005年）、历史文化类纪实节目《星星细语香港情》（第7频道，2007年），以及旅游类纪实节目《向世界出发》（第7频道，2008年），都是2010年前被私营地面频道反复重播的华语纪实类节目。

2010年，八度空间在周末非黄金时段先后播出了中国内地纪录片《森林之歌》和《中国武功》。至2013年后，中国内地纪实节目因《舌尖上的中国》热播而愈发受到青睐，以八度空间频道为主要平台，播出频次亦有所增加。其间被选播的节目多以介绍中国饮食文化为主，包括《舌尖上的中国》(Ⅰ、Ⅱ)（2013、2015年）、《行走的餐桌》（2013年）、《茶，一片树叶的故事》（2014年）、《味道中国》（2015年）、《寻味顺德》（2016年）、《味·道》（2016年）。此外，介绍中国春节文化的纪录片《春晚》（2013年）和反映青藏高原人与自然和谐相处风光的纪录片《第三极》（2016年）也曾在马来西亚私营地面频道播出。此外，马来西亚地面频道还曾播出过中国台湾美食类纪实节目《台湾食堂》（第7频道，2014年至2016年）、旅游类纪实节目《发现大丝路》（八度空间，2015年至2016年）以及新加坡美食类纪实节目《传说中的料理》（第7频道，2015年）。

## 5.3 自制节目的本土化

### 5.3.1 本地制作的发展

除了进口节目的多元化之外，2004年后，马来西亚华语电视发展的另一大特征，即为本地自制华语电视节目的发展。在八度空间

## 第 5 章　地面频道整合后的华语节目多元化与本土化

频道与第 7 频道的共同推动下，如表 5-1、表 5-2 所示，本地华语节目在马来西亚地面频道全部时段与黄金时段播出华语节目中所占比例，在 2004 年后均有显著提升，逐渐在地面频道播出的华语电视节目中占据了最大比重。

具体来说，八度空间频道早在筹备阶段，就已明确了其提升本地中文制作能力的目标，并为此吸纳了大量华裔传媒人才。其刊登于《南洋商报》的招聘广告，就显示了以年轻华裔观众为目标受众、以制作本地华语节目为特色的定位（佚名，2003-11-04）。

> 即将在明年 1 月 8 日开播的新电视台八度空间，以年轻华裔观众的口味为主，为了更贴近群众，该台制作大量的本地中文节目，目前，招聘有意成为该台节目主持人、华语新闻主播的有志青年……应聘者应流利掌握华语，并具备良好的中文书写能力。

2005 年，第 7 频道被首要媒体收购并改版后，亦逐渐将其发展重心转移至本地华语节目制作，立志将自身打造成为"另一个香港无线电视台"。为了实现这一目标，第 7 频道从 2010 年开始每年举办"圆游会"系列活动。作为马来西亚首个以中文为主的电视嘉年华，该活动主要安排第 7 频道及八度空间频道旗下本地华裔主持人、华裔演员与华裔选秀明星深入马来西亚各地区华人社群，与参与活动的电视观众游戏、互动，同时还借此平台为本地华裔艺人开办迷你演唱会，以增强华人观众对本地华裔艺人的亲近感，以及与第 7 频道之间的黏合度。

2010 年，为了进一步整合本地华语电视产业，第 7 频道开设了马来西亚首个面向中文电视媒体的奖项"金视奖"，以表彰本地杰出的华语电视从业者和华裔艺人。首届"金视奖"于 2010 年举办，此后分别于 2012 年、2014 年、2017 年举办，至 2021 年共举办四届。

其中，首届"金视奖"颁奖礼吸引了近72.4万华人观众收看，成为当年度马来西亚收视率最高的华语节目；第三届"金视奖"颁奖礼更吸引了超过120万观众观看，成为第7频道历史上收视率最高的直播类华语节目，在华人观众中的收视率高达46%（Media Prima,2015）[17]。由该奖项制定的"只公开给马来西亚收费与免收费电视台或马来西亚注册的制作公司所摄制的中文电视节目报名参加""入围者需是大马公民或拥有合法居留证件"两条规则，从机构注册地和艺人国籍角度明确了对华语电视节目及华裔电视媒体人的奖励标准，体现了将马来西亚本地华语影视制作与海外华语制作相区别、优先鼓励本国华语影视制作机构及华裔演职人员的目标，显著提升了马来西亚华语电视媒体从业者及华人观众对本地华语电视的信心。当时的一篇报章评论，就憧憬了这一奖项的设立对于本地华语电视产业发展可能起到的推动作用（佚名，2010-10-01）。

> 打从拥有记忆开始，大马好像就不曾出现类似"金视奖"的中文电视颁奖典礼，这也就导致大马的中文电视剧较少获得视迷捧场肯定，视迷热衷支持的不是中国的港剧、中国台湾偶像剧，就是韩日剧……无论如何，随着大马电视圈设有权威性的颁奖典礼后，相信这个平台将让电视剧的台前幕后班底有望逐步朝向"全马班"制作，制作一套真正出自大马制作的电视剧，吸引身在外国追梦的大马演员回流祖国筑梦，为大马电视剧做出贡献。

然而，"金视奖"在其发展过程中亦受到了诸多批评。一方面，由于这一奖项由第7频道发起成立，因此常被诟病为首要媒体集团旗下频道的"自留地"，具体表现为获奖节目以第7频道及其姐妹台八度空间频道节目为主，国营第2频道及付费电视寰宇卫视制作的节目鲜有上榜。在许多业内人士看来，如此"画地为牢"的排外之举将阻碍马来西亚本地华语电视产业的整合与发展；另一方面，由于第一届"金视奖"的获奖艺人超过一半是新加坡新传媒艺人，一度引发了马来西亚观众对新加坡艺人抢占马来西亚影视市场资源，以及"金视奖"在评选过程中未能依据此前制定的标准，严格把关参选艺人国籍的不满（佚名，2010-06-07）。相关争论的出现既是此前新、马两国大量合拍电视节目，艺人频繁流动的结果，亦反映出在2010年首届"金视奖"设立之前，马来西亚较为出色的本地制作多有新加坡艺人参演的现实。而观众对"金视奖"是否遵守"入围者需是大马公民或拥有合法居留证件"这一原则的关注，更体现出了马来西亚有意与新加坡制作的华语节目加以区别的"本地意识"的觉醒。

华人对"金视奖"的高度关注既从侧面显示出本地华语节目在马来西亚华人观众中影响力的提升，也进一步推动了马来西亚本地华语电视产业的本土化发展。为了适应"金视奖"的评奖规则以及华人观众对"本地制作"的强烈呼吁，避免海外资本及演员挤占本土影视产业生存空间、破坏本地影视节目文化特色，马来西亚地面电视频道在2010年后与海外电视机构及演员的合作逐渐减少，对海外演员的定位也发生了变化——海外华裔演员往往被认为适合在电视剧中扮演来自中国香港或内地、具有海外身份的配角角色，以使其在本地剧中的口音与形象呈现更具可信度，不至于破坏剧集整体的本土化特色（林彩莲，2016-05-29）。而除了本地华语影视剧之外，本地华语新闻和综艺节目也在鼓励本地华语电视产业发展的行业环境影响下，于2010年后进入了蓬勃发展阶段。在下文中，作者将就三类地面频道自制华语节目的内容生产特征进行详细分析。

### 5.3.2　新闻节目

#### 5.3.2.1　官僚化、商业化、专业化并行

本研究在第一章中已经提到，马来西亚的华语电视新闻起步于20世纪60年代，在其后近30年的时间里，仅有国营第2频道的华语新闻节目"一枝独秀"。直至1999年4月第7频道推出华语新闻节目，才打破了国营电视台对华语新闻的垄断，并以全新的"主播模式"开启了马来西亚华语电视新闻的专业化发展之路。

具体来说，在第7频道华语新闻开播前，马来西亚华语电视新闻中并没有真正意义上的"主播"，而是只有"新闻播报员"。直至第7频道华语新闻第一代主播方若琪亮相后，马来西亚电视新闻媒体中才有了挂着"助理制作人"或"电视新闻记者"（broadcast journalist）的职衔，同时集采访、写稿、编辑与幕后制播职能于一身的"主播"。2008年，国营电视台邀请方若琪加盟新闻部担任顾问，帮助其将华语新闻节目转型至主播作业模式，"华语新闻播报员"的历史使命才告终结。

2004年八度空间频道开播后，也随即推出了《八度空间华语新闻》，并迅速赢得了马来西亚年轻华人观众的青睐。2006年10月，《八度空间华语新闻》将播出时间调整至晚间20时这一黄金时段后收视率迅速提升，终于在2007年超越了同时段播出的第2频道华语新闻，成为免费电视频道华语新闻节目收视冠军，并将其收视优势延续至今。2010年3月，第7频道又推出了《环球透视》（*Global Watch*）这一马来西亚唯一一档聚焦全球热点事件的华语国际新闻节目，该节目2018年开始调整至八度空间频道播出，2019年因频道改版停播。

2018年后，随着首要媒体集团整合地面频道资源，在马来西亚华人观众中享有盛誉的多档第7频道华语新闻节目被陆续整合到八

度空间频道播出。2020 年 6 月 8 日，第 7 频道华语新闻正式停播，八度空间频道华语新闻节目则大幅度扩容。改版后的八度空间华语新闻增设了早间新闻时段，同时将午间、晚间新闻时段均扩充为 1 小时。此外，八度空间还依据华人观众的需求，于 2019 年启播了周播华语财经新闻时事节目《财经十四行》、于 2020 年启播了周播华语新闻时事节目《一周拾谈》，两档节目均于每周五晚间播出。与此同时，国营第 2 频道也延续了华语新闻的制作传统，每天推出午间、晚间两档华语新闻节目。截至 2021 年 12 月，马来西亚各地面频道新闻节目播出时间见表 5-6。

表 5-6　马来西亚地面电视频道 2021 年华语新闻播出情况[①]

| 时间段 | 第 2 频道 | 八度空间频道 |
| --- | --- | --- |
| 09：30—09：45 | | 八度空间早间华语新闻 |
| 12：00—12：30 | 国营第 2 频道午间华语新闻 | |
| 12：30—13：00 | | 八度空间午间华语新闻 |
| 19：00—19：30 | 国营第 2 频道晚间华语新闻 | |
| 20：00—21：00 | | 八度空间晚间华语新闻 |
| 21：00—21：30 | | 财经十四行（周五） |
| 22：30—23：30 | | 一周拾谈（周五） |

虽然当前第 7 频道已经退出马来西亚电视荧屏，但从历史发展角度看，其与国营第 2 频道及八度空间三家频道，均为马来西亚本地华语电视新闻事业的发展做出了重要贡献。三家频道播出的华语新闻节目在发展过程中亦各自形成了鲜明特色，其中第 2 频道华语新闻官方色彩最浓，八度空间频道华语新闻最商业化，第 7 频道华语新闻最具专业性。

---

① 表 5-6 中信息由作者整理自《南洋商报》2021 年 12 月电视节目表。

具体来说，国营第2频道华语新闻节目的主要特色是重视对政府信息的发布，往往将政府新闻置于社会新闻之前，并为此专门开辟了"国会新闻"版块。虽然节目以华语播出，但服务华人社群的特征并不明显。在业务水平方面，第2频道华语新闻播报及采编人员的专业水准常常受到质疑。有华人观众就曾对其节目中的常见失误做出过如下总结（佚名，2006-12-13）。

（1）第2频道华语新闻播报员在对着镜头报新闻时，中途偶尔会出现技术问题，也许是对着镜头的新闻稿没有准备好，以致出现停顿、语塞，然后尴尬地断续着读回手中讲稿的情况；

（2）当播报一则新闻，观众准备看新闻画面时，画面却迟迟不呈现，有长达10秒钟的时间，使到播报员的眼神失焦，尴尬的笑容渐渐僵硬起来；

（3）有时画面确实出来了，但所报的新闻是此则，画面却属于彼则新闻；

（4）早晨的新闻，新闻播报员在新闻结束、祝福观众时，将"早安"说成"晚安"。

而在舆论引导方面，第2频道华语新闻多被华人视为受执政党控制的宣传工具，存在"在新闻开端标榜政府出台的措施如何为人民做了好事""完全不顾及平衡报道的原则，除报道国会发言外极少涉及在野党消息""掩饰甚至封锁所谓敏感却轰动的新闻，以牺牲公信力的方式粉饰政府美好形象"等诸多问题。近年来与马来西亚国营频道华语新闻相关的最大争议性事件发生于2013年2月，大量马来西亚华裔网民在社交媒体上抨击第2频道华语新闻在播放时任首相纳吉布于槟州新春团拜会上询问民众"是否准备迎接国阵"的新闻画面时进行了虚假报道，在后期制作的字幕中将现场民众原本回应的"否"篡改成了"是"。虽然该节目在次日新闻中专门播出了原始新闻素材回应网民,依然未扭转网民对该档新闻节目形成的负面印象(佚名,2013-02-15)。

与饱受官僚化诟病的国营频道华语新闻相比,私营八度空间频道制作的《八度空间华语新闻》则因其亲民特征收获了更多好评。具体来说,《八度空间华语新闻》除主持人形象、气质和播报风格更为清新活泼外,亦具有贴近普通民众特别是华人社群的特征,具体表现为在节目编排上将社会新闻置于比政府新闻、严肃政治新闻以及国际新闻更重要的位置,在选题上对与华人社群利益密切相关的华文教育问题以及房屋价格、犯罪率等社会问题十分关注,在播报中对新闻当事人的"华裔"身份较为敏感。而论及缺点,民众对《八度空间华语新闻》的批评主要在于"过度商业化",具体表现为播放过多为华商进行宣传的"软性新闻",新闻标题为了吸引眼球而过于耸人听闻,仅依靠形式包装而非高质量的新闻内容吸引观众。部分华人观众也正是由于反感《八度空间华语新闻》的上述"商业化"弊病,转而观看同时段播出的第2频道华语新闻(槟城翔,2013-03-24)。

> 如果不是那间私营电视台为了丰厚的广告收益,忘却中文观众的基本要求,竟然把只有30分钟的新闻时段,加插太多自吹自擂的广告赞助商,超出观众的忍耐度,笔者也不会"忍痛"转台至新闻播报多、广告内容相对少的《第2频道华语新闻》!……既然大家都是"以注重政府立场、官方声明为大前提的新闻报道",既然双方的"新闻味道"相似,何不选择"壳薄肉多"的榴莲呢?

与上述两频道的华语新闻节目相比,由第7频道制作的华语新闻节目则因致力于独立采编严肃的新闻报道,在专业性上收获了极大肯定。2005年4月,该频道新闻节目就曾因对"印尼大地震"的迅捷报道和专业态度而广获赞誉。当时的社会舆论曾给予其高度评价,认为"第7频道新闻节目虽然历史不长,却懂得发奋图强。讲新闻效率,它当然无法和美国有线电视新闻网比拟,但至少在进步,不管是新闻播报方式还是内容,都展现了新气息,像个精悍的新兵"(佚名,2005-04-09)。2007年,第7频道华语新闻还曾整合马来西亚星洲媒体集团下属《星洲日报》和《中国报》的评论资源,在节目中加入了为观众深度解读新闻的"总编时间"版块,受到了华人观众广泛好评(佚名,2007-07-14)。得益于长期积累的良好口碑,2012年4月,第7频道华语新闻成为首个邀请到马来西亚首相参与直播访问的华语电视新闻节目(佚名,2012-04-07)。由此开始,私营电视频道的华语新闻节目得到了越来越多"对话"马来西亚非华裔政治人物的机会,得以更有深度地参与对国家政治议题的讨论,以实现提升华人对国内政治关注度的目标。

在私营频道华语新闻发展的推动之下,国营频道华语新闻也不断通过改进主播室场景、提升新闻内容质量等方式向"专业化"方向迈进,日益得到了华人观众的认可(佚名,2015-11-03)。

> 这一年来,我是第2频道华语新闻的粉丝。不怕"反对国阵"的朋友笑话,我觉得第2频道华语新闻内容充实,主播们的表现也很称职,相比过去那种古老死板的主播台背景,现在的主播室场景让人耳目一新,颇有时尚感,跟得上时代节奏。最重要的是,我发现第2频道华语新闻这一代的记者和新闻编辑并没有自我设限,他们在每一个热门新闻,包括最敏感的课题上,报道角度都很到位,新闻用词也很"够味",记者们撰稿时可说非常用心。虽说国营电视台难免要背负为政府说话的责任,但新闻工作者都有

天生的血性，总会在有限空间里突破，第 2 频道华语新闻团队就有这样的心志，他们摸着石头过河，不断在试探和开拓。

#### 5.3.2.2　整合、监督、文化认同塑造并举

有学者曾在对加拿大本地华语电视媒体的研究中指出：由其自行生产的新闻时事节目，在促进现代社会大范围、多层次的公民对话中发挥了重要作用。具体表现为将华裔加拿大居民的权利和需求加以整合，使其在保持自身作为华人的文化认同的基础上，不仅投身于自身语言文化所属群体的生活，也积极参与到加拿大公民的社会活动当中（Kong，2013）。与之类似，马来西亚华语新闻时事节目在 21 世纪的发展，也正致力于发挥华语电视媒体的公民社会建设与文化整合功能，鼓励华人在维护自身族群利益的同时，以马来西亚公民身份关注、参与公共事务。

在社会整合方面，除了上文所述多档日播华语新闻节目大量报道马来西亚本地政治动向与民生议题之外，第 2 频道、第 7 频道、八度空间等三家地面频道还制作过《八方点击》（八度空间，2004 年）、《你怎么说》（第 2 频道，2007 年至今）、《追踪档案》（第 7 频道，2002 年至 2011 年）[①]、《我们仨》（第 7 频道，2007 年）、《凡事两极话》（八度空间，2010 年至 2012 年）、《非谈不可》（第 7 频道，2010 年）、《7 视见》（第 7 频道，2012 年至 2017 年）、《财经十四行》（八度空间，2019 年至 2021 年）、《一周拾谈》（八度空间，2020 年至 2021 年）等华语新闻时事节目，以华人视角解读马来西亚新闻时事，进而促进华人关注、参与本地事务，提升华人公民意识。例

---

① 该节目最初以马来语播出，名为《时事追踪》；2005 年起推出华语版，名为《追踪档案》。

如《你怎么说》多邀请华裔政府要员以及社会精英，以华人视角讨论与国家发展相关的经济、政治、文化议题，如"华商如何应对全球经济挑战"（2007-07-15）、"如何正确关注大选以培养公民参政意识"（2008-01-03）、"各种宗教如何看待生命以及现实生活的意义"（2010-06-26），等等。《我们仨》作为一档清谈节目，亦主要关注"国家教育制度"等与包括华裔在内的全体国民相关的重大社会问题，同时重视鼓励观众的参与与表达，并为此开通了供观众实时评论的手机短信平台。《追踪档案》作为第7频道以深度调查报道为特色的王牌新闻节目，亦以对"黑心猪肉"等重大事件的曝光，体现出对国家及华人层面社会问题的双重关切。

表5-7 《7视见》2016年第四季各期节目内容一览表 [①]

| 期数 | 主题 | 内容 |
| --- | --- | --- |
| 1 | 长堤子女 | 为赚取新币与马币间汇差而每日往返"新柔长堤"（连接新加坡与马来西亚的跨海峡堤坝）通勤的"长堤子女"的故事 |
| 2 | 城市速写 | 槟城绘画爱好者协会"城市速写"成员以画笔记录家乡风景以及濒危老城文化遗产的故事 |
| 3 | 黑暗中对话 | 社会企业创办者组建盲人足球队、训练导盲犬，帮助盲人重建生活信心的故事 |
| 4 | 失智老人 | 失智老人及其家庭的故事 |
| 5 | 方言爱好者 | 不同籍贯华人在年轻人中推动保护、传承方言的故事 |
| 6 | 退役拳手 | 马来西亚华裔职业拳手杨千毅退役后的奋斗故事 |
| 7 | 海南村 | 因政府收回土地而面临搬迁的马六甲"海南村"村民的故事 |

① 表5-7中内容由作者整理自《7视见》（第四季）节目视频，视频来源为付费网站 http://www.tonton.com.my/。

续表

| 期数 | 主题 | 内容 |
|---|---|---|
| 8 | 零垃圾生活 | 城市居民以组织"物物交换"等方式投身环保事业的故事 |
| 9 | 燕美巴刹 | 即将拆迁的吉隆坡地标燕美巴刹(马来语,意为"市集")的历史变迁故事 |
| 10 | 女性与乳腺 | 三名不同年龄段(30岁、40岁、50岁)华裔女性勇敢与乳腺癌抗争的故事 |
| 11 | 补习班 | 华人家长对报补习班造成学生压力过大等教育问题的看法 |
| 12 | 南侨机工 | 中国抗战时期由东南亚各国华人子弟组成的"南洋华侨机工回国服务团"成员口述史 |
| 13 | 老无所依 | 低收入人群退休后因公积金存款不足而面临的生存困境 |

除上述节目外,《7视见》作为第7频道声誉最高的新闻时事类旗舰节目,更在其新闻专题报道中体现了从华人视角关切马来西亚社会发展的目标与情怀。以其2016年播出的13期节目为例(见表5-7),就从华人、华人家庭以及华人社团的多元角度出发,分别讨论了"社会弱势群体的生存与抗争"(第1、3、4、6、10、13期)、"现代化发展与历史文化遗产保护"(第2、5、7、9、12期)、"环境保护"(第8期)、"青少年教育"(第11期)等与华人群体及马来西亚国家发展密切相关的问题。其中,《女性与乳腺》还因其在记录华裔女性抗癌过程中传达出的"正能量",获得了第十届"卫生部媒体新闻奖"这一马来西亚政府奖项。

然而值得注意的是,华语新闻时事节目在马来西亚扮演的角色并不仅限于促进公民社会建设与社会整合,部分节目还勇于执"舆论监督"之牛耳,为全体国民而非仅仅是华人族群的利益发声。具体来说,与其他族裔媒体同行避免触碰敏感政治议题不同,华语新闻时事节目从业人员在行使媒体"第四权力"、拓宽国民言论自由边界等方面相对走在前列。也正因如此，在近年来马来西亚政府干预媒体新闻报道的若干事件中，华语新闻时事节目往往成为"重灾区"。以此类事件频发的2010年为例，八起事件中共有三起涉及电视媒体，其中两起涉及华语新闻时事节目。近年来，类似事件更是层出不穷。

2010年4月20日，第7频道《非谈不可》节目知名制作人黄义忠因不满电视台迫于政治人物压力进行自我审查而宣布辞职。据黄义忠称，事件起因为首相夫人因不满《非谈不可》节目采用的"邀请朝野两党政治人物及独立评论人共同参与政治议题辩论"的编排形式，转寄了含有种族言论的短信给第7频道高级管理层，致使媒体迫于压力更改节目形式，同时接受了在未来节目中"不准谈论政治、不准邀请在野党人士、不准谈论乌雪地区补选议题"的"三不"原则（佚名，2010-04-23）。

2010年4月28日，第2频道午间华语新闻下属"前线视窗"版块因为播出了批评政府为建设巴贡水坝逼迫砂拉越州上万柏拉加（Belaga）原住民搬迁的内容，而被马来西亚广播电视台总监指示停播（佚名，2010-05-20）。

2011年9月22日，第7频道《追踪档案》节目原定播出的探讨沙巴州贫困家庭儿童教育问题的"我要上学"专题节目，因为媒体高层"担心影响沙巴州形象"而被腰斩（佚名，2011-09-25）。这一事件的发生，亦直接导致了该节目在当季播出完毕之后即被停播。

2015年10月31日至11月2日，第2频道华语新闻因为在新闻画面中将首相图像与大马富豪照片并列呈现而被认为"暗示官商勾结"，被通讯与多媒体部剥夺了自主采编权，并被施以"除广告、股市及天气预报外，新闻禁止播放图像和禁用中文字幕"的惩罚。随着这一事件的持续发酵，国营电视台华语新闻组因"更勇于表达真相"和"族群身份相对尴尬"而长期被国家电视台管理层打压,遭受"不被派发摄像设备"等不公正待遇的诸多内幕,亦被离职员工陆续揭露(佚名,2015-10-31)。

上述事件的发生在当时均招致社会各界的谴责。大量非政府组织及媒体人以签署、递交"2010大马人要求媒体自由备忘录"等方式,向政府及相关媒体表达了捍卫马来西亚政治民主与言论自由的诉求。同时,华人政党和社团也以各种方式发声,捍卫华裔群体利用华语媒体监督政府的权力,"违反多元族群国情""限制华语媒体"等批评频繁见诸各类媒体。在各方力量博弈过程中,华语新闻时事节目的大胆敢言与华人社团的舆论声援虽然在多数情况下无法改变事件结果,却引发了国民对政府义务、公民权利等问题的广泛思考,对马来西亚的民主政治发展以及华人族群的社会境遇改善均有正面贡献。

除了国内舆论监督之外,以《环球透视》为代表的华语国际新闻时事节目还常常运用"涵化"(domestication)策略,将对其他国家族群、移民问题的讨论与改善马来西亚华人生存境遇的诉求相联系,同时通过对中华文化圈内重要文化事件的报道,塑造马来西亚华人对中华文化的认同。

在表达华人的利益诉求方面,《环球透视》对于"叙利亚难民潮""美国华裔警察梁彼得案""特朗普移民禁令"等与少数族群权益相关的国际新闻事件往往十分关注,常在评论新闻事件过程中对马来西亚提出批评性建议,谏言政府加强政策弹性,防止在马来西亚各族群当中激化与上述国际新闻事件类似的矛盾。

在处理与中华文化相关的新闻时,《环球透视》更是着力展现了"马来西亚华人"与"全球华人"在文化上的"接近"与"共享"特征。例如在对"莫言获诺贝尔文学奖""台湾电影金马奖走过50年""香港影视大亨邵逸夫逝世"等新闻事件的评论中,《环球透视》

都未将事件单纯解读为文化事件,而是将其阐释为"全球华人共享的文化记忆与文化成就",在回顾中国文化名人和文化产业瞩目成就过程中,塑造马来西亚华人观众对"吃苦耐劳""正直不阿""忠孝仁义"等中华优秀传统文化品质的认同。

综合以上论述可知,由马来西亚地面频道制作的华语新闻时事节目因为私营媒体的加入,已逐渐摆脱了国营频道垄断时代落后乏味的新闻播报模式,开始在充当政府喉舌的同时,扮演起对内跨越族群界限开展舆论监督、对外跨越国家界限关注边缘族群境遇,同时塑造华人对中华文化认同的多元角色。

### 5.3.3 电视剧

#### 5.3.3.1 本土化为中心的整体发展特征

2004年后,马来西亚华语电视发展的另一重要特征是马来西亚本地制作华语电视剧的蓬勃发展。随着第7频道和八度空间两家主要面向华人的私营地面频道的兴起,马来西亚华语电视剧开始进入在华语私营频道主导下依靠本土团队独立发展的全新历史阶段,由本地华人班底制作的剧集数量与社会影响力均有显著提升。从数量上看,如表5-3中的数据所示,马来西亚本地制作华语电视剧在地面频道中文电视剧时段播出比例逐年增长,从2007年的6.1%增长至2019年的25.9%。而从质量上看,马来西亚华人观众亦开始改变此前认为本地华语电视剧枯燥无聊的刻板印象,给予本地制作更多关注。

通过学习新加坡制作经验、创建本地中文电视媒体奖项等改革路径,马来西亚私营频道大力推进本地华语电视剧发展,使马来西亚本地华语电视剧产业于2006年后逐渐进入了谋求本土化发展的全新阶段。2006年至2021年,马来西亚私营地面频道共与13家本地民营影视公司联合制作了126部本地华语电视剧。上述剧集不仅在马来西亚国内受到华裔观众高度关注,在中国互联网平台及"油管"(YouTube)、奈飞(Netflix)等全球性网络平台的影响力也日益提升。当前,马来西亚本地华语电视剧既是马来西亚华人实现自我表达的重要媒介,也已成为在全球范围内传播马来西亚华人文化以及作为其文化母体的中华文化的重要载体。

具体来说,第7频道与八度空间频道投身华语电视剧制作始于与新加坡新传媒的合作。2006年3月,第7频道正式与新加坡新传媒集团签署了为期三年的中文节目联合制作协议。根据该协议,第7频道与新传媒将在三年内每年联合制作130小时的华语电视节目,一面锁定本地市场,通过播出本地华语电视节目吸引更多华裔受众;一面开拓海外市场,将自行制作的华语节目销往与马来西亚文化背景及语言相似的印尼、中国等地(佚名,2006-03-31)。由此,马来西亚本地制作的华语电视剧开始进入蓬勃发展阶段,私营地面频道亦逐渐取代国营第2频道,成为本地华语电视剧在马来西亚最主要的制作机构与播出平台。国营第2频道自2002年取消本地中文电视剧时段"欢喜剧场"后,除2008年曾播出马来西亚与中国合拍电视剧《双城变奏》《热浪岛》,2011年曾播出与马来西亚反贪局联合制作的肃贪中文剧《反贪行动》,以及不定期播出的自制中文情景剧《外国月亮比较圆》(88 kopitiam)之外,基本不再制作、播出本地华语电视剧。

2006年10月,作为第7频道与新传媒首部合作成果的电视剧《原点》,在第7频道晚间黄金剧场一经播出即引发了收视热潮,在华人观众中获得了平均11点的高收视率。应广大剧迷要求,第7频道在该剧热播期间还曾开设了官方网站,供广大剧迷观看故事大纲、分集剧情和剧照,同时欣赏电视剧独家录影带(佚名,2006-10-26)。2006年年末至2007年,第7频道又相继于黄金剧场播出了《情有可缘》等四部本地制作的华语电视剧。从2008年开始,第7频道晚间19时的黄金时段电视剧剧场被打造成为播放本地制作华语电视剧的专属时段，平均每年播出7至8部本地制作的华语电视剧，每周平均播出时长达4小时。

值得注意的是，最早为第7频道华语电视剧赢得声望的《原点》与《情有可缘》两部电视剧虽然均在马来西亚取景且有马来西亚演员参演，但因为由新加坡编剧负责剧本创作，上述剧集在情节、语言、场景设置上，均未体现出马来西亚本地文化特色。事实上，第7频道在与新传媒合作期间制作的多数电视剧，都由新加坡方面负责编剧，或是直接翻拍自新传媒知名剧集，如取得平均13点收视成绩的《大城情事》（2008），就翻拍自新传媒此前制作的电视剧《家事》（2000）。

2007年，第7频道播出的本地华语电视剧《男人当家》首次启用马来西亚本地华裔编剧参与创作。该剧关注了"男性的生存压力"等当代马来西亚社会面临的现实问题，力求讲述"原汁原味"的本地故事（佚名，2007-04-26）。自《男人当家》播出后，马来西亚本地编剧开始频繁参与剧本创作，2008年第7频道与新传媒合作协议到期，马来西亚本地编剧得以在私营地面频道与本地民营公司联合制作的华语电视剧中获得更多展示机会。由本地编剧创作的华语电视剧集，亦在语言使用、题材设定、文化价值观呈现等方面表现出愈发鲜明的本土文化特色。

具体来说，在语言使用方面，新时期的马来西亚本地华语电视剧不再效仿中国香港电视剧广泛使用粤语对白，而是恢复了早期本地华语情景剧中的语言传统，一面在怀旧题材电视剧中再现本地华人夹杂各地方言的"罗惹（Rojak）式"①交流场景，一面在都市题

---

① "罗惹"在马来语中指带有"大杂烩"性质的"传统沙拉"，在此用以比喻马来西亚华人所说的华语混杂不同华语方言及英语、马来语的"杂糅"特征。这种特征在语言学中又被称为多语言混用的"语言马赛克"现象。

## 第 5 章　地面频道整合后的华语节目多元化与本土化

材电视剧中让本地华人使用标准华语（即普通话）对白交流。上述语言设计既真实反映了马来西亚年长代际华人在特定历史时期的独特语言习惯，也反映了近年来马来西亚华人社团及华文教育界对标准华语的推广成果，充分适应了年轻世代华人对粤语等方言的掌握与依赖程度大幅降低、对标准华语的认同感显著增强的语言习惯变化（李颖玮、李柏令，2016）[16]。

在题材设定方面，新时期的马来西亚本地华语电视剧不再局限于中国香港电视剧常见的警匪剧、悬疑剧、商战剧等传统题材，而是立足于马来西亚本地移民历史与华人日常生活，开发了若干具有本土特色的剧集题材，如讲述殖民时代华人在马来西亚生存奋斗历史的怀旧题材电视剧、带有批判现实主义色彩的奇幻题材电视剧、在古今东西文化交错间进行历史对话的穿越题材电视剧，等等。上述创新题材剧目有意识地修正了 20 世纪 80、90 年代马来西亚本地制作华语电视剧因过度模仿中国香港电视剧而在题材上的限定，不再满足于呈现与中国香港相似的都市商业文明景观和中产阶级生活方式，以迎合华人观众对大都市生活及亚洲现代性的普遍幻想，而是努力从马来西亚本地历史风物和文化景观中挖掘素材，培育马来西亚华人对本土华人社会的共同体想象。

在文化价值观呈现方面，新时期的马来西亚本地华语电视剧也不再专注于展现中国香港电视剧中常见的消费主义价值观，而是注重体现马来西亚华人将"落叶归根"侨居心态和"落地生根"定居心态加以整合的独特本土华人文化心态，揭示了马来西亚华人与居住国历史发展之间的联系性和传承中华语言文化传统的能动性。在这一过程中，相关剧集尤其着力展现了马来西亚华人对中华优秀传统文化中物质、精神遗产的继承以及儒家价值观念的认同。

基于上述特征，下文将进一步结合当前马来西亚本地华语电视剧中最具影响力与创新性的怀旧题材年代剧、奇幻题材都市剧、穿越剧和贺岁剧，具体分析其代表性剧目在东方与西方、传统与现代文化冲突、交融、混杂的语境下，如何通过内容生产实现了对中华文化的创新性诠释。

### 5.3.3.2 怀旧剧中华人的国家历史讲述

怀旧题材电视剧既是马来西亚本地华语电视剧中的代表性题材，也是马来西亚最早实现海外输出的本地华语剧种。第 7 频道于 2008 年开始与双瞳公司（Double Vision）等本地民营公司联合制作怀旧题材华语电视剧，在 2008 年至 2010 年间推出了在本地华人中反响热烈的《情牵南苑》《女头家》《情牵南洋》三部曲，此后又相继推出了《炭乡》（2010 年）、《足印》（2011 年）、《香火》（2012 年）、《岁月留声》（2013 年）、《南洋战事》（2014 年）、《妈姐》（2017 年）、《娘惹相思格》（2018 年）等同类题材电视剧，基本保持着一年一部的制作、播出频率。此类电视剧大多由马来西亚华裔演员以本地华人习惯使用的闽南语、客家话、粤语、普通话等多种华语方言出演[1]。同时深入槟城、马六甲等华人大量聚居且历史文物保存完好的地区取景，力求真实还原马来西亚的本地风情和华人移民的奋斗历史。其中《情牵南苑》作为华语电视剧年度收视冠军，曾于 2011 年被中国中央电视台电视剧频道引进。

"怀旧文化"作为一种连接个人与集体记忆的文化形态，天然具有对现实权力结构的隐性批判色彩。以怀旧文化为底色的马来西亚华语电视剧，既在其叙事中修复、重建了作为历史存在与精神向往的家园，又体现出鲜明的后殖民主义特征，在对华人个体命运的书写中总是包裹着与第三世界大众文化和社会受到冲击相关的寓言

---

[1] 以《女头家》为例，由于"头家"一词取自闽南方言，为中国潮汕地区居民对店铺"老板""东家"的称呼，因此该词但凡在剧中出现，均依照 20 世纪 60 年代马六甲等地华人的语言使用习惯，以闽南语发音。

（吴娱玉，2019）[295]，以影视文本形式呈现了华人族群在马来西亚摆脱殖民统治、建立独立国家历史进程中曾经遭受的深重苦难与做出的积极贡献。

具体来说，相关剧集往往以马来西亚华人为主人公，在与马来西亚殖民地解放、国家独立与现代化发展相关的历史进程中投放了来自华人的"观看"目光，使其得以成为国家历史主动的讲述者，并在这一过程中彰显了马来西亚华人作为政治参与主体和文化建构主体的历史贡献和正面形象。

以《情牵南苑》为例，该剧讲述了20世纪60年代马来西亚建国初期，三位在吉隆坡华人娱乐场从事歌女、舞女等底层职业的华裔女性，一面在后殖民国家的现代化进程中受到深重压迫，一面互相庇护以谋求个人及群体解放的故事。剧集不仅重建了吉隆坡南苑中华游艺场[①]等承载马来西亚华人地方性文化记忆的"怀旧空间"，再现了历史上马来西亚华人表演方言歌舞、粤剧、影画戏的真实场景，同时也展现了马来西亚华人在1971年吉隆坡大水灾等国家重大灾害性事件中的积极贡献，弘扬了乐善好施、扶贫济困的中华传统文化精神，刻画了主动参与公共事务、积极履行公民责任的华人形象。

除《情牵南苑》外，另一部具有代表性的马来西亚怀旧题材华语电视剧《情牵南洋》，亦着力展现了华人在马来西亚拓荒的奋斗历程与历史贡献。具体来说，该剧以三名自福建、广东"下南洋"的中国劳工为主人公，讲述了第一代华人移民如何历经"二战"、日本统治、英国殖民等不同历史时期，秉持吃苦耐劳的华人精神在马来西亚扎根，同时大力推广粤剧和华文教育事业，为中华文化的传承

---

① "南苑中华游艺场"曾是20世纪60年代吉隆坡华人最主要的娱乐场所，包含舞厅、歌厅、戏院、粤菜馆，每晚上演粤剧、谐剧及艳舞节目，20世纪70年代因受到电影院的冲击而被拆除。其旧址现为吉隆坡大型购物中心"金河广场"所在地。

无私奉献的故事。剧中不仅真实再现了粤剧戏班、华文学校、华人私会党等殖民地时期马来西亚民间华人组织的历史发展情况，还着力刻画了早期华人移民作为"拓荒者"的英雄形象，以期"让新生代对先贤来马拓荒建设有更深的了解"（佚名，2010-03-08）。

具体来说，一方面，《情牵南洋》十分注重呈现华人移民在历史上作为马来西亚国家建设者的历史贡献。在剧中，三位主角初到马来亚即被巫裔同胞所救，此后本着"来到人家的地方，当然要学人家的习俗"的思想，逐渐习得了手抓椰浆饭等本地习俗，并开始尊重巫裔同胞的宗教习惯。而在马来亚即将独立建国的历史时刻，剧中主人公做出的历史选择也充分展现了其视新生的马来西亚联邦为理想"家园"并自愿成为马来西亚公民的"国家认同"。而在该剧结尾处，主人公后人所发表的一段演讲，亦通过对祖先奋斗历史的"回看"，为马来西亚华人参与国家建设的拓荒贡献提供了确证。

> 我祖籍福建泉州，我的爸爸是槟城的一个三轮车夫……在1938年，我的父辈从中国福建来到马来西亚，两手空空来到这片土地上参与建设。他们的故事很平凡，理想也很平凡，就是如何让下一代可以过好日子，如何让下一代不用再受苦。这就是我们华人的精神。

另一方面，在肯定马来西亚华人拓荒贡献的同时，《情牵南洋》也并未回避展现马来西亚第一代华人移民作为"侨民"，在精神层面对作为祖籍国的中国及原乡文化的眷恋。例如在该剧中，祖籍福建泉州的主人公林文升就时常用笛子吹奏家乡民歌，以"乡音"寄托对祖籍国的思念之情。广受好评的该剧片头曲《流连》，也在歌词中以"我"指代"华人移民"，以"你"指代"中国"，展现了第一代华人移民虽于马来西亚落地生根，但依然思念故土、"流连"原乡的情怀。

午夜梦回忽然让我把你想起，你的背影至今我仍难忘记；

如果只是邂逅怎会留下痕迹，让我在这个时候想要拥抱你。

经过这些年的风雨、这些年的努力，我们在不同月光下找到自己；

偶然回头望那回忆，获得也失去；心牵挂着的你，是否平安如昔？

闭着眼睛平静地躺在摇椅，想象那年离开你那个花季；

身边小溪如果能倒流向回忆，是否我睁开眼就能再遇见你。

除了对"乡音"的留恋之外，《情牵南洋》中对马来西亚华人"原乡"情结和"远方家园"眷恋意识的呈现还体现在对主人公如何传承粤剧及华文教育事业的描写上，以凸显华人作为中华传统文化传承者的正面形象。就粤剧文化而言，《情牵南洋》将女主人公叶枫的身份设定为祖籍广东佛山的粤剧名伶，在剧中设计了其家族戏班"鸣凤班"在马来西亚落地生根，后因战争衰落，最终又于中国香港重新发扬光大的故事线索，进而展现了马来西亚华人移民在战争年代对粤剧这一"中华文化百年瑰宝"的传承和贡献。而在华文教育方面，《情牵南洋》将男主人公林文升的身份设定为终生致力于马来西亚华文教育事业的第一代华校创立者，在叙事中着力展现了早期华人移民推动中华语言文字和华文教育事业在马来西亚传承、发扬光大的重大历史贡献。

总之，在历史上饱受各国殖民者压迫的马来西亚华人，依其所属族群、阶级，在托马斯·卡莱尔（Thomas Carlyle）的英雄史观逻辑下本应归属于无法自我言说的"属下"（subaltern），然而在马来西亚怀旧题材华语电视剧中，作为主人公的马来西亚华人却摆脱了被他者凝视的被动地位，转而以殖民统治和战争苦难的承受者、马来西亚国家的建设者、中华文化的传承者等正面形象出现，不仅在影像文本内部拥有了参与马来西亚国家建设和中华文化传承历史进程的主体性身份，也在影像文本外部重构了自身被观看的机制与方式，获得了观看他人、被他人观看，以及决定何事可看的权力（李德清，2018）[31-54]。在这一过程中，中华传统文化构成了华人区别于他者、在历史上成就英雄事迹的重要精神特质，亦成为影像视觉文本用以塑造华人主体性身份的重要叙事资源。

### 5.3.3.3 奇幻剧中华人的世界主义想象

奇幻剧通常以虚构时空为故事世界，以英雄或特定群体为叙事对象，在其故事世界中往往存在一套区别于真实世界的行为评价体系和价值认知系统，并且这一秩序通常包含着人们对突破现实的内心渴望和发展诉求（李轩，2020年）[90]。具体到马来西亚，奇幻题材电视剧作为其本地华语电视剧中的重要类型，在继承传统奇幻剧的叙事逻辑基础上，较少塑造西方式的奇幻世界观和带有个人主义色彩的超级英雄形象，而是更加重视对华人社会生活和东方文化价值观的呈现。如《声空感应》（2008年）、《我的男友不是人》（2015年）、《我的非一般岳母》（2018年）等早期马来西亚华语奇幻剧，多从中国民间传说中汲取素材，以家庭为叙事单位，以不同代际家庭成员之间的"时空对话"为叙事脚本，传达了重视家庭、敬老孝亲等价值观，构建了以中华传统伦理道德为基础的社会秩序。

在众多奇幻题材华语电视剧中，第7频道于2016年与本地民营公司联合制作的带有反讽色彩的都市奇幻剧《美丽新世界》作为最具创新性和影响力的作品，不仅在马来西亚国内吸引了不同族群电视观众的关注，在亚洲其他地区也引起了广泛讨论，甚至在哔哩哔哩（bilibili）等中国网络平台被誉为"神剧"。马来西亚本地媒体也曾对这一剧集的海外反响进行过报道，认为该剧的海外走红正因为契合了当下亚洲都市青年在现代化速食文明侵蚀下，因人情淡漠、价值观沦丧而产生的迷惘心境（佚名，2016-09-21b）。

具体来说，该剧以四个单元故事探讨了"男女平等""老龄社会""亲子关系""流行审美"等与马来西亚密切相关的社会议题。其中，《丈夫》建构了剥夺男性婚姻权利的虚拟时空，女性可合法拥有多个丈夫并处死对婚姻不忠实的丈夫。《乌鸦》建构了剥夺老人生命权利的虚拟时空，法律规定年满70岁的老人无论健康与否，都必须由家属送到"孝子树"下处绝。《甜甜圈》建构了"以胖为美"的虚拟时空，人们为盲从审美潮流不计代价增肥，逐渐失去了对自我价值的正确认知。《镜子》建构了"子债父偿"的虚拟时空，法律规定为人父母者必须引导子女走向正途，一旦子女犯错，父母必须接受法律制裁。在每个故事中，主人公均经历了对畸形社会秩序屈从、反思、反抗的过程，最终均选择了从中华传统文化中汲取应对困境的精神力量，坚守了"孝悌有序""内观己心"等中华传统伦理道德观念。

从理论层面看，在《美丽新世界》以"反乌托邦"形式构建的虚拟华人世界中，主人公通过对自我及所处社会环境带有"自反性"的观看，解构了被西方现代性话语宰制的传统社会秩序，实践了对西方现代性文明的批判与超越，体现了华人群体以中华传统文化涵养价值信念、建构理想社会的文化主体意识。尤其值得注意的是，《美丽新世界》对现代性问题的反思不仅局限于对华人社群的关注，也参与到对"他者"苦难的观看当中，广泛从马来西亚及其他亚洲国家面临的社会问题中汲取灵感。该剧编剧曾提到，在中国网民中反响最为强烈的《丈夫》《乌鸦》两个单元，分别取材于巴基斯坦一则关于穆斯林女性因被怀疑通奸而遭家人乱棍打死的社会新闻，以及日本一则关于老人在粮荒时为保子孙性命自愿上山等死的民间传说（马岩岩，2016）。

可见，《美丽新世界》对西方现代性话语霸权的解构，实际上体现出了超越族群、地方、国家边界的"世界主义"（cosmopolitism）倾向，为应对全人类共同面对的消费主义价值观侵蚀等普遍性问题，提供了来自华人的解决方案。而这种基于"世界主义"想象的创作实践，又与同样致力于现代性批判的西方"反乌托邦"剧集有所不同，展现出鲜明的"在地"属性与中华文化特色。一方面，《美丽新世界》对现代性价值观的批判和人类理想秩序的构建，主要以马来西亚华人尊崇的儒家价值伦理为基础，主张以人们在家庭和社会中扮演的角色（如伴侣、子女、父母）和缔结的关系为依据规范其行为，着力展现了华人根植于内心的"利他性"责任观与追求"共同善"的价值理念。而上述基于"儒家角色伦理"（安乐哲，2017）的中华传统文化观念，正与英剧《黑镜》等西方"反乌托邦"剧集所传达的带有原教旨主义色彩的个人主义价值观大相径庭；另一方面，《美丽新世界》虽然建构了架空历史与地理背景的虚拟华人世界，却充分观照了马来西亚国内不同族群及周边不同国家的社会联系，通过挪用其中的典型文化符号，完成了对"理想世界"的乌托邦式想象。

从这个意义上说，以《美丽新世界》为代表的马来西亚奇幻题材华语电视剧所表现出的"世界主义"倾向，实质上是一种"本地化的世界主义视野"（vernacularized cosmopolitan outlooks）（吴潇阳、章宏，2018年）[59]，与马来西亚华人的地方经验与文化认同密切相关。在影像文本对西方现代性秩序的批判过程中，以儒家思想为重要组成部分的中华传统文化承载了超越华人社群、着眼全球利益的共享性价值理念，构成了马来西亚华人消解现代性弊病、构建人类理想社会的思想基础。

#### 5.3.3.4 穿越剧中华人的文化间性意识

除了怀旧题材年代剧和奇幻题材都市剧外，马来西亚华语电视剧近年来还不断尝试题材创新，将华人的国家历史讲述与世界主义想象整合进穿越剧当中。通过呈现不同时空华人文化价值观冲突、和解的复杂过程，马来西亚穿越题材华语电视剧构建了不同代际华人间平等、互惠交往的主体间性（inter-subjectivity）关系，展现了多元文化沟通、融合的文化间性（inter-culturality）意识，进一步以影像形式，对殖民主义、帝国主义、现代性话语进行了解构。

马来西亚穿越题材华语电视剧始于 2011 年第 7 频道播出的《时光电台》及其续集《时光电台 1970》。该系列剧集讲述了作为"时光电台"主播的主人公在多个年代间穿梭的奇幻际遇，回顾了 1970 年至 2011 年间马来西亚发生的重大事件。基于"穿越"这一叙事形态，剧中主人公得以以身体真实"在场"的"观看者"身份回到历史现场，成为 20 世纪后半叶马来西亚国家历史和华人文化生活的亲历者，同时实现了与前辈华人之间的交往互动。

以《时光电台》系列剧集为基础，2019 年由八度空间频道播出的本地华语穿越剧《守百年之约》进一步尝试了"双向穿越"的题材创新，不仅在马来西亚国内收获了高口碑，成为历史上吸引最多 15~39 岁华裔观众观看的电视剧，还成为被中国湖南卫视购入独家海外版权的首部马来西亚电视剧，在包括中国在内的亚洲地区进一步提升了马来西亚华语电视剧的影响力。

该剧塑造了两个生活于不同历史时空、承载不同文化属性的华裔主人公：女主人公邵庭生活于 21 世纪的马来西亚都市，是一位因崇尚西方现代文明而身陷华裔身份认同危机的海归西医；男主人公文安生活于 20 世纪 40 年代的马来西亚乡村，是一位恪守中华文化传统和儒家君子风范的书生。二人因触电先后穿越到对方所处时空，并在所经历的历史对话与文化冲突中，重塑了自身的价值观念与文化身份认同。相对于《时光电台》系列作品，《守百年之约》更充分地展现了华人多元文化价值观在沟通中融合的文化间性意识。

具体来说，一方面，《守百年之约》通过对战争残酷性的细节描写，呈现了日本入侵马来西亚时期华人遭受的苦难，对殖民者和法西斯主义者的历史罪行进行了揭露。在剧中，回到第二次世界大战时期的主人公不仅作为身体"在场"的观看者见证了日军对马来西亚发起"自行车闪电战"的骇人场景，也在逃亡过程中旁观了难民被迫毒哑新生儿以躲避日军追捕的人伦惨剧，对战时华人面对的生存困境有了更深刻的理解。上述在以往马来西亚影视剧中极少出现的战争细节描写，在马来西亚各族群年轻人中引发了广泛讨论，该剧编剧也曾专门做出回应，指出剧中母亲毒哑亲子的情节并非杜撰，而是取材于前辈华人中战争亲历者讲述的经历。可见，《守百年之约》通过构建不同时空华人共享社会生活与实践经验的交往空间，在视觉文本内外均促成了华人对战争记忆的共享和对历史问题共识的建立，彰显了作为战争及殖民统治受害者的马来西亚华人"被看见"的权利。

另一方面，《守百年之约》通过描写两位主人公在时空穿梭过程中身份认同与价值观念的变化，消解了东方与西方、传统与现代文化之间的二元对立关系。从女主人公角度看，邵庭对自身华人身份的认同危机既表现为对西医的推崇和对中医的偏见，也表现为与父亲及亲族关系的疏远和对华人传统文化习俗的漠视。而穿越到第二次世界大战时期的经历，不仅让她重新认识了中医在物资匮乏年代的重要贡献以及与西医的优势互补，也重新理解了亲族间血脉传承的意义和"吃团圆饭"等华人传统文化习俗的价值。由此，在与历史和传统对话的过程中，邵庭重获了此前被西方现代性话语所遮蔽的自我观看权利，重塑了作为华人的身份自觉与文化认同。而从男主人公角度看,文安穿越到21世纪后的见闻以及与邵庭的交往经历,也让他尝试接受"一夫一妻"等观念,将儒家文化价值观与现代思想相融合。可见,《守百年之约》的影像文本消解了"自我"与"他者"之间的文化壁垒,在坚持华人主体性身份的基础上,以承认他者主体存在、正视自我与他者主体间差异的立场,展现了以对话为前提、于差异中求共存的文化间性意识。

#### 5.3.3.5 贺岁剧中华人的儒家家庭伦理

除了上文提到的怀旧、奇幻题材电视剧和穿越电视剧外,"贺岁电视剧"也是近年来马来西亚本地华语电视剧中极具特色的剧种。具体来说,"贺岁华语电视剧"是对20世纪国营第2频道制作的"新年特备华语电视短剧"的延续与发展,随着私营地面频道制作能力的提升,该剧种在马来西亚华人中的影响力亦显著提升。自2011年春节与本地民营公司奇想影视联合推出贺岁剧《媒人帮》以来,第7频道于中国农历大年初一晚间播出的自制单集贺岁电视剧,已成为多数马来西亚华人家庭于春节期间必须观看的节目。第7频道停止运营后,八度空间频道自2018年开始接棒制作本地华语贺岁剧。近年来由其推出的《春天花啦啦!一屋满堂》(2018年)、《春天花啦花啦啦!》(2019年)、《做个好心人》(2010年)、《附赠的假期》(2021年)等单集贺岁华语电视剧,同样受到了华人观众的欢迎。

具体来说,马来西亚华语贺岁电视短剧的内容,主要以诠释华人"重视家庭""敬老孝亲"的儒家家庭伦理价值观为主题。例如2014年播出的贺岁电视剧《忆起回家》,就讲述了因执意赴海外学习音乐而与父亲决裂十年的主人公,如何将西方的"音乐治疗法"与马来西亚华人的"新年歌"传统相结合,以组织家庭演出的形式慰藉因罹患老年痴呆症而失忆的父亲,进而重塑家庭和谐关系,实现两代人之间亲情和解的故事。作为近年来在马来西亚华人中最受好评的贺岁电视剧,该作品集中表现了东西方文明以及新老代际华人之间的文化和价值观冲突,进而以"新年歌"这一马来西亚华人传统艺术形式以及"记得回家"这一华人传统价值观念作为缓和各种冲突的"调和剂",强调了华人家庭伦理价值观在现代社会依然具有的重要价值。作为该片主题曲的《春天的花蕊》,也因为温馨诠释了"勿忘亲情"的主题,不仅成为当年在马来西亚华人中广泛传唱的新年歌,亦被年轻华人分享至中国网络媒体,以展示马来西亚华人重视家庭伦理的文化传统。

  生活过得太匆忙,麻木不仁心交瘁太孤单;
  不能原谅如果我还一样,忘了远方亲情还在呼唤,还在装忙。
  管它塞车回家在我心上,家永远像避风港;
  团圆饭过年歌比情长,熟悉的幸福像朵花。
  春天的花蕊绽放红红当当,岁月怎么转有它的习惯;
  为什么我们心有灵犀共欢聚一堂?幸福其实很简单,圆圆满满。
  春天的花蕊奔放飞飞扬扬,你不再彷徨烦恼有我分担;
  这一刻我们欢唱团圆歌颂在身旁,相亲相爱不散爱的光。

在百度贴吧"马来西亚吧"以及优酷视频网站,均可见对《忆起回家》宣传片及主题曲视频的分享。分享相关内容的马来西亚华人希望借此"造福中国网民",通过这一马来西亚"拿得出手的本地制作",让中国同胞了解马来西亚华人独特的"新年歌"文化,以及对"孝敬老人""重视亲情""重视家庭"等中华优秀传统文化价值观的继承和发扬。

综上所述，马来西亚华语电视剧作为一种"在地化文本"（localizing text）（陈香玉，2015）[135]，既在文本之外赋予了马来西亚华人"观看者"身份，使其通过占有以自身为核心表现对象的视觉文本，明确、强化了作为华人的主体性身份与文化认同，也在文本之内以塑造华人英雄、打造华人反乌托邦、构建不同代际华人文化交往空间等视觉化手段，彰显了华人观看他人、被他人观看、决定何事可看的权力。而上述视觉化手段在影像文本中的展现，都以对中华优秀传统文化元素的表征为基础。通过与马来西亚土生华人文化、新生代华人流行文化和世界主义精神的融合，新世纪的马来西亚华语电视剧既展示了对中华传统文化具有创新性的诠释方式，亦贡献了独特的中华文化传播资源，呈现出进一步密切海外华人与其原乡间的文化联系，推动人类命运共同体构建的巨大潜力。

具体来说，一方面，中华传统文化作为一种精神性资源，在马来西亚华语电视剧中重构了对华人族群的呈现方式，使长期作为马来西亚主流历史话语中"无名者"的华人得以以中华文化定义自身，展现自身突破他者刻板化想象的正面形象与主体地位；另一方面，中华传统文化作为一种思想价值基础，在马来西亚华语电视剧中打破了不同代际华人以及华人与其他社会群体之间的时空区隔，为马来西亚各族群乃至亚洲各国民众共同抵制对历史上西方殖民统治及侵略战争的美化，共同应对当前西方现代性文明所造成的社会弊病，共同推进多元文化之间的对话与共存，贡献了根植于中华文明沃土的东方智慧。

### 5.3.4 综艺节目

2004年后，第7频道与八度空间两家地面频道还积极参与到对本地华语综艺节目的制作当中，以版权引进和原创等形式，生产了多档在本地具有一定影响力的华语综艺节目。

具体来说，马来西亚本地华语综艺节目起步于对海外节目版权的购买。早在2004年八度空间频道成立之前，第7频道作为唯一制作本地华语综艺节目的地面频道，就曾购入过《百万富翁》（Who wants to be a millionaire）（2002年至2003年）、《椅子》（2003年至2005年）两档欧美知名综艺游戏节目的版权，制作并播出了两档节目在马来西亚的中文版本。在华语综艺娱乐节目稀缺的21世纪初，上述节目的推出曾为第7频道赢得了丰厚的广告收益。2007年，第7频道又购入了荷兰综艺游戏节目《一掷千金》（Deal or no deal）的版权，于2007年推出了该节目的中文版并连续制作了两季。在制作上述节目的过程中，第7频道以招募本地华裔参赛者、启用本地华裔主持、设计符合马来西亚华人文化背景的题目等方式，对节目进行了"本土化"改造。

在将西方知名综艺节目"本土化"的同时，第7频道从2004年开始，在每周一至周五18时30分开辟了"欢乐时光"时段，每周2.5小时播出自制的华语综艺节目。节目一般分为三段，多涉及与美食、美容时尚、健康养生相关的内容。2004年八度空间频道成立后，因将年轻华人视为目标受众，也于第一时间推出了以工作日日播节目《八八六十事》为代表的自制综艺娱乐节目，并将其打造成了代表八度空间频道娱乐形象的品牌节目，至今已播出超过一千集。

随着八度空间频道与第7频道节目制作能力的不断增强，马来西亚私营地面频道亦开始以"本地语言""本地生活""本地明星"为其展示重点，自行制作真正具有马来西亚华人本地特色的华语综艺娱乐节目。

在对"本地语言"进行展示方面，第7频道自制的小学华语及常识类电视游戏节目《无敌状元》堪称华语推广节目的代表。《无敌状元》首播于2010年，主要内容为组织马来西亚全国华文小学学生以学校为单位组队参加华文知识与口语表达电视竞赛，至 2017 年第 7 频道改版共播出七季。该档节目意在以遴选"状元"的方式激励马来西亚华文小学学生提升华文阅读兴趣与华语表达水平，在开播之初即受到了马来西亚华人社团及政党领袖的高度关注与支持，马来西亚华语规范理事会及雪隆华校师训同学会均是节目的协办方。胜出学生及学校不仅能在马来西亚华人社会"扬名"，同时还会获得来自地方政府及华人社团的物质奖励。继《无敌状元》之后，第 7 频道还于 2012 年与《星洲日报》联合推出了面向中学生的同类电视游戏节目《榜中王》，将对华文教育的激励推广至中学生范畴（佚名，2012-04-28）。与上述两档节目类似，2014 年八度空间频道还曾推出面向华人中学生和大学生、以"传播中华籍贯文化"为主题的户外游戏节目《活学活用》，至 2017 年共播出 3 季。该节目在形式上组织报名学生以分组对抗形式深入马来西亚各地，向居民学习包括方言发音和地方曲艺在内的籍贯文化。

在对"本地生活"的展示方面，2016 年获马来西亚通讯与多媒体部主办的"安卡沙广播影视大奖"（Anugerah Seri Angkasa）"最佳电视游戏节目"的《Aunty 也疯狂》是其中较具代表性的节目。这一第 7 频道于 2013 年启播的综艺游戏节目，至 2017 年频道改版共播出四季。该节目以寻访马来西亚特色旅游地为主线，每期节目挑选两位深谙当地风土人情的华裔家庭妇女作为参赛"阿姨"，分别与两位主持人组队展开对抗，完成带领外国游客参观旅游景点、制作当地特色美食等挑战性任务，以此向电视观众展示马来西亚丰富的旅游资源，以及濒临失传的民间技艺与文化遗产。

在对"本地娱乐明星"的展示方面，马来西亚地面频道创办了一系列旨在发掘本地华裔明星的选秀节目，以期效仿香港无线电视台的"造星"模式，以马来西亚本地中文娱乐产业发展带动本地华语影视产业繁荣。八度空间频道作为制作此类节目的主要地面频道，于 2006 年推出了首档本地中文歌唱类选秀节目《绝对 Superstar》。此档节目是起源自新加坡的中文歌唱类真人秀比赛,第一届于 2005 年由新加坡新传媒电视台举办,播出后在新、马两地均取得了巨大反响。2006 年,八度空间频道向新传媒购买了该档节目制作版权,举办了首届马来西亚中文版《绝对 Superstar》比赛,并于 2007 年、2008 年连续举办了三季。以《绝对 Superstar》为开端,八度空间频道于此后陆续制作、播出了一系列原创真人秀节目,其中较具代表性的包括歌唱类选秀节目《万中选一》(2006 年至 2009 年)和《终极天团》(2010 年至 2011 年),选美类真人秀节目《魅力型男》(2011 年),词曲创作类真人秀节目《非常好歌》(2013 年至 2014 年)、《我要唱好歌》(2016 年),以及模特类真人秀节目《我要做 Model》(2007 年至 2009 年、2016 年)。其中《非常好歌》作为大马首个发掘词曲创作人的音乐真人秀节目,曾获 2014 年金视奖"最佳综艺娱乐节目"奖。该节目以"为马来西亚本地中文娱乐圈发掘华裔明星"为宗旨,在选秀节目中脱颖而出的参赛者,往往有机会在八度空间频道自制的综艺节目中担任嘉宾或主持,甚至在八度空间和第 7 频道自制华语电视剧中出演角色。与之类似,《我要唱好歌》亦以"原创原制"为口号,展现出鼓励本地中文制作、发掘本地华裔明星的意图。此外,八度空间和第 7 频道还陆续推出了曾获 2010 年金视奖"最佳综艺娱乐节目"奖的《叁贰零之役》(八度空间频道,2008 年至 2010 年)、综艺娱乐杂志节目《e7》(第 7 频道,2007 年至 2017 年),以及日播综艺资讯节目《世通八达》(八度空间频道,2016 年至 2019 年)等节目。

综上所述,马来西亚地面频道制作的本地华语综艺节目在 2004 年后逐渐从对西方综艺节目模式的"本土化"改造,发展成为内容贴近马来西亚华人语言文化和生活方式、真正具有本地特色的华语综艺节目。

## 5.3.5 纪实节目

随着马来西亚地面频道华语节目制作水平的提升，八度空间和第 7 频道两家私营地面频道在进入 21 世纪后，还生产了涉及公益援助、华人历史文化展示等不同主题的华语纪实类节目。虽然此类节目平均每周仅播出 1 至 2 小时，却是提升马来西亚私营地面频道自制华语节目专业声望与社会影响力的重要节目类型。

具体来说，在马来西亚私营地面频道自制华语纪实节目中，公益类纪实节目是最早出现的类型。第 7 频道自 2004 年开始于每周末晚黄金时段播出的《寻找天使》节目，是马来西亚首档本地制作的华语公益类纪实节目。该节目以"取之社会、回馈社会"为节目宗旨，旨在帮助马来西亚社会中的华裔弱势人群实现梦想及心愿。在每期节目中，由主持人和志愿者组成的"万能爱心天使队"将为一位向节目组寻求帮助的人士提供物质或精神支援，并以抛砖引玉的方式吸引更多个人、社会团体及华商企业成为"天使"，参与到对重病患者、残障人士、失学儿童、遭遇婚变人群、刑事案件受害者等各类社会弱势群体的援助当中（南洋商报，2008-06-28）。不同于普通的筹措善款节目，《寻找天使》的特色在于以纪实形式展示社会温情，鼓励"天使"们将直接的金钱援助转换为教育和医疗经费、工作机会，以及精神上的陪伴、鼓励，在关爱华裔弱势群体的同时，向社会传播鼓励"自立自强"精神的正能量。该档节目播出期间，马来西亚主要华文报刊均会配合节目发布"天使"招募广告，最大限度地动员华人关注、参与节目。马华政治人物也曾作为"天使"支援选区内弱势群体，以借助节目影响力提升自身社会形象（中国报，2015-12-01）。在《寻找天使》系列节目于 2008 年收官之后，第 7 频道又于 2009 年、2010 年连续推出了两季同类题材的《阳光行动》节目，通过与华人企业及慈善团体合作等方式，协助个人及机构团体解决华裔特殊儿童及贫困儿童的教育经费问题。

2010年，第7频道于每周末晚黄金时段推出的纪实类电视杂志节目《檐下温情》延续了此前《寻找天使》与《阳光行动》等节目的公益援助特色，并在此基础上以华人重视家庭的文化传统为出发点，将为社会中的弱势华裔群体"打造理想家园"作为援助主题。在节目中，主持人由"天使队长"变身"温情队长"，每期带领由社会志愿者组成的"温情特工"，为面临经济困境的贫困华人家庭、华文学校，以及面向华人的敬老院、孤儿院等非营利组织提供援助，援助内容包括寻找房源、整修房屋、修缮设备等，节目组负责免费提供援助所需的所有人力及物资。因切实服务于本地华人社群，该节目自播出后在华人观众中收获了广泛好评，至2017年第7频道改版时共连续播出六季，其中于2011年播出的第二季节目，还曾获得第二届金视奖"最佳杂志性节目"的荣誉。

除《檐下温情》外，第7频道还曾于2013年播出公益类纪实节目《聆听世界》。该节目将十名马来西亚本地华裔艺人分为五组，分别前往马来西亚、尼泊尔、中国、泰国、柬埔寨等地，针对不同国家华人在基础设施建设、公共卫生、义务教育等方面面临的困境进行有针对性的援助。在艺人出发前，该节目会在马来西亚首先组织慈善义卖和募捐征集活动，由艺人负责值班，收集所赴国家人民可能需要的旧衣物、玩具等物资。值得注意的是，虽然《聆听世界》邀请了明星参与，但却始终坚持纪实风格，以公益援助而非娱乐化的明星真人秀为节目表现主题。

在连续制作两季之后，第7频道于2015年将《聆听世界》改版为《聆听马来西亚》，进一步将关注重点聚焦于马来西亚国内的流浪汉、失明者、孤儿、孤寡老人、重症患者等社会弱势群体，由主持人组织志愿者施以援助。与第7频道此前推出的《寻找天使》和《檐下温情》不同，《聆听马来西亚》不再局限于华人社会，而是将

## 第 5 章 地面频道整合后的华语节目多元化与本土化

节目援助范围扩展至包含马来西亚各族群在内的弱势群体。

与《聆听马来西亚》相似，八度空间频道于 2014 年推出的以社会关怀为主题的环保类纪实节目《环岛 8》同样打破了族群界限。在节目中，一名精通华语的马来裔主持人与另一名华裔主持人共同化身"爱心大使"，在"骑行大马半岛"过程中联合社会志愿者，为沿途遇到的各族群弱势群体提供援助。2016 年，第 7 频道推出的公益类纪实节目《热血行动》也同样在帮扶社会弱势群体过程中打破了族群界限。该节目以鼓励公众认识和关注罕见病、关爱罕见病患者为主旨，通过与马来西亚罕见疾病协会合作，于每期节目中由马来西亚现役或退役运动员向观众介绍一种罕见病的病理症状以及罹患者在日常生活中面临的困难，以此方式为基金会筹措善款。

除公益类纪实节目外，八度空间频道自开播之后还陆续推出过多档旅游及美食类华语纪实节目。其中，2004 年开播的《横行 8 道》作为该频道最长寿的旅游类纪实节目，至 2021 年已播出 11 季。该节目以展示"本土文化"与"冒险精神"为节目主题，主持人每期深入马来西亚一处风景地，带领观众领略当地的自然风光与人文风情。2016 年，八度空间频道又推出了另一档同类型节目《回家》。在节目中，主持人以入住马来西亚 13 个特色民宿为线索，在民宿老板指引下，向观众介绍了马来西亚 13 个小镇乡村的自然风光与人文风情，以鼓励都市人回归自然、返璞归真。此外，该频道另一档美食类纪实节目《好吃！》（2007 年至 2016 年），在马来西亚华人中也颇具影响力。该档节目专注于介绍马来西亚本地饮食文化，主持人每期节目会探访一个地区，以寻访网友提名的美食为主线，兼顾介绍当地的历史发展与风土人情。

除了公益类和旅游美食类纪实节目外，八度空间频道近年来还制作了专注于展现马来西亚华人移民历史与文化传统的多档华语纪实节目，其中最具代表性的是连续播出多季的《启航》和《民知故闻》两档节目。

2012 年，八度空间频道于周日晚间黄金时段推出了历史文化类纪实节目《启航》，至 2021 年已播出 8 季。该系列节目以探索马来西亚华人独有的文化精髓为主题，主要围绕马来西亚华人的移民历史、民间文化、风俗习惯、传统节日、庆典礼俗等话题展开。其中第一季节目分别以"漂洋过海、华工心酸；迁徙、落地生根""上一代人的故事、下一代人的感动；追溯华人南迁事迹、分享今日华人非凡成就"为片头、片尾宣传语，重点介绍了华人移民在马来西亚的迁徙历史与奋斗精神。

在第一季节目的基础上，《启航》第二季重点介绍了闽南人、广东人、福州人、客家人四种籍贯的华人移民在马来西亚如何投身于不同传统行业，以及华人传统行业如何在时代变迁中谋求生存之道。当季第一期节目就以"广府人：昔（明）日黄花"为主题，介绍了"粤剧"经中国广东移民传入马来西亚的历史进程及其在当代的传承。节目亦从当季开始启用新片头，以"源远流长、不敢遗忘；护一盏灯、留一寸根"为宣传语，并在画面中依次配以水墨画、书法、油灯、玉石雕刻、佛教寺庙慈航普济牌匾、龙纹图腾、祥云、帆船等中华文化符号。该片头因其浓郁的中华文化风情获得了第二届"金视奖"最佳片头奖，后一直被该节目沿用。

在梳理马来西亚华裔移民迁徙历史基础上，《启航》的第三季与第四季分别介绍了华人移民在扎根马来西亚过程中与"衣食住行、传宗接代、生老病死"等主题相关的传统文化习俗，以及中华传统文化在马来西亚"本土化"之后的独特表现形式，同时更加注重展示中华传统文化在年轻世代华人中的传承与发扬。以第四季第一期对马六甲"齐天大圣千秋宝诞"这一地方民俗活动的介绍为例，主持人在结语中就呼吁华人重视继承先辈文化，缔造属于马来西亚华人的中华文化。

> 在这次庆典中,我不仅看到了许多信众对齐天大圣的信仰,尤其体会到了道教所提倡的感恩。我们必须要有一颗感恩的心,尤其是感恩我们先辈流传下来的不一样的传统习俗,才可以缔造出我们特有的中华文化。

在 2016 年第五季《启航》中,节目组更将关注点首次置于国门之外,远赴中国等地寻访中华传统文化。在其第一期新春特备节目中,就以介绍中国湖北恩施土家族的春节传统为主题,展示了打糍粑、做腊肉、婚礼"哭嫁"等当地文化习俗。在节目最后,主持人还以春节习俗与团圆观念为切入点,强调了马来西亚华人与中国土家族人之间共享"中华文化"的紧密联系。

> 这一趟恩施之旅,让我了解了土家族这个少数民族的传统文化,看到了不同民族庆祝春节的方式。即便我们有着不一样的风俗习惯,然而对我来说,期待佳节的心情是一样的。土家人虽然过的是"敢年",但是依然注重一家团圆,也依然和我们一样寄望来年会更好。他们打糍粑、熏腊肉,无不为了团聚而准备。走这么一趟,让我更深刻地了解,无论路走了多远,春节一到,我们终究还是要走向团聚的回家之路。过春节是我们中华民族最重要的文化习俗,更是我们各地华人盛怀情感、理想诉说得以满足的最重要载体。

除《启航》之外,2013 年,八度空间又于周日晚间黄金时段推出了另一档历史文化类纪实节目《民知故闻》,共播出四季。与《启航》相比,《民知故闻》较少谈及华人移民的迁徙历史,而是以介绍马来西亚华人民间习俗的由来、注意事项,以及展示祭典等文化仪式的开展过程为主题,尤其注重介绍马来西亚华人的本地信仰与祭祀活动。以其 2014 年推出的第二季节目为例,就涉及"婚嫁仪式""丧葬仪式""开镜仪式""烧香仪式""打小人仪式""青山公信仰""仙四爷庙信仰""观音菩萨信仰""神主牌""葫芦文化""筷子文化"等十一个主题。在 2016 年《民知故闻》第四季收官之后，八度空间频道又于 2017 年 12 月推出了一档旨在溯源华人祖籍文化的历史文化类纪实节目《籍宝乡》。该档节目因为细致展现了马来西亚华人与其籍贯原乡之间的动人故事，创下了马来西亚本地历史文化类纪实节目的收视纪录，赢得华人观众的广泛好评（彭雨晴，2019）[57]。

## 5.4 小结："中庸之道"

首要媒体集团中文节目总监吴恒灿曾将马来西亚华语电视当前的发展方向定义为"中庸之道"①。在马来西亚特殊的社会语境下，"中庸"不仅是源自儒家思想的中华传统伦理道德观念，亦被赋予了在"古、今、内、外、国、族"多种张力间适应各方利益、谋求生存发展的特殊含义；既被华人社群视为在维护马来西亚社会和谐基础上发扬华人文化的有效方式，也是马来西亚华语电视媒体进行内容生产时遵循的核心理念。以此总结本章的论述，可看到当前马来西亚地面频道的华语电视发展，正试图在以下三个层面寻求"中庸之道"。

首先，从进口华语节目播出角度来看，随着八度空间频道的成立以及第 7 频道的改革，马来西亚地面电视频道在进入 21 世纪后，明显给予了本地制作的华语节目更大的播出比例与更好的播出时段。与此同时，随着亚洲区域内电视节目流动的进一步加强，中国内地节目在马来西亚私营地面频道各时段及黄金时段的播出比例均超越了中国香港地区电视节目。特别是在电视剧领域，中国内地在日趋

---

① 引自作者 2012 年 3 月 2 日对首要传媒集团中文节目总监吴恒灿的访谈。

多元的马来西亚进口华语电视剧市场中成为新兴的区域中心,进口节目与本地节目以及进口节目中产自不同区域的华语节目,开始呈现日益平衡的多元发展趋势。

其次,从频道发展角度来看,马来西亚在2004年后出现了主要服务华人观众的第7频道和八度空间两家"准"华语地面频道。两家频道虽然隶属于私营首要媒体集团,但因集团高层与执政党之间的亲密关系而被认为具有国营媒体的属性。这就使得供职于两家电视台的华裔媒体人一面需要针对华人社群的喜好和需求进行以营利为目的的节目生产;一面又要受到电视台高层以"保证马来文化优先性"为原则的内容"把关",长期处于在满足不同群体的需求之间求取平衡的矛盾状态。在经历了复杂的频道整合过程之后,至2018年,八度空间终于成为马来西亚第一个以全中文播出、真正意义上的华语免费地面电视频道,在收获马来西亚华人观众关注、好评的同时,其日常运营依然受到集团高层的严格把关。

最后,从马来西亚本地华语电视节目发展角度来看,首个马来西亚本地中文电视奖项"金视奖"的出现,标志着马来西亚本地华语电视产业进入了"本土意识"觉醒的全新发展阶段。具体到地面频道华语节目的内容生产,则走上了一条以彰显"在地性"为基础、力求调和本土华人文化价值观与普适性价值观、对中华优秀文化进行创新性诠释的发展道路。

具体来说,如马来西亚学者扎克尔·侯赛因·拉朱(Zakir Hossain Raju)所言,马来西亚华人作为流散华人的文化生产,长期以来存在着"在地化"与"去疆域化"(de-territorialization)两种截然不同的文化生产思路。带有"去疆域化"特征的文化产品往往试图创造一个游离于马来西亚国内各种真实历史情境和社会联系之外的"华人的马来西亚"(Chinese Malaysia)。而与之相反,以"在地化"思路生产的文化产品往往致力于真实展现马来西亚国内多元族群共居的生活方式与风土人情，并在主题上注重消解不同群体、文化、文明之间可能存在的冲突性关系，谋求文化层面的交融与和解（Raju，2009）。

以上述两种思路分析马来西亚地面电视频道当前的华语节目内容生产，显然更倾向于第二种思路。马来西亚地面频道制作的华语节目之"在地性"，在总体上表现为对华人作为马来西亚公民之生存、教育、发展权力的关切，以及对作为"马来西亚华裔人民之文化"的"马华文化"①的展示。其重点在于表现与马来西亚华人相关的历史、教育、文物遗迹、风土人情，以及展示马来西亚华人如何立足本地生活，继承、发扬具有本土文化特征的中华优秀传统文化。

值得注意的是，与大中华文化圈内其他国家生产的华语电视节目相比，马来西亚本地华语电视节目对中华传统文化的诠释更注重展示"以我为主"的本土视角，常在节目内容中强调马来西亚华人相比于其他地区华人对中华传统文化的"格外重视"与"深度理解"。同时，马来西亚本地华语电视节目亦十分重视展示中华传统文化对本地华人"地方性知识"形成的贡献，注重呈现儒家文化价值观在"嵌入"本地后，如何服务于马来西亚华人本土物质、非物质文化遗产的形成与传承。

总体来说，马来西亚华语电视在当前发展阶段所追求的"中庸之道"，在整体上并未脱离社会整合框架，对华人之"原乡情结"的展现、"本地视角"的突出和"地方性文化特色"的强调，始终遵循

---

① 1997年发表的《全国华团文化工作总纲领》对"马华文化"的定义及定位提出了明确主张，指出"马华文化是马来西亚华裔人民的文化。它是马来西亚华裔公民在中华文化基础上，为适应马来西亚环境，在长期的生活实践中，经过继承、扬弃、改造的历程之后产生的精神与物质成果"。纲领向华人社团提出的具体建议包括集合全国华人对舞蹈、国庆戏剧、舞狮舞龙、武术等优秀节目作综合性演出，等等。该纲领还提出，新兴的私营电视媒体也应在这一过程中发挥重要作用。（刘以榕，2004）

国家认同与族群认同相统一的原则。在此基础上,"中庸之道"于第一个层面体现在广泛接受来自亚洲区域内各地多元文化而非仅仅是中国香港影视文化和粤语语言文化的影响;于第二个层面体现在逐渐降低对进口节目的依赖,通过自制华语节目开展本土层次的文化生产实践;于第三个层面体现在反思自身作为多元族群国家中的少数族群媒体所应扮演的社会角色,力求通过"在地"而非"去疆域化"的内容生产,对与马来西亚华人族群生存、发展密切相关的问题,做出适应各方利益的表达(游俊豪,2014)[13-16]。而从历史发展的角度来看,当前马来西亚本地华语电视产业对"中庸之道"的探寻,亦体现了对此前马来西亚华语电视因全球、区域层次的经济与文化力量逐渐进入本地而出现的"整合之困""内外之争""身份之思"等一系列现象与问题的思考与回应。

# 第 6 章　华裔受众的收视偏好、文化资本与文化认同

## 6.1 华语新闻节目收视偏好

本研究通过对马来西亚华裔电视观众的调研发现，由于马来西亚电视频道自 20 世纪 60 年代开播时起，就设有以马来语、英语、淡米尔语、华语播出的多语种新闻节目，以满足不同族群观众的不同需求。观众对当前新闻节目的观看行为，也具有明显的"隔离"特征，往往与其所属族群和所受教育密切相关。只有主要在华文独立中学接受过系统华文教育的华裔观众，才会收看华语新闻时事节目。而对于曾在马来西亚公立国民中学就读、接受过马来语和英语教育的人群来说，即便所在家庭成员会观看华语新闻，其本人也往往更倾向于通过英语节目获取新闻资讯。此外，未能熟练掌握普通话的年长华人，则主要通过方言广播来获取新闻资讯。

具体到接受过系统华文教育的马来西亚华人，多数受访者均对华语新闻节目有一定关注；即便是长期在外国求学或住校的学生，也会在假期回家时和家人一起观看华语新闻节目。虽然年轻世代华人更倾向于从《当今大马》等言论尺度更大的网络媒体而非电视媒体上获取新闻资讯，但不同代际华裔受访者对于马来西亚华语新闻节目的总体印象并未表现出显著差异，而是在以下三方面存在共识。

首先，多数受访者对于本地制作华语电视新闻节目近年来的表现给出了较为正面的评价，认为无论是私营还是国营频道的新闻时

事节目，均处在明显的进步当中。甚至有不少受访者表示，会在一天之内连续收看多家本地频道在不同时段播出的华语新闻，而非仅仅专注一家。对于这种观看多家电视频道华语新闻节目的行为，受访者给出的普遍理由是每家频道代表的立场不尽相同，作为观众要充分了解国家事务和自身处境，就必须做到"兼听则明"。

而在众多本地华语新闻节目中，尤以第7频道华语新闻节目收获的好评最多。有受访者就提到（受访者SXB）："我从《非谈不可》出事和黄义忠辞职之后开始对本地新闻时事节目有了一个全新的印象……能有本地中文节目因为敏感言论被禁，还有新闻人公开离职，我觉得对于马来西亚和我们华人来说都是一个很大的进步。"另一位曾在中国新闻传播院校留学、于中马两国均从事过媒体工作的受访者也表示，与自己2008年前往中国留学时相比，本地华语新闻时事节目的制作水平在其2012年返回马来西亚时已有了明显进步。除了技术的进步之外，最让其印象深刻的是节目日益提升的新闻专业精神（受访者SS）。

> 在我离开马来西亚的时候，对本地新闻的印象就是7频道的主播方若琪是全民偶像，很多人都是冲着她年轻、漂亮、有气质而去看的新闻。但那时候的新闻标题有很多噱头，有些华而不实。但是回国定居之后，我明显发现衣食住行都离不开本地新闻了，节目的质量进步了很多……国营台的新闻团队有了一定的批评意识，7频道的很多调查报道和专题节目也达到了很高的水准。所以我和丈夫现在成了本地新闻的忠实观众……许多非常本土的现象和边缘人群的生活都能被节目关注到，让我觉得媒体很用心。

其次，与国外华语新闻时事类节目相比，多数受访者对本地华语新闻节目表现出了更明显的收视偏好。

## 第6章 华裔受众的收视偏好、文化资本与文化认同

具体来说,在马来西亚,除了地面频道播出的新闻节目之外,马来西亚观众还可以通过付费的寰宇卫视和卫星网络电视,收看到来自香港凤凰卫视以及中国内地中文国际频道的华语新闻时事节目。在2005年八度空间频道和第7频道开始抢滩本地华语电视市场时,就曾有媒体人提出本地电视台应该努力满足处于外国节目包围下的华人观众对本地新闻的需求,意识到"与其观看中国香港电台制作的《珠三角崛起对港影响》专题,本地商界精英不如更关注多媒体走廊未来是否依旧明朗;在观看外国电视台分析德国新纳粹抬头的当儿,本地知识分子也有兴趣了解种族主义政治到底给我国带来了怎样的影响。"(覃心皓,2005-05-27)

在此番言论发表十余年后,多数在本研究中受访的马来西亚华人,已表现出对本地新闻节目的"偏爱"。而这种偏爱的产生,并非由于马来西亚本地新闻节目已经可以完全满足华人受众的全部需求,而是由于国外新闻节目目前多数只能在国家层面报道马来西亚的内政外交,鲜少在地方层面关切马来西亚华人本地化的现实处境。如有受访者就提到(受访者WSY):

> 本地新闻的那种"刺激",不是国外节目可以带给我们的。在马来西亚,各语种新闻报道的内容是不一样的,就是因为不同族群的需求没办法统一……而海外的新闻节目大多不会报道我们马来西亚华人的事……不像美国,他们弄个"Peter Liang"(作者注:梁彼得案)[1],全世界都会关注,但我们这边就算有这种事情,肯定也没多少人关

---

[1] 2014年11月,美国华裔警察梁彼得在执行巡逻任务时枪支走火,子弹意外击中非裔青年格雷并致其死亡。2016年,梁彼得被裁定过失杀人罪名成立,成为2005年以来纽约首位被定罪的执勤警员。这一判决结果因有判罚过重嫌疑引发美国华人社群严重不满,不仅在全美多地引发华人示威游行,也引发了国际舆论的高度关注。

注……所以我们就算再不满意国内的新闻报道，也很难从别处听到更真实、客观的声音。

在对国际新闻的获取方面，多数受访者认为马来西亚华人对国际新闻的关注主要集中于和华商关系较大的经贸政策问题以及与教育相关的留学政策问题。虽然中国香港地区的凤凰卫视等媒体曾在一定时期内吸引了部分马来西亚华人的关注，但观众还是更期待看到本地华语新闻节目对国际新闻事件基于本地华人视角的分析。

最后，作为"华语电视之本"，地面频道播出的华语新闻节目不仅被受访华人视为了解所在国家、掌握世界动态的主要渠道，更被赋予了表征华人族群重要地位与华文教育合法性的特殊意义。这就使得华语新闻是否在地面频道以恰当的时间、足够的长度、得体的形式播出，被马来西亚华人视为比新闻播报技巧以及专业性更值得关注的议题（受访者 LRF）。

梳理马来西亚华语电视新闻近年来的发展历程可以看到：地面频道对华语新闻节目的数次调整，都曾在华人社会引发关注和讨论。具体来说，2005 年，第 7 频道就曾因削减华语新闻时长和时段数量而受到华人政党"不尊重华裔"的批评。2007 年 9 月，第 7 频道将晚间华语新闻由傍晚调整至深夜播出的改革举措也曾引发华人热议，大量华人观众致信华文报刊，强调"华人社群相当重视这个节目，希望这个节目给华人带来更多更新的信息，让全体华人都能分享、增广见闻，因此，最理想的播出时间是在傍晚时分……希望电视台能俯顺广大华人的意愿"（姜鱼，2007-09-20）。2009 年，国营第 2 频道更因将晚间华语新闻播出的时间由 20 时黄金时段调整至 18 时 30 分而引起华人政党、社团及普通观众的不满。对于这一事件的发酵，《中国报》曾做出评论，直指问题的关键不在于何时播出新闻更加符合华人的收视习惯，而在于意义特殊的华语新闻已成为马来西亚华人判断主流社会是否认可华文教育与华人语言文化"合法性"的重要依据(胡佩恩,2009-05-05)。

> 最近报章连环报道有关国营2频道八点华语新闻应该塞在哪里才最理想的话题……谈原则,最简单,华人社群要的是本地电视台一定要播华语新闻,这是对华人的肯定。华语节目很多,华语新闻被视为华语的首要节目,可说是华语节目的根……再加上华裔学习华语的历程不平,华语新闻和华教斗争已画上了等号。

正是上述将华语新闻节目与华人社群地位乃至华教运动"画等号"的观念,使得观看本地华语电视新闻这一行为在许多马来西亚华人看来,已经不是单纯的收视选择,而是捍卫华教运动成果、保障华人文化教育权益的一种方式(受访者LYP)。

> 之前一段时间,国营台华语新闻突然没有新闻画面的那件事情,真是很可笑。如果我们一直都不关注这些事情、不在乎这些节目,那么早晚会有一天,我们打开新闻看到的都是这些内容……这将是时代的倒退……不是新闻制作水平的倒退,而是这个社会对于华文宽容度的倒退。

综上所述,对于华语新闻时事类节目,受访的华裔观众普遍认为,马来西亚本地制作的华语新闻时事节目在华人生活中扮演着重要角色,相比之下,经付费频道播出的境外电视新闻节目仅仅只能作为调剂。这亦与此前大量关于新闻节目跨域传播的研究所得出的结论一致,即新闻类节目因契合了本地观众监测环境的需求,只要能在真实性、及时性、客观性等方面保证基本质量,就会更容易获得本地观众的青睐(马汇莹,2010)。

具体到马来西亚,作为少数族群的马来西亚华裔观众之所以对本地华语电视新闻时事节目表现出明显的收视偏好，还与其所处的特殊文化教育环境密切相关。一方面，境外新闻节目在对马来西亚国内及国际新闻进行阐释时，往往不能为华人观众提供足够"本地化"的报道视角以满足其监测所在国社会现实环境的需求；另一方面，马来西亚华语电视新闻节目因其在历史上与华教运动之间的渊源，被赋予了象征华人社群及华文教育地位的特殊意义。

## 6.2 华语电视剧收视偏好

有学者在21世纪初曾对马来西亚华人中学生及其家长的电视剧收视习惯进行过调查，其结果显示，面对产自中国的华语电视节目，尽管接受调查的华人会因其性别、年龄、阶级、所处地域不同而表现出细微差别，但从总体上看，当时的马来西亚华人普遍对中国香港影视剧表现出了"超乎寻常的热情"，而中国大陆及台湾地区电视节目的影响力，则完全不能与之相提并论。该研究将上述现象的出现归因于香港电视节目对马来西亚观众始于20世纪80年代的长期影响、普遍居住于城市的马来西亚华人与香港电视节目所展现的现代都市生活之间的共鸣，以及马来西亚华人与中国内地电视剧所展现的"北部中国"语言文化风俗的疏离（Carstens，2003）[340-342]。

然而，随着影视产业全球化程度的日益加深以及马来西亚华语电视市场的日益开放，以电视剧为代表的中国香港电视节目不仅在马来西亚地面电视频道的播出占比显著下降，在马来西亚华人中的文化影响力也在进入21世纪后呈明显下降趋势。2015年，马来西亚《中国报》发表的一篇题为《香港好剧不再》的评论文章，就借香港"亚洲电视"倒闭一事，表达了对近年来中国香港电视剧在马来西亚华人中影响力下降的惋惜（十一郎，2015-04-14）。

## 第6章 华裔受众的收视偏好、文化资本与文化认同

> 无线电视台在近几年来，已经少见佳作，远不如八九十年代，观众过目不忘剧本的精妙对白朗朗上口。今时今日，观众连主角的名字都记不好！……电视圈在过去不是这样的，即使小角色，像《网中人》的阿灿，到今天还活在我们的生命中，更不要说许文强、罗四海、丁有健、雷文凤，甚至后期一点，罗嘉良的叶荣添！

从1984年播出的《网中人》到2002年播出的《创世纪》，文中提及的佳作在时间段上基本覆盖了中国香港电视剧在马来西亚热播的"黄金二十年"。自2004年八度空间频道开播和第7频道改版后，日益开放的华语电视剧市场为观众提供了更多元的收视选择，亦使得原本"喝着香港电视剧奶水长大"的马来西亚华人观众开始逐渐移情产自中国内地以及本地制作的华语电视剧。根据本研究对马来西亚华人的调研发现：华裔观众对华语电视剧收视偏好的变化，除了与近年来香港电视剧自身产量和质量的下降相关之外，最主要的原因在于香港电视剧已经无法如20世纪80、90年代一样，维持与马来西亚华人特别是新生代华人之间的文化接近性。尽管较为年长的马来西亚华人观众依然保持着对香港电视剧的收视惯性，但更多年轻世代华人因为掌握了不同于其祖父辈的文化资本，对华语电视剧呈现出更加多元的审美趣味和文化品位。与此同时，不同代际华人亦在前喻文化（prefigurative culture）与后喻文化（postfigurative culture）的共同作用下相互影响，在求同存异的基础上呈现出对华语电视剧趋于融合的一致性偏好。

具体到文化资本，布尔迪厄曾将"文化资本"定义为三种不同的存在形式：一是身体化的形式，即在人们身心中根深蒂固的、持久的"性情"；二是客体化的形式，主要体现在文化产品（如图片、书籍、工具等）的存在上；三是制度化的形式，主要体现在教育制

度的安排（如资格认定）等方面（常宝，2011年）。以文化资本理论为基础，斯特劳巴哈进一步提出了受众通过学校教育、家庭教育等渠道获得的关于某一文化的知识性资源，都可能影响其与某一文化之间的接近性，进而影响其对相关媒体产品的选择标准与接触行为。而具体到马来西亚华人，其在进入21世纪后对华语电视剧的收视偏好的变化，主要受到在接受学校和家庭教育过程中所学语言、所读书籍、所袭家庭伦理观念等文化资本的深刻影响。在这一过程中，对华语电视剧的收视偏好既彰显了华人所拥有的文化资本变化，也参与建构了华人的文化身份认同。

### 6.2.1　学校教育影响下的收视偏好

本研究通过对马来西亚华人的调研发现：学校教育对于马来西亚华人华语电视剧收视偏好的形成具有重要影响。一方面，马来西亚华文独立中学作为马来西亚华人社会的重要组成部分，近年来在开展华文语言教育、传承中华文化遗产、建构华人文化认同等方面发挥着不可替代的积极作用。以学校教育为渠道，马来西亚华人得以有机会接触自中国引进的简体中文教材，并在学校的华文教育熏陶下对中国文学及流行文化形成了更加丰富的理解，从而积累了理解华语电视剧所需的文化资本；另一方面，华文独立中学在马来西亚教育体系中长期所处的边缘地位以及华文独立中学学生被马来西亚公立大学限制接收的教育制度环境，又使中文学习需求和娱乐需求均难以在国内得到充分满足的马来西亚华人不得不通过接触来自其他国家的华语文化产品，获取更多满足自身发展需求的教育和文化资源。上述两方面因素共同作用于马来西亚华人，使其因在学校教育中掌握的文化资本变化，逐渐与中国香港以外地区的华语电视剧建立了深刻的文化联系。

这一趋势最早出现于21世纪初，中国台湾的偶像剧因为展示了与马来西亚华文独立中学极为相似的校园及文化环境，影响力一度超越中国香港电视剧，成为当时马来西亚华人中学生集体讨论、观看的热门剧种。长期被排斥在马来西亚国家公立教育体系之外的华人青少年，在对台湾偶像剧的观看过程中获得了心理上的归属感，缓解了焦虑心态（受访者YLP）。

> 我在中学时代看台湾偶像剧里少男少女的校园生活，感觉自己就像电影《功夫熊猫3》里突然找到了"熊猫村"的那只熊猫，发现别处也有和自己一样的人，穿着相似的衣服，说着相似的语言，有着相似的文化，不再感觉自己是"孤立"的存在，而是可以把自己完全想象成剧中的一分子……这是我之前看香港电视剧从没有过的感觉。

随着马来西亚市场环境的日益开放，大量不同产地的华语电视剧开始竞逐华语电视市场。马来西亚华人亦在具备更多元选择空间的情况下，得以凭借其在接受华文学校教育过程中掌握的文化资本，与不同产地的华语电视剧建立了文化接近性，以满足自身的文化需求，缓解自身的身份焦虑。在这一过程中，中国内地电视剧逐渐取代中国港台地区电视剧，成为受马来西亚华人特别是年轻世代华人观众青睐的华语电视剧种。

#### 6.2.1.1 语言使用影响下的收视偏好

语言作为一种重要的文化资本，对马来西亚华人的华语电视剧收视偏好产生了重要影响。随着马来西亚华教运动的开展以及中文教育在华人社群中的推广与完善，粤语及各类华语方言在年轻世代华人中的影响力日益式微，标准华语逐渐成为使马来西亚华人感到亲近的语言，对标准华语的使用是否流利也成为其评价华语电视剧质量的重要标准。

具体来说，近年来大量针对马来西亚华人的语言学调查表明：不同于受教育水平不高，华语、英语、马来语三语使用训练不足的年长世代华人，马来西亚年轻世代华人因为接受了系统的华文教育，对粤语等华语方言的掌握与依赖程度已大幅降低，对标准华语的认同度则显著增强（洪丽芬，2007）[76]。2016年一项针对吉隆坡地区20至30岁华裔青年的问卷调查也显示：接受调查的华人约77%认为能说一口流利规范华语的人，比起说华语时掺杂其他语言成分的人的语言能力更好（李颖玮、李柏令，2016）[16]。在研究者看来，这种现象的出现是由于华裔青年接受的正规华语教育给予了他们心理暗示，使其认为方言和多种语言混杂的"罗惹式"语言难登大雅之堂。

以上对标准华语的认同态度显著影响了21世纪马来西亚华人对华语电视剧的收视偏好，使其不再如20世纪80、90年代的华人一样，热衷于"跟着港剧学粤语"，而是对中国内地电视剧所使用的标准华语产生了更强烈的审美偏好和情感认同。如有受访的马来西亚华人观众在提到中国内地古装剧《甄嬛传》时就表示，自己对该剧的喜爱并非因为剧中对"宫斗"情节的描绘比《金枝欲孽》等中国香港电视剧更加高级，而是因为其台词中使用的华语"优美到让人感觉可以选去做学校教材"，在语言上相对于港剧具有明显的优越性（受访者WXY）。另一位受访者在分享自己对中国内地电视剧的偏爱时也提到，"华语说得标不标准"是影响自己对华语电视剧观剧体验的重要因素（受访者LYT）。

> 我看中文电视剧最重要的一点标准就是语言一定要好，不能是很粗俗很简单的那种。因为老实讲，有时候港剧的语言就比较粗俗……感觉中国内地电视剧特别是古装剧，总是有很好的语言，很文学、很厉害。

值得注意的是，虽然受访的马来西亚华人在与研究者交谈时，经常都会习惯性地使用不同方言和语种夹杂的"罗惹式"语言来进行表达，但他们却不认同这种带有强烈本土特征的华人对话方式频繁出现在影视剧作品中，而是希望华语影视剧能更多展现标准华语的魅力，以为马来西亚华人打开一条"语言学习"的通路。如有受访者就表示（受访者 WYH）：

> 其实我自己也有想过，一边自己讲这种华语一边又嫌弃它还挺奇怪的……虽然我们自己是这样讲，但不是说这样就是好的……我们在语言方面还是需要学习。

更有受访者明确表达了希望通过观看中国内地电视剧修正语言使用习惯、丰富中文表达词汇、提升中华文化修养的愿望（受访者 LYS）。

> 我们马来西亚人说话总是喜欢冒英文和方言，真到只说华语的时候就没那么多词汇了……比如我们想说那个东西很美，那就是"美"，不会用"美轮美奂"那些很丰富的词汇去形容。而很多中国内地电视剧就做得很好，里面用的有些词我都不知道，遇到了就会去查一下……我觉得那些成语、诗词里形容的意境很美，能让人对中国文化有很丰富的想象空间。

#### 6.2.1.2 书籍阅读影响下的收视偏好

书籍作为一种重要的文化资本，对马来西亚华人的华语电视剧收视偏好同样具有重要影响。随着全球文化出版市场的日益开放以及互联网技术的迅速发展，以"四大名著"为代表的中国古典文学作品已不再是马来西亚华人认识、理解中华文化的主要窗口。近年来中国内地网络文学作品在马来西亚年轻世代华人中影响力的显著提升，使得由网络文学作品改编的中国内地电视剧愈发在马来西亚华人中成为一种可与昔日中国港台地区影视剧比肩的流行文化新势力。

具体来说，《新海峡时报》2003年曾对马来西亚年轻华人的中文阅读偏好进行过调查，发现年轻华人不再如其祖辈、父辈一般爱好中国古典文学，而是展现出日益多元的欣赏口味，将其中文阅读触角延伸至了古典文学以外的其他领域。在其引述的采访中，众多受访者都提到以"四大名著"为代表的中国古典文学作品已经不能满足自己的阅读兴趣，表示"我们都从小说或电视上看过古老的《西游记》的故事，同类型的还有《水浒传》和《红楼梦》，但是现在，我们想看些新的东西"。同时调查还显示，年轻华人的阅读兴趣已遍布中国文学的各个领域，只是在互联网技术及网络文学尚不及当下发达的21世纪初，年轻华人的阅读需求主要依靠非法书商及"书虫"之间的盗版图书流通得到满足（Ng，2003-08-27）。而这些在年轻华人间流通的盗版中文畅销书，正包括大量以晋江文学城小说为代表的中国内地早期网络文学作品。近年来，通过华文书展、盗版书商及互联网等多种渠道，马来西亚华人能接触到的中文书籍范围逐渐从古典文学名著、金庸武侠小说、琼瑶言情小说扩展至中国内地的当代文学作品。其中中国内地网络小说尤其因低廉的流通成本和较强的内容娱乐性，被年轻世代华人视为在华文出版物稀缺的马来西亚补充学校华文教育资源、扩展自身中文阅读视野的首选读物。

以上对中国当代网络文学作品的阅读偏好显著影响了21世纪马来西亚华人对华语电视剧的收视偏好，使其不再如20世纪80、90年代的华人一样，仅仅将观看和讨论中国港台地区电视剧视为潮流，也不再将对中国电视剧的接触局限于古典名著和金庸、古龙、琼瑶小说改编的电视剧，而是对展示中国不同历史年代风貌，题材、类型、文化内涵多样的中国内地网络文学改编的电视剧形成了更强的收视偏好。研究者通过对马来西亚华人的访谈发现：90后年轻世代华人普遍对桐华、顾漫、丁默、明晓溪等中国知名网络小说作家及其作品如数家珍；而在选择观看华语电视剧时，他们也会基于与网络文学作品之间的文化接近性，优先观看由上述作家作品改编的电视剧，并积极在佳里论坛、"脸书"等马来西亚国内外网络媒体的影视专区中针对上述作品展开讨论（受访者WWY）。同时也有受访者提到，自己及身边同龄人对中国内地电视剧的观看，在很大程度上与对中国内地网络文学作品的阅读相关。这种关联除了体现在会主动观看网络文学作品改编剧之外，还体现在会因为观看网络小说改编剧而加深对出演作品的中国影视明星的了解，进而在关注明星后续作品过程中不断接触更多的中国内地电视剧（受访者SS）。

> 我看中国内地电视剧一开始大部分是因为网络小说。现在我中学时候看过的网络小说基本都被影视公司翻拍完了，这之后我再看的剧，基本上就是由那些出演过网络小说改编剧的演员出演的。比如《杉杉来了》的扮演者张翰、赵丽颖，《何以笙箫默》的扮演者唐嫣，都是我有看过其他作品的、比较喜欢的中国影视明星。

值得注意的是，对中国内地网络文学及其改编电视剧阅读和收看偏好的形成，在马来西亚华人看来不仅是为了满足个人的中文学习和娱乐需求，也存在以"自娱自乐"方式宣泄不满情绪、为马来西亚华文教育"鸣不平"的心态（受访者LLY）。

> 马来西亚的教育政策导致华校生存非常艰难，一桌一椅都要等别人来捐……除了课本之外，我们能看到的华文

> 书也很少……现在能在网络上免费看到这些小说和改编的电视剧，当然会让我们感觉很熟悉、很亲切。

### 6.2.2 家庭教育影响下的收视偏好

本研究通过对马来西亚华人的调研发现：通过家庭教育在不同代际华人间传承的家庭伦理观念作为一种文化资本，对于马来西亚华人对华语电视剧收视偏好的形成同样具有重要影响。一方面，马来西亚华人所遵循的儒家家庭伦理观念使其对关注本地华人家庭生活、诠释家庭伦理主题的华语电视表现出亲近和偏爱；另一方面，马来西亚华人所遵循的儒家家庭伦理观念又使得不同代际华人普遍将"看电视"视为维系血亲关系与家庭和谐的重要文化仪式。正是以这一观念为基础，前代教导后代的"前喻文化"和后代反哺前代的"后喻文化"得以共同作用，使不同代际华人有机会突破因文化资本缺陷而造成的理解障碍，在求同存异的基础上对华语电视剧形成趋于一致的偏好。

#### 6.2.2.1 偏爱家庭伦理题材剧目

儒家思想不仅是中华文化的重要组成部分，也是马来西亚华人所遵循的重要思想价值体系。其中以亲情为先、重视家庭、长幼有序、敬老孝亲、追念祖先为核心的家庭伦理，更是不同代际马来西亚华人共同遵循的价值观念。无论是20世纪80、90年代马来西亚华人对中国香港电视剧的偏好，还是进入21世纪后马来西亚华人对本地制作华语电视剧的偏好，均受到这一价值观念体系的影响。

根据本研究对马来西亚华人观众的调研发现：受马来西亚华人重视家庭伦理的价值观念的影响，在各类华语电视剧中，"以亲情打动观众的家庭伦理题材故事"始终对"讲究传统、孝道和家庭团结"的马来西亚华人有较强吸引力（受访者WYF）。只不过年长华人观众可以接受中国香港家庭伦理题材电视剧着力渲染家庭矛盾冲突的夸张、戏剧化表达方式，而年轻代际华人则更倾向于接受表达方式贴近马来西亚华人现实家庭生活的本地华语剧集。上述收视偏好使得近年来尝试以本土视角和创新手段诠释家庭伦理主题的马来西亚本地华语电视剧愈发受到了年轻华人观众的关注与好评。许多受访华人均提到，虽然马来西亚本地电视剧当前的制作水准不高，但因其普遍具有以"家庭伦理"为主题的特点，所以只要能够以有创意的手法去表达，就能够使人萌生观看的愿望。有受访者就提到（受访者WHY）：

> 我们年轻人不是没有家庭观念，相反我们马来西亚华人的家庭观念一直都是非常重的……这也算是一种儒家传统……只是我们很多本地电视剧的制作没有达到那个水准，还有很大的改进空间。但其实有好作品大家都会看得到……如果很有创意地去表现，我们年轻人就会接受。

而所谓"好的创意"，在受访华人看来首先应打破中国香港家庭伦理电视剧"过度戏剧化"的创作套路，以有"本地"特色的叙事方式呈现马来西亚当代华人家庭的现实生活，反映马来西亚华人重视家庭与人伦亲情的价值观念。例如每年农历新年期间由私营地面频道播出的贺岁剧，就被受访华人认为是马来西亚本地华语电视剧恰当诠释本地华人家庭伦理观念的正面案例（受访者LYX）。

> 很多年轻人都很爱看贺岁剧。我们的贺岁剧和港剧当中经常描写的那种家庭成员争产、吵架不一样，那些情节太戏剧化了，我们自己的家庭明明不是这个样子，不会发生这些事情。我们的贺岁剧基本都是展示新年要抽时间回家陪家人、家人之间如果关系不好要积极和解这些主题，

> 有很多温馨的情节，说的就是我们华人家庭真实的生活细
> 节，是特别容易让人哭的，一下子就戳到泪点的感觉。

除此之外，受访的马来西亚华人也十分肯定本地华语电视剧以各种有创意的表达方式展现华人家庭伦理价值观的尝试。尽管当前马来西亚本地华语电视剧还存在制作水准上的诸多不足，但只要能够"找到根植于本地华人历史与文化的、不同于其他国家的特色"，就是值得华人观众充分肯定的（受访者XYY）。

> 很多本地剧其实反映的都是我们马来西亚华人非常好
> 的文化传统，像是孝顺……对于这种剧，我觉得，你制作
> 差、口音差，我都可以原谅……我们可以不在技术上和别
> 人竞争，但一定要在内容上做出自己的特色。我们应该要
> 做和别人不一样的中文剧，毕竟我们有自己的文化。

#### 6.2.2.2　趋于一致的代际收视偏好

马来西亚华人对儒家家庭伦理观念的重视显著影响了其家庭成员"看电视"的行为习惯。本研究通过对马来西亚华人家庭的观察和调研发现：在马来西亚多代同堂的华人家庭中，"看电视"普遍被视为重要的家庭活动和维系家庭成员间情感的文化仪式，并因此衍生出许多保障家庭电视观看秩序的规则，如一个家庭倾向于只在客厅放置一台电视以保证家庭成员的集体观看、子女不能同父母抢电视、当出现意见分歧时家庭成员需要互相游说以达成共识，等等。虽然在互联网技术冲击下，如今的马来西亚年轻世代华人在开放的网络环境下可以通过诸多渠道自由观看各地电视节目，但当他们在原生家庭中与长辈相处时，依然会将与家人一起看电视视为应尽的责任。在上述文化语境下，电视观看不仅为不同代际马来西亚华人的知识与情感交流提供了场域，也对不同代际华人间收视偏好的融

合产生了重要影响。

1970年，美国人类学家玛格丽特·米德（Margaret Mead）在其《文化与承诺———一项有关代沟的研究》中提出了"三喻文化"的概念，其中"前喻文化"主要指晚辈向长辈学习的文化模式，"后喻文化"主要指长辈反过来向晚辈学习的文化模式，此处的文化除了基本生存技能之外，还包括对生活价值和是非观念的理解（Mead，1987）。而上述两种文化现象，均在马来西亚华人对华语电视剧的收视偏好变迁中有所体现。在马来西亚华人所遵循的儒家家庭伦理观念影响下，不同代际华人通过参与"看电视"这一带有仪式性的家庭活动，实现了文化资本交换，进而逐渐形成了对本地华语电视剧和中国内地电视剧趋于一致的收视偏好。

具体来说，一方面，在"前喻文化"的影响下，马来西亚年轻世代华人从年长华人处了解了与华人祖先相关的历史知识，进而与本地制作的华语电视剧特别是怀旧电视剧建立了愈发紧密的文化联系。如一位受访华人就谈到，自己对本地怀旧电视剧的偏好，始于儿时在原生家庭中与母亲一起看电视剧的经历，以及在这一过程中了解到的有关祖先的故事（受访者WHY）。

> 我在看电视剧这方面主要是受家庭，特别是我妈妈的影响……小时候放学回到家我就会和妈妈一起看电视，妈妈看什么我就看什么，也就从那时候开始我看了很多本地怀旧剧。我妈妈看的时候还会和我讲一些她知道的华人历史，比如华人移民如何来到马来西亚、华教运动是怎么回事，等等。听了妈妈讲的故事再看电视剧，就会觉得里面的故事很让人感动。

除了从长辈处了解到的历史知识之外，年轻华人对本地华语电视剧的收视偏好还来源于与祖先之间血脉相连的情感联系。如一位受访者就表示，自己之所以喜欢看本地华语电视剧，是因为里面的情节很容易让自己与已经故去的祖先共情，体会他们在陌生土地上繁衍生息、教养子孙的无私奋斗精神（ZMF）。

> 我最喜欢的本地剧是《情牵南洋》，因为里面讲的故事很容易让我想起我爷爷，仿佛看到了我的祖先刚到马来西亚时的样子……我爷爷和主人公一样，都是从中国福建来到槟城的，也拉过车、也入过会……生活得很不容易，才在这里扎根下来。

总之，通过家庭成员之间的交流，与华人相关的历史知识与精神遗产作为文化资本得以在不同代际华人之间流动，进而提升了年轻世代华人对本地华语电视剧，特别是以"书写华人移民历史"为主题的本地怀旧电视剧的兴趣（受访者 LYL）。

> 我觉得本地拍的怀旧剧有些真的蛮感人的，比如《情牵南苑》，里面有歌台、粤剧、影画戏、老街……这些都是我们父辈给我们讲过的经历，有我们华人的味道，记录的是我们华人的历史。

另一方面，在"后喻文化"的影响下，马来西亚年轻世代华人于近年来积极带动年长华人接触不同类型的华语电视剧，进而使年长华人与中国香港以外地区，特别是中国内地电视剧建立了愈发紧密的文化联系。如一位受访华人就谈到，原本以看香港电视剧为主的父母正是因为受到自己的影响，才逐渐开始接触中国内地电视剧（受访者 CML）。

> 我爸妈原来真的只看港剧，但现在为了和我有的聊，也会开始尝试看点别的。如果我不断地跟他们提某一个中国内地明星或者某一部剧的话，他们就会和我一起看，时

第 6 章　华裔受众的收视偏好、文化资本与文化认同 | 193

间长了就会受到影响……比如我带着他们看《何以笙箫默》，我妈妈一开始连剧的名字都记不住，但是前段时间她突然跟我讲，她又开始看电视上播的《锦绣未央》了，也是唐嫣演的。

除了观看地面频道播出的中国内地电视剧之外，一些受访华人家庭甚至还在子女的主张下购入了专门收看中国内地电视频道的卫星接收器。这类没有"合法"身份的接收器大多经由非正规渠道从新加坡等东南亚国家进入马来西亚，可以接收包括湖南卫视、江苏卫视、浙江卫视、安徽卫视在内的中国内地所有主要卫视频道的信号。作为父母的年长世代华人之所以购入此类接收器，主要是为了满足子女对中国内地电视节目日益增长的收视需求，希望能在本地频道购入版权之前，与中国内地电视观众同步观看最新的热播电视剧。

值得注意的是，由于在青少年时代普遍没有接受过系统的华文教育，也没有机会阅读近年来才开始在马来西亚流行的中国内地网络小说，受访的年长马来西亚华人普遍更习惯观看粤语或方言电视剧，往往对中国内地电视剧使用的标准华语感到陌生，对于中国内地都市剧中呈现的生活方式和网络热梗也感到难以理解。但是在重视亲子关系和家庭和谐的浓厚家庭观念及"后喻文化"的影响下，这些障碍并没有降低其尝试接触中国内地电视剧的热情。通过向子女"求教"和自身的努力"学习"，年长马来西亚华人试图以中国内地电视剧特别是网络小说改编剧为沟通桥梁，将收视口味已经发生变化的子女重新汇聚到电视机前，重建"全家一起看电视"的仪式感，重塑家庭成员之间的亲密关系（受访者 CML 母亲）。

我很不喜欢我们在外面看电视，小孩一个人在屋子里看电脑……蛮怀念以前一家人一边看电视一边吃晚饭那种感觉的……再加上这两年港剧也确实在衰落，大陆剧越来越好，那我们父母也是时候尝试一下新东西了。

### 6.2.3　收视偏好与华人文化身份认同

海外华人的文化身份认同是与基于政治身份归属的国家认同和基于历史记忆建构的族群认同并置的、对各类文化表征及其背后价值观念的认可和内化。它既是社会互动建构的产物，也是文化场域博弈的结果；既具有服从过往文化传统的历史性，也具有服从当下文化权力斗争的对抗性（董丽云，2016）。这种对抗性不仅可以体现为祖籍文化认同与所在地文化认同之间的激烈斗争，也可以体现为各地方性文化认同之间相对温和的影响力竞争。在全球化语境之下，这种地方性文化认同也已经不同于传统意义上的地缘认同，不再如"侨乡认同"般是基于血缘、地缘形成的传统情感指向的心理和地理空间认同，而是在跨国、跨区域的全球华人网络中具有了新的内涵，具体表现为华人与作为"节点"的各地方之间更加多元的相似性和共享性（周聿峨、余彬，2009）。这些地方不仅包括中国海峡两岸及港澳地区，也包括新加坡、马来西亚、日本、韩国等中华文化辐射区。

具体到媒体传播与华人地方性文化认同之间的关系，前文提到过的"全球流散华人媒体网络"作为全球华人网络在媒体层面的体现，其中各地方媒体之间的联系与竞争既是经济现象，也是文化现象；既参与建构了华人的多元文化认同，也彰显出各区域媒体对华人的文化影响力变迁。以此检视华语电视剧在马来西亚电视媒体的传播，同样体现了各地方文化对马来西亚华人影响力的历时性变化。这种变化在宏观上表现为中国港台地区和日本、韩国、新加坡等国家文化影响力的衰退，以及中国内地和马来西亚本地文化影响力的提升。在微观层面又具体表现在三方面：在语言上，马来西亚华人从亲近作为方言的粤语、闽南语，转向亲近普通话；在文化景观上，马来西亚华人从亲近以中国香港为代表的南方都市商业文化景观，转向包括中国北方城市等更广阔地理空间的地方性文化景观；在价值观上，马来西亚华人从亲近港剧中常见的中产阶级生活方式与消费主义价值观，转向亲近与本地华人历史与社会生活实践紧密联系的儒家文化价值观，同时从中国内地的都市文化和新兴网络流行文化中汲取了新养分。而上述变化的产生，既与马来西亚华人本土意识的增长相关，亦与马来西亚与中国内地间交流的日益密切相关。在与中国内地加强文化领域交往的过程中，马来西亚华人收获了更多的关于中国内地的知识性资源，形成了得以亲近当地影视产品的文化资本，并因此形成了对中国内地电视剧愈发强烈的偏好和对中国内地流行文化愈发显著的认同。

然而值得注意的是，马来西亚华人近年来对华语电视剧收视偏好的变化虽然反映出对中国内地文化和马来西亚本地华人文化愈发亲近的态度，但这种亲近与20世纪80、90年代马来西亚华人对中国香港电视节目和粤语文化的高度依赖并不相同，不能将之等同于对特定地理空间及其地方性文化具有"排他性"的忠诚态度。事实上，在对全球各地流行文化均抱有强烈好奇心的马来西亚新生代华人看来，华人观众对特定地区电视剧的偏好虽然呈现出当地文化在马来西亚一个历史阶段的影响力，却并不意味着华人对该地方文化具有"一成不变"的爱好，其态度始终处在不断变化当中（受访者LYX）。

> 有时候我都分不清楚自己看的到底是哪里生产的华语电视剧，我觉得这很正常，我们年轻人会不断对新的东西有兴趣，从来不是一定要看或者依赖某一个地方的电视剧不可。

这种对文化偏好和身份认同理解的开放性、流动性，正与学者对作为华语电视受众的华裔新生代群体身份认同特征的研究结论相契合。相关研究认为，在以华裔基因为底色的基础上，生长于全球化、互联网时代的华裔新生代因裹挟在不同于早期华人移民的复杂社会文化环境中，往往普遍存在"我不属于任何地方"的经常性自我困惑，其身份认同也常常陷入纠结矛盾当中，表现出混杂、矛盾、游离等特征。而来自各地的华语电视节目正为其关注更广阔范围内的华人共同体提供了渠道，亦使其得以在对相似或相同人群命运的凝视与比照中不断探索关于"我是谁"的答案，对自身文化身份认同加以塑造（刘燕南、王亚宁，2022）[61-62]。

据此审视马来西亚华人对华语影视剧的收视偏好及其背后反映的文化身份认同可以发现，同样经常陷入上述纠结、混杂状态的马来西亚华裔新生代在谈及自身对华语影视剧的观看偏好时，不仅主张以相对开放、流动的态度阐释自身的文化身份认同，同时还会有意识地纠正他人对自身审美趣味和文化认同狭隘、僵化的本质主义理解。如有受访华人在被问及是否喜欢看《西游记》《红楼梦》等中国古典文学改编电视剧时就表示，类似的问题经常会让自己感到尴尬，因为一旦给出"不喜欢"的答案，就会被提问者认为对中华文化缺乏感情。然而在其看来，"认为马来西亚华人都喜欢看《西游记》《红楼梦》"其实是一种已经过时的判断和普遍存在的误解。虽然多数马来西亚华人在接受华语教育过程中都因为教材的原因而接触过"四大名著"和由其改编的电视剧，但这些作品对于生于互联网时代的新生代华人来说，显然没有当下流行的中国网络小说及其改编剧更有吸引力，也不应再被当作检视华人是否认同中华文化的普遍标志物（受访者 YL）。

澳大利亚华裔学者洪美恩在其论述华人不说母语现象的研究中曾经指出，对于华裔"会说母语"的期待已经演化成一种定义何为华人的僵化标准，催生了对华裔文化身份认同的"排他性"误读。而本研究中的受访者因为"不喜欢《西游记》《红楼梦》"而生出的困惑，亦与洪美恩所描述的华人中的"不说母语者"有异曲同工之处。从中我们可以看到，受访的年轻世代马来西亚华人反对他人以"是否喜爱中国古典文学作品"来对自己作为华人的文化身份进行定义的态度，所欲表达的正是一种彰显华人"在差异中共存"的身份认同状态，主张具体分析华人与不同地方文化间的联系，并为与之相关的矛盾、对话提供空间的文化态度。

总之，本研究通过对马来西亚华人观众收视偏好的调研发现，与20世纪在相对封闭的市场和文化环境下高度依赖中国香港影视产品和认同粤语文化的华人不同，马来西亚年轻世代华人在从学校和家庭教育中获得的中文语言能力、华语文学读物阅读能力和儒家伦理观念等文化资本的影响下，并未形成对中华文化中某一地方性文化"一元化"且一成不变的认同，而是获得了在全球化时代加入更广阔华人共同体的可能性，以及在自由接触不同华语文化产品过程中不断与相似人群进行比照，进而不断探索、塑造自身文化身份认同的能力（受访者WS）。

> 我感觉自己说不清"华人"和"中华文化"具体应该是什么样子……但我觉得既然我掌握好了语言，我就可以自由地去接触我想接触的文化，并且最终找到属于我自己的答案。

## 6.3　华语综艺节目收视偏好

本研究通过对马来西亚华人的访谈以及相关报章舆论的分析发现，马来西亚华人近年来对华语综艺节目的收视偏好，经历了从中国港台地区节目转向中国内地节目的变化过程。在中国内地综艺节目进入马来西亚电视市场之前,马来西亚华人观众对华语综艺节目的观看主要以中国港台地区节目为主。进入21世纪后,随着中国内地综艺节目进入马来西亚,以《非诚勿扰》《中国好声音》为代表的一批综艺节目逐渐受到了各年龄段华人观众的喜爱。其中,《非诚勿扰》是在马来西亚播出时间最长的中国内地综艺节目,从2009年延续至今,在马来西亚华人中具有重要影响力;以至于赴中国留学的马来西亚华裔学生在临行前,都会被亲友调侃"到了中国可以争取去上《非诚勿扰》"(受访者YL)。除了《非诚勿扰》之外,在马来西亚影响力最大的中国内地综艺节目当属《中国好声音》。究其原因,一方面是因为中国内地歌唱类综艺节目契合了马来西亚华人学习华文、喜爱中文歌的文化氛围;另一方面则是因为此类节目满足了马来西亚华人突破国内政策与市场限制,于国门之外获得发展机会并提升马来西亚华人声望的文化诉求。

马来西亚华文报章在对《中国好声音》的评论中,就曾将讨论推广至对马来西亚华文教育政策及华语音乐产业发展的思考。一方面,马来西亚华人在中国综艺节目中展示的华语歌曲演唱才华,被视为马来西亚华人捍卫华文教育体系、华人社团积极兴办地方华语歌唱比赛、华文媒体鼓励本地华语音乐产业发展等一系列传承中华语言文化举措所取得的成果;另一方面,马来西亚华人依靠中国选秀节目"扬名于外"的现象,亦被视为马来西亚政府限制中文文化娱乐产业发展,致使华裔歌手无法在国内获得公平发展机会的必然结果(佚名,2016-09-21a)。

> 我国本土潜在人才市场依然庞大,唯碍于政府对各种可造之才的培养计划和工作并不全面,难免常有遗珠之憾……第二十八届大马电影节上发生的"国语"和"非国

语"分类风波①，似乎说明了只要类似的偏差问题仍在，对李馨巧（作者注：2013年参加湖南金鹰卡通卫视《中国新声代》节目并进军决赛的马来西亚华裔儿童歌手）这些搞音乐艺术的人来说，"走出去才有路"无疑是明智之举……明乎此，那些曾经或正在国外绽放异彩的歌手们，就继续让你们的优美歌声飞扬吧，因为外边的天空更广阔，可以让你们的实力得到真正尊重，可以让每一匹千里马都能和伯乐相得益彰。

与上述观点相似，受访的马来西亚华人也将自己对此类节目的收看，与马来西亚华人在国内文化娱乐领域不受重视的边缘化处境相联系（受访者 LYW）。

> 我们马来西亚的华裔明星都是在国外出道的，像杨紫琼、梁静茹……这和我们的社会环境有很大关系，中文的地位都很不稳，更别提中文歌了……能看到一些华人在海外有好的表现，我们肯定觉得很自豪。

可见，《中国好声音》系列节目在马来西亚的热播，正源于其为马来西亚华人提供了通过与"华语"相关的才艺展示，与华人共同体中的其他地区建立联系、分享文化、展开竞争，进而为其所属家乡、族群、国家"争光"的平台。而通过观看此类电视节目，华人观众在收获自豪感的同时，亦愈发强化了对自身"马来西亚华人"身份的认同。这种认同表现出多元、开放的"混杂"特征，既表现

---

① 在2016年开幕的第二十八届马来西亚电影节上，主办方大马国家电影发展局（Finas）和大马电影导演协会（FDAM）将最佳影片、导演、剧本三个奖项划分为"马来语"和"非马来语"两个类别分别评奖，以巩固马来语作为国语在本土电影中的地位。这一举动因被认为有种族歧视嫌疑招致了电影人及国民的非议。

于"马来西亚"这一国家层次,亦表现于"华人"这一族群层次,以及比族群范围更小的"森美兰州""芙蓉市"等作为"家乡"的地方层次。如有受访者就曾提到(受访者 LYF):

> 我们马来西亚华人非常爱国,比如李佳薇是我家乡人,当年她参加中国台湾星光大道的时候,只有寰宇卫视转播,我们全家专门跑到亲戚家去看,就是为了支持她,觉得很光荣……那感觉就跟追看羽毛球比赛差不多……现在马来西亚华人参加"好声音"的越来越多了,我们肯定也会关注。

除《中国好声音》外,另一档中国内地的语言竞技类真人秀节目《我是演说家》亦因其"展示华语演讲能力"的节目主题,吸引了马来西亚华人参与其中,为中国内地综艺节目在马来西亚华人中赢得了更多关注。2014 年,曾担任过华语新闻节目主持人并有"知名辩手"名号的马来西亚华人胡渐彪在参与《我是演说家》竞赛过程中,就以"荒漠中的华教"为主题,讲述了马来西亚华人在抗争中发展华文教育、捍卫华人子弟学习母语权力的艰辛历程,这一举动一度引发了马来西亚华人社会的热议。胡渐彪曾表示,参加该节目是为了向中国人展示马来西亚的发展成就,而华文教育体系正是大马华人"最自豪和最在乎的核心价值"(佚名,2014-10-07)。尽管这一演讲在马来西亚国内收获的评价褒贬不一,但多数华人依然认为其借助《我是演说家》节目发声的举动,为华文教育在马来西亚年轻世代华人中的传承做出了重要贡献(林佳炫,2014-10-28)。

总之,从《中国好声音》到《我是演说家》,中国内地近年来开发的与音乐、演讲等"华语"表达相关的综艺节目,已成为马来西亚华人突破其国内政策与市场限制,以华语展示马来西亚华人文化风采、表达马来西亚华人文化诉求的重要平台。正是上述原因,使得此类节目超越了在中国国内同样掀起收视热潮的《爸爸去哪儿》等综艺节目，成为最受马来西亚华人青睐的华语电视综艺节目类型。

而与进口综艺节目的热播相比，本地综艺节目在受访的马来西亚华人看来则是差强人意。多数受访华人认为，本地华语综艺娱乐节目发展的根基是中文娱乐产业，而马来西亚本地中文娱乐产业发展的落后，使其本地中文娱乐节目无论对其参与者还是观众来说，都只是"退而求其次"的选择。马来西亚华人想要"扬名"，真正需要的还是走出马来西亚（受访者 WMF）。

> 我之前还是会关注本地的《非常好歌》这些节目，它们在中国的综艺节目进来之前影响力还是蛮大的……然而在我看过国外的节目之后，就不想再去看本地的了……这些歌手走不出马来西亚，影响力终归是有限的。

## 6.4 小结：立足本土的文化接近性

本章通过对华裔受众收视偏好的分析，试图展现马来西亚华人在国内华语电视市场逐渐摆脱中国香港节目"一家独大"局面、受到亚洲各区域华语电视节目冲击的 21 世纪，对于市场份额涨势最为明显的马来西亚本地华语节目与中国内地节目表现出怎样的态度，以及其收视偏好的形成受到何种因素的影响。

虽然依据霍米·巴巴的"混杂"理论批判对华人文化身份认同基于"国家—族群"二元划分的简单化理解已成为一种学界共识，在此基础上由洪美恩进一步提出的"差异中共存"观点也被广泛采纳，但这些论述在肯定包括华人在内的流散族群文化身份认同"混杂性"的同时，亦使流散族群文化身份认同之"差异"的具体样貌与"共存"的具体方式变得抽象、模糊。鉴于上述情况，本研究将

"文化接近性"和"文化资本"理论引入研究，以期呈现马来西亚华人与中国内地及本地华语节目建立文化接近性的具体方式，及其背后与文化认同相关的内在逻辑。

本研究发现，受访马来西亚华人对华语节目的收视偏好，整体展现出与定量研究发现相似的变化趋势，即呈现出给予中国内地与本地制作华语节目更多关注的趋势。由于本章采用定性而非定量的研究方法探索华裔受众对华语电视节目的收视偏好，因此不能也不致力于得出具有广泛意义的规律性结论。但是，质化研究对个体经验的重视与"本地知识"的"深描"，却有助于研究者发现来自受访者的独特经验。具体来说，从受访华人对中国内地及本地华语节目偏好的言说中，可进一步归纳出其背后的文化意义。

一方面，受访华裔电视观众依据其在接受学校教育和家庭教育过程中掌握的文化资本变化，对中国内地及马来西亚本地华语节目形成了愈发一致的收视偏好。具体来说，对华语语言能力的掌握以及对儒家家庭伦理价值观的认同，是不同代际马来西亚华人共享的重要文化资本，使其近年来对本地新闻时事节目、贺岁剧等家庭伦理题材电视剧以及中国内地的华文歌唱类综艺节目展现出了愈发相近的收视偏好。在此基础上，年轻世代华人因为接受更系统的学校华文教育和更丰富的中国网络文学读物，对使用标准华语的中国内地电视剧及网络小说改编剧亦表现出更多偏好；而年长世代华人则因为对华人移民拓荒历史更为熟悉，对本地制作的怀旧题材华语电视剧表现出更多偏好。值得注意的是，在前喻文化和后喻文化共同作用下，不同世代马来西亚华人间文化资本的流动较为频繁，对不同类型华语电视节目偏好的差异亦不断缩小，在整体上呈现出趋于一致的面貌。

另一方面，在马来西亚华人移民已成为马来西亚国家公民的当下，受访华人对中国内地电视节目日益增长的偏好，并非出于对作为文化地理区域的中国内地单一且具有"排他性"的认同，而是在文化身份认同上体现出"立足本土"的实用性以及开放、流动的"混杂"特征。具体来说，在受访的马来西亚华人中，无论是年长还是年轻世代，无论是对新闻、电视剧还是综艺节目的观看，除了满足自身娱乐需求之外，往往都与表达马来西亚华人基于本地国情、社情和特殊教育制度环境下形成的"本土文化诉求"相联系。无论是将本地华语新闻视为华人及华教地位的象征、将本地怀旧电视剧视为对华人移民历史的影视化书写、将中国内地网络小说改编剧视为对华校有限华文教育资源的补充和拓展，还是将中国综艺娱乐节目视为华人进入主流、展示自我、为国争光的平台……马来西亚本土华语节目和中国内地电视节目在马来西亚华人受众基于"二次解码"的意义生产过程中，均被转化成了供其表达自身文化诉求、主张自身文化权力的实用性资源。

新加坡学者王庚午（Wang，2000）在论及马来西亚华人的文化身份认同特征时曾经提到，马来西亚华人的文化身份认同带有极强的"实用性"，其对中华文化的继承，往往具体体现于日常的贸易、工作、学习、生活当中。在这一过程中，最受马来西亚华人重视的莫过于全球范围内的自由经济与华文教育权力。而本研究中受访华人特别是年轻世代华人对华语电视节目表现出的收视偏好，正在很大程度上与其对自身接受华语教育权力的重视密切相关。总之，受访马来西亚华人在收看、解读各地华语电视节目的过程中，通过赋予华语节目新的文化意义，一方面与中国内地等地文化产品建立了立足本地文化资本与本土文化诉求的文化接近性，一方面也通过对多元华语电视节目的收看，塑造了自身以开放、流动为特征的混杂身份认同，扩展了自身在所在国教育文化领域争夺话语权力的可能性空间。

# 第 7 章 结论：全球、区域、本土混杂的华语电视变迁

本研究整体聚焦作为"全球华人媒体网络"中重要组成部分的马来西亚华语电视，以"全球本土化"为理论基础，梳理了20世纪50年代至今马来西亚本地华语电视产业发展和华人观众收视偏好变化的历史进程，分析了不同历史阶段马来西亚与亚洲其他区域华语电视在产业融合、节目流通、文化交流等方面呈现出的具体特征。研究的核心发现在于梳理了马来西亚华语电视在全球、区域、本土因素共同作用下两条并行的历史发展线索：一是马来西亚华语电视本土意识的日益觉醒和中华文化传承功能的日益加强，二是中国内地影视文化对马来西亚华人文化影响力的日益提升。上述两条历史发展线索共同参与了对马来西亚华人身份认同的塑造，使其得以以华语电视节目为纽带，与全球不同区域华人共同体建立联系，进而在这一过程中不断塑造自身以开放、流动为特征的混杂认同。同时，上述两条历史发展线索也对中国影视产业未来进一步开拓全球华人市场、提升中华文化海外影响力具有重要启示。

## 7.1 历史发展中的全球与本土博弈

本研究试图回答的第一个问题，是厘清马来西亚华语电视自1964年诞生至今的历史发展进程与阶段性特征。在本研究的第二、三、四章，作者分别从华语电视的"市场变化""节目变化"，以及上述变化造成的"社会文化影响"三个层次入手，分析了华语电视

在马来西亚广播电视发展的"国营时期""私营改革时期"以及"对卫星电视解除管制时期"三个历史阶段所经历的变化。具体来说，其变化主要表现为华语节目在播出渠道上的拓展、播出数量上的增加，以及播出节目类型、产地的不断丰富。而第五章对作为"频道"与"节目"的马来西亚华语电视发展现状的分析，则提炼了其在延续此前各历史阶段变化趋势的基础上，于当下呈现出的"多元化"与"本土化"的发展特征。其中，前者具体表现为进口华语节目在产地上日益突破了中国香港电视节目"一家独大"的局面，向"多元化"方向发展；后者则具体表现为马来西亚"本地"华语节目制作能力的提升，以及节目中华人"本土"文化特色的日益彰显。

值得注意的是，对历史发展进程的梳理不应止步于对历史事实的铺陈，还应致力于对各历史阶段特征的总结，以及对历史变迁背后各种推动力的分析。本研究对马来西亚华语电视各阶段历史发展进程的分析，正反映了"全球"与"本土"力量间的博弈如何作用于马来西亚华语电视，使其在进入 21 世纪后形成了"多元化""本土化"并举的产业与节目内容特征。

关于"全球化"趋势对马来西亚华语媒体发展的影响，曾有国内学者提出过两种截然相反的观点。其中第一种观点主张将马来西亚政府为抵制全球化背景下的西方文化侵蚀而施行的国家文化保护政策，视为与当地文化价值观相近的中国电视剧等华语电视节目提升其竞争力的有利因素（来丰、李法宝，2015）[76]。第二种观点则主张将全球化对马来西亚国家文化的冲击，视为作为少数族群的华人有限度地摆脱主流社会控制、依托华语媒体在文化上获得相对宽松发展空间的机遇；而政府出台的过滤西方文化的各种本地保护政策，因同时也针对与华人相关的中华文化，实际扮演了阻碍马来西亚华语媒体发展的角色（彭伟步，2015）[197]。

本研究基于对马来西亚华语电视历史发展进程的分析认为，上

## 第 7 章 结论:全球、区域、本土混杂的华语电视变迁

文提到的第一种观点因为将"全球—本土"间关系简单理解为"西方—东方"之间的对立关系,忽视了对马来西亚国家内部各族群间复杂关系的分析,未能正确解释华语电视节目在马来西亚传播的动因,而第二种观点则与本研究的发现较为契合。

从"全球"层面来看,阿帕杜莱提出的全球化背景下的"金融"与"技术"景观流动,极大地促进了马来西亚华语电视的发展。具体来说,20 世纪 80 年代开始席卷全球的媒体"私营化"与"解除管制"等自由化浪潮,与录像机及直播卫星技术的发展共同作用于马来西亚电视市场,使新兴的私营地面电视媒体与付费卫星电视网络为最大限度地追求商业利益,纷纷通过播出华语节目吸引马来西亚国内购买力较强的华人观众,进而在市场竞争过程中逐渐形成了以私营媒体带动国营媒体、以付费卫星电视带动免费地面电视,大量播出进口华语节目的变化趋势。

从"本土"层面来看,马来西亚政府为突出马来文化作为"国家文化"之主导地位而推行的一系列带有"反全球化"色彩的文化保护政策,在不同历史阶段均成为限制境外华语节目进口的主要力量。这一进程在国家电视台主导时期表现为政府试图通过新闻等本地华语节目将华人族群整合进以马来人为主导的新兴国家;在私营化改革时期表现为对中国港台地区进口节目的政策限制以及对本地制作华语电视节目的扶持;在卫星电视出现后表现为对来自中国内地及台湾等地区华语节目的内容审查;在当前环境下则表现为执政党通过影响私营媒体管理层,督促华语电视媒体通过"自我审查"确保其节目与马来西亚主流价值观保持一致。

马来西亚华语电视的历史发展不仅体现为作为经济势力的"全球"与作为政治势力的"本土"之间的对抗,也体现为两股势力的"混杂",即"全球本土化"语境下金融、技术图景的全球流动对马来西亚华人地方层次文化生产实践的促进。斯特劳巴哈于 20 世

纪 80 年代提出的"不对称相互依赖"（asymmetrical interdependence，1981）理论，就结合巴西经验展示了其在媒体发展领域对于美国的"不对称相互依赖"，即巴西本土历史发展进程中不断变化的各方力量，在受到美国媒体扩张之"主导性"影响的同时，也以此为契机实现了本地文化产业、媒体技术的发展，部分摆脱了对美国的绝对依赖。而本研究对马来西亚华语电视发展历程的梳理，亦能看到与之相似的变化趋势，即全球化进程促进了马来西亚本地华语电视产业的发展与本土意识的觉醒。

具体来说，马来西亚本地华语电视节目从最初由政府与国营媒体"自上而下"扶持的产物，逐步发展为私营媒体出于"差异化竞争"需要而主动抢滩的领域。特别是近年来面向华人播出的华语私营地面频道，为了与大量播出进口节目的付费卫星电视展开竞争，施行了大力开发本地华语节目的策略，极大地推动了马来西亚华语电视从"大量进口境外华语节目"到"大量制作本地华语节目"、从"复制进口华语节目模式与价值观"到"制作具有本地特色的华语节目"的本土化发展进程。

值得注意的是，虽然经济、技术全球化对于马来西亚华语电视发展所产生的影响毋庸置疑，但从更深的层面来说，马来西亚完善的华文教育体系及其在主流社会中所处的边缘地位，才是其华语电视诞生并实现多元化、本土化发展的根本性动力。

具体来说，无论是私营电视媒体还是付费电视网络，之所以在不同历史时期均选择以华语节目"取悦"华人观众，究其根本是因为马来西亚华人深厚的华文教育传统。华文教育一方面赋予了华人观看华语电视节目的能力，一方面亦催生了其观看华语电视节目的需求。特别是在华文教育合法性摇摆不定、国营电视频道亦不重视对华语节目投入的情况下，播出进口和自制华语节目成为马来西亚私营电视媒体谋求经济利益的重要途径。由此可见，在马来西亚华语电视的历史发展进程中,"全球"层面力量的进入与渗透,始终以马来西亚"本土"既有的社会文化土壤为基础;而第二章所呈现的华语电视媒体与华文教育、华教运动之间的历史渊源,正是影响其此后发展的一以贯之的重要因素。

## 7.2 区域势力消长背后的文化逻辑

本研究试图回答的第二个问题,是考察在围绕马来西亚地面电视频道出现的"全球流散华裔电视网络"中,来自中国内地及港台地区和新加坡、韩国、日本、马来西亚等不同"节点"电视节目影响力的历时性变化,以及当前形成的格局。

本研究试图回答的第三个问题,是理解马来西亚华人观众当前对不同文化地理层面华语节目的偏好,以及与其偏好形成相关的文化资本与文化接近性特征。

从总体上看,上述两个问题一如硬币的两面,本身即存在紧密联系。具体来说,前者希望借助定量的研究工具,梳理各区域华语电视节目影响力的消长趋势;后者则试图借助定性的研究工具,了解受访华人对于各区域华语节目的态度差异及其成因,进而揭示区域势力消长背后的"文化逻辑"。

通过第五章的研究作者发现,随着亚洲区域内电视节目流动的进一步加强,马来西亚地面电视频道在进入21世纪后,逐渐改变了20世纪80、90年代中国香港节目"一家独大"的局面,明显给予了中国内地节目和本地华语节目更大的播出比例与更好的播出时段,使上述地区的节目取代了中国香港的电视节目,成为地面频道播出华语节目的新的区域中心。

这一现象的出现既可归因于节目市场售价等经济因素,亦可归因于文化因素。根据"文化接近性"理论中"文化塑造经济"的观点，受众态度作为文化因素，对市场具有塑造作用，具体表现为电视台的节目排播比例在一定程度上反映了受众的收视偏好。特别是以收视率为导向的私营电视媒体，尤其会依据受众的喜好来调整节目排播策略。据此分析不同产地华语电视剧在马来西亚地面频道的播出份额变化，正在一定程度上契合了马来西亚华人观众对相关区域文化产品偏好的变化，反映出马来西亚华人对全球华人网络中不同地方性文化认同感的消长。

秉持上述思路，作者在第六章结合深度访谈和参与式观察等方法，对当前马来西亚华裔观众特别是1990年后出生的新生代观众对新闻时事、电视剧、综艺三种类型华语节目的收视偏好进行了分析，并与第五章的研究发现进行对照。研究发现，受访华裔观众对于产自不同区域的华语电视节目，依据节目类型以及自身所具备的文化资本不同，表现出日趋多元化的收视偏好。具体来说，在所学语言、所读书籍、所袭家庭伦理价值观等文化资本以及前喻文化、后喻文化的共同作用下，当前在马来西亚地面频道占据主要收视份额的本地华语节目和中国内地节目在华人观众中的整体文化影响力均有显著提升。

受众对不同产地华语节目的主动选择与多元收视偏好所呈现的，正是中国香港作为区域内单一文化中心的影响力衰退后，多种区域文化于马来西亚华语电视市场混杂共存的状态，其中既不存在一家独大的域外文化，也不存在可完全脱离外域影响而独立存在的本地文化。无论是产自马来西亚本地还是境外的华语电视节目，都需要经过受众基于本土国情、社情和教育、文化环境的"二度解码"，方能在华裔观众中实现其广泛传播。具体到本研究，受访华人在其关于华语电视收视偏好的文化表达中，正突出展示了"区域"与"本土"两个层面的影响。

就区域层面的影响而言，一方面，马来西亚华语电视市场中的区域势力消长，受到了区域内流行文化发展的显著影响。2012年作者在访问马来西亚首要媒体时，时任第7频道中文节目总监陈文贵曾提到，中国影视节目在马来西亚影响力难以提升的主要症结在于尚未产生可与中国港台地区以及韩国比肩的"流行文化"。

> 中国未来在流行文化方面还是应该加把劲的……我们经常说，韩国流行文化的成功是从《冬季恋歌》开始的，一部电视剧就可以带动整个流行文化产业的发展。中国要达到这种程度，可能至少还需要十年时间[①]。

而如今，在中国香港及台湾地区流行文化影响力日渐消退的背景下，以网络文学和影视娱乐产业为代表的中国流行文化的兴起与区域内流动，正在成为中国内地电视节目海外影响力提升的重要推动力，赋予了在互联网时代成长起来的华裔新生代更为丰富的理解中国影视产品的文化资本，进而使其对中国内地网络小说改编电视剧表现出了比年长世代华人更强的收视偏好。

另一方面，马来西亚华语电视市场中的区域势力消长还受到了区域内华文教育产业发展的影响。有学者（王介英，2010）曾在对马来西亚华人海外留学史的梳理中提到其间经历了"留新""留台""留中"三个阶段。在国内公立大学限制接收华人学生特别是独立中学学生的教育环境下，马来西亚华文独立中学学生从20世纪50年代开始纷纷转向新加坡南洋大学（1980年更名为"新加坡国立大学"）和到中国台湾地区留学，使得"南大生"和"留台生"一度成为马来西亚华人文化的两根支柱。然而近年来，随着中国与马来西亚之间交往的日益密切，以及中国经济实力的增长与教育产业的发展，中国开始成为越来越多马来西亚华人学生赴海外留学的第

---

① 引自作者2012年3月15日对马来西亚首要媒体集团第7频道中文节目总监陈文贵的访谈。

一选择，厦门大学还于2016年在马来西亚本土建立了分校。作者在2012年、2019年两次访问马来西亚时也发现，当地许多华裔电视从业者都有过在中国留学的经历，特别是中国传媒大学的毕业生，已经成为推动马来西亚本地华语电视产业发展的一股另人瞩目的力量。上述马来西亚华人海外留学趋势的变化，在很大程度上影响了马来西亚华人对华语的掌握程度以及对中国文化景观的熟悉程度，使年轻一代华人与其父辈相比，对粤语、闽南语等方言的依赖程度大大降低，对普通话则表现出更强烈的偏好。

就本土层面的影响而言，马来西亚华语电视市场中的区域势力消长还受到了马来西亚本地华文教育体系和马来西亚华人遵循的儒家家庭伦理价值观的显著影响。具体来说，儒家家庭伦理价值观是不同世代马来西亚华人共享的文化资本，既塑造了其对本地华语贺岁电视剧、怀旧题材电视剧等华语电视节目的共同偏好，亦成为弥合代际间收视品味差距的重要纽带。而本地华文教育体系不仅赋予了华人接触不同区域华语文化产品的丰富可能性，也促使其将对华语电视节目的观看与维护华教运动成果、表征华文教育合法地位相联系，进而赋予了华语节目新的文化意义，建构出了自身与各区域文化产品之间立足本地文化资本与本土文化诉求的文化接近性。

具体来说，受访马来西亚华人在观看华语电视节目过程中，不仅会调动特定的文化资本对文化产品进行理解，还会基于其所处的本地社会文化环境，在"二次解码"过程中将华语电视节目转化为表达自身文化诉求、主张自身文化权力的实用性资源，借以抒发对华人在马来西亚教育系统、历史书写，以及文化娱乐产业发展等领域所处边缘地位的不满情绪，缓解因此而产生的文化身份认同焦虑。从这个意义上说，对华语节目的接触与观看对于受访的马来西亚华人而言，已不仅仅是单纯的娱乐活动，而是被赋予了塑造其开放、流动的混杂身份认同，扩展其在所在国教育文化领域争夺话语权力可能性空间的重要意义。

## 7.3 中国内地影视传播与流散华人

作为对上述三点研究结论的总结与进一步讨论，在本研究的最后，作者欲将视角转移回中国，将对全球本土化语境下马来西亚华语电视历史变迁的分析，延展至对中国影视文化面向并经由流散华人传播之实践活动的思考，进而提炼出本研究之发现对于中国影视文化海外传播的参考意义。

在当前与国际传播、全球传播以及跨文化传播相关的研究中，"海外华人"以及"海外华人媒体"在中国"软实力"提升以及文化影响力全球扩散过程中可能发挥的"中介"作用，已成为备受关注的焦点。其中乐观的学者多将海外华人及华语媒体视为中华文化海外传播的"二传手"，大多从"公共外交""区域治理"等角度出发，分析包括马来西亚华人在内的流散华裔，如何在教育、经济等领域被裹挟进全球化时代的文化经济流动当中，进而扮演起沟通中国及其所在国的"桥梁"角色，为中国国家形象的改善提供平台（Ding，2015；Yow，2016）。部分致力于研究媒体流动与全球传播的学者，也对中国作为"区域文化中心"的崛起抱以乐观态度，并将全球流散华人及其媒体，视为中国国际传播可资利用的重要资源（Straubhaar，2015）。

与此同时，亦有学者对流散华裔及其媒体所能发挥的作用持悲观态度，认为想当然地将流散华人及其媒体视为中华文化传播的天然"盟友"有失妥当。在持此类观点的学者看来，在新媒体冲击下，海外华文报刊、电视等传统媒体的日益式微，年轻世代华人与中国之间情感与文化联系的日渐疏离，以及中国港台地区和韩国等地影视节目在海外华人社会业已形成的文化影响力，都为中国影视节目面向流散华裔的传播制造了障碍。

然而值得注意的是，无论上述秉持乐观还是悲观态度的学者，落实到具体的研究中往往都缺乏历时性视角，大多注重对中国电视频道海外落地、中国电视节目及模式买卖等当下发展情况的整理与策略分析，而将对历史数据的耙梳，以及对中国内地电视节目进入某一地区之前当地华语电视市场环境的分析视为无用之功。

孙皖宁对"全球流散华裔媒体网络"的分析已经表明，不同地区的流散华裔媒体都有其不同的"原生环境"。而自20世纪末、21世纪初开始兴起的中国内地影视文化在进入各地华语电视市场时，也都势必面对其已然成熟的"原生环境"。而要提升中国电视节目在当地的影响力，至关重要的一步即是在充分了解其"原生环境"的基础上，找到新生势力可以"扎根"的位置。本研究对马来西亚华语电视发展历史的分析，正从一个侧面反映了在中国电视节目进入马来西亚前，当地电视节目市场的"原生环境"，以及其"原生环境"在遭遇全球化冲击后，各方势力进入及观众文化品位养成的发展、变化过程。

习近平总书记在中共中央政治局第三十次集体学习时针对中国的国际传播工作指出，要采用贴近不同区域、不同国家、不同群体受众的精准传播方式，推进中国故事和中国声音的全球化表达、区域化表达、分众化表达。而"区域化""分众化"表达的实现，则需要提升国际传播策略的"靶向"性，面向重点国家，针对不同群体、不同任务加强研究（范军，2021）。基于上述论述，本研究的发现正可为未来中国影视产品面向海外华人进行更有针对性的传播提供策略。

### 7.3.1 以动态眼光评估港台节目影响力

本研究对"喝香港电视奶水长大"的马来西亚华语电视的研究，

## 第 7 章 结论：全球、区域、本土混杂的华语电视变迁

完整展现了香港流行文化于 20 世纪 70、80 年代兴起之后，"流入"马来西亚华语电视市场并在华人观众中扩散其影响力的历史过程。第三章已经提到，香港影视文化进入马来西亚并非华人观众在"比较"多地区华语节目的基础上做出的主动选择，而是在马来西亚本地华语娱乐节目严重匮乏的情况下所能做出的"唯一"选择。正如马来西亚首要媒体集团中文总监吴恒灿在接受作者访谈时所提到的。

> 我们必须承认，在中国内地没有开放的时候，中国香港、台湾地区电视剧填补了东南亚观众对于中文电视剧的需要，这是历史因素造成的。①

正是在上述历史因素作用下，马来西亚华人观众在很长一段时间里对中国香港影视剧有所偏好，而在前人针对新加坡等东南亚国家的研究中也常常提到，以家庭伦理题材都市剧为代表的中国香港电视剧相比于其他地区电视剧，当前依然在播放量和美誉度上具有显著优势。

然而值得注意的是，进入研究的时间与语境往往会影响研究结论的得出。本研究已经表明：在围绕马来西亚华语电视形成的流散华裔电视网络中，区域文化中心始终处于不断变化当中，受众与各"节点"之间的文化接近性也因时移世易而不断变化。无论从定量的内容分析还是定性的受众访谈来看，中国香港电视节目当前在马来西亚的影响力已不复 20 世纪之繁荣，与之相似的还有中国台湾电视节目，与之相反，马来西亚本地节目和中国内地电视节目的影响力却在持续提升当中。可见，各地方影视剧在海外华人中的影响力并非固定不变的现象，需要学者结合多元语境和历时性维度做综合考量，以及时更新传统结论，对各地方产品的影响力变化做出因时、

---

① 引自作者 2012 年 3 月 2 日对首要传媒集团中文总监吴恒灿的访谈。

因地制宜的动态评估。具体到当前的马来西亚市场，对于试图进入的中国内地影视生产者来说，与中国港台地区合拍都市剧已不再像21世纪初那样具有显著必要性。中国内地正在通过输出展现当代中国社会风貌和流行文化魅力的都市剧和网络文学改编剧，在海外华人中形成独立的文化影响力。

### 7.3.2 重视流散华裔媒体及其自制节目

此前学者大量针对海外华文报刊的研究已经证明：上述媒体的存在为东南亚华人文化遗产的存续与中华传统文化的传播提供了重要平台。而与华文报刊相比，流散华人的影视生产却未得到同等重视。事实上，与将中国港台地区乃至韩国节目视为主要竞争对手形成鲜明对比的，是中国内地传媒业乃至影视研究界对流散华裔电视媒体及其自制节目的普遍轻视，即认为马来西亚本地自制华语电视节目是"没有人看的"，也因此不具有研究价值。特别是以对外传播为目的的研究，往往抱着过强的"实用主义"态度，极少关注作为其传播对象的国家、地区生产的本地华语节目。

针对上述现象，马来西亚华文媒体代表在一次东南亚各国媒体一同讨论影视"海上丝路"建设的会议上就提出，中国影视机构要真正实现"走出去"，应正确认识各地华人文化圈以及当地媒体市场的特殊性（佚名，2015-06-11）。

> 目前中国影视制作机构还比较缺乏"多国同步的意识"。节目大多在境内制作播出后再谋求海外分销，制作上也缺乏从大中华地区考虑的视角……中国电视已经到了一个比较好的时期，应该探索国际联合制作模式，打造娱乐的"海上丝绸之路"……华人文化圈有共性也有微妙不同，在国际联合制作方面，需要尊重对方文化习惯，了解市场，才能实现节目的共融共通。

## 第 7 章　结论：全球、区域、本土混杂的华语电视变迁

与上述观点类似，本研究之所以以"流散华裔媒体"而非"海外华人媒体"对马来西亚华语电视进行界定，也是因为"海内/外"二分法带有强烈的以中国为本位的单向传播意识。从概念上看，"流散族裔"相比"海外华人"，重在考量移民起点、终点以及两点之间的迁徙过程和可能存在的联系网络，而非强调两点之间的"中心"与"边缘"关系（Clifford，1994）[302-338]。与之同理，中国媒体人对包括马来西亚华语电视在内的流散华裔媒体的认识，也应摒弃上述"中心—边缘"视角，将包括马来西亚华语电视在内的华语媒体视为值得关注和谋求合作的对象，而非过分专注于"以我为主"的单向对外传播。

虽然此前也有学者提出"合拍"策略是中国媒体与海外华语媒体合作的有效方式，但此种策略在实践中往往由于缺乏对当地影视产业与文化的深入了解而难以取得成效。例如中央电视台曾与马来西亚合拍过两部电视剧，但是选择的合作媒体均是在当地华人观众中影响较小的国家电视台，拍摄题材也未体现马来西亚本地华人的历史传统和时代风貌。在作者赴马来西亚采访时，参与其中一部合拍剧《热浪岛》拍摄的马来西亚导演黄巧力就曾提到，目前中马两国的合拍还停留在非常初级的阶段，马来西亚单纯是场景的提供者而非内容的生产者①。

鉴于上述情况，本研究采纳的"全球本土化"与"文化接近性"等理论工具对于中国面向海外华人的影视传播而言，最大的参考价值即在于展示了关注影视产品输入国"本地文化生产实践"的重要性。特别是由流散华裔媒体自行制作的电视节目，由于包含着当地华人对于自身历史实践的总结与生存境遇的思考，尤其有助于中国影视生产者真正摆脱"以我为主"的单向传播思维，了解当地独特

---

① 引自作者 2012 年 3 月 8 日对马来西亚华裔导演黄巧力的访谈。

的社会文化生态、本土化的影视表达方式，以及华人个性化的文化需求。

具体到马来西亚，中国影视机构未来应考虑将合作重点从马来西亚国家电视媒体转向私营电视媒体，与当下最主要的本地华语电视节目制作、播出机构八度空间频道谋求合作，共同挖掘与中马两地华人相关的创作题材，共同探索对中华文化的创新性诠释方式。而在不同类型的华语电视节目中，又以华语电视剧领域的合作最具前景。

不可否认，马来西亚华语电视剧作为主要面向少数族群传播的文化产品，由于缺少政府政策和资金扶持、私营华语媒体人才及经费短缺、开展海外合作渠道不畅等原因，当前整体呈现制作工业化水平较低、国内外影响力有限的发展态势。但同样值得注意的是，在没有精致制作加持的情况下，马来西亚华语电视媒体生产的多部华语电视剧依然凭借其题材创新以及在文化层面的深度表达，在马来西亚国内乃至亚洲地区获得了出色的观众口碑和市场反响。这既反映出马来西亚华人对本地华语电视剧的认可，也反映出马来西亚华语电视剧作为全球华语电视剧市场中的重要剧种，已然成为当前中华文化面向全球传播的重要载体，在亚洲范围内显示出跨地域的文化魅力。马来西亚华语电视剧的上述发展趋势，对于中国影视剧的内容生产与对外传播亦有其启示意义。

一方面，借鉴马来西亚华语电视剧将题材创新与中华文化表征相结合的生产逻辑，有助于中国创新题材影视剧在生产过程中进一步提升其思想内涵。近年来，中国的奇幻、穿越题材电视剧虽然取得了较好的市场收益，但同时也因过度强调娱乐性，在传递中华传统文化价值、凝聚社会认同和国家认同等方面贡献有限（程振红，2021）[46]。而马来西亚华语电视剧所展现的塑造华人英雄、打造华人反乌托邦、构建华人文化交往空间等创新性叙事手段，正实现了作为精神资源和思想价值基础的中华文化与创新题材电视剧独特叙事形态间的有机结合，在推动文化传承、凝聚文化认同方面，展现了平衡影视剧娱乐价值与社会价值的有益经验。

另一方面，借鉴马来西亚华语电视剧以中华优秀传统文化消解多元文化间冲突关系的价值理念和实践经验，有助于中国影视剧在其全球传播过程中进一步提升与海外观众的接近性，展现中华文化的包容价值。美国视觉文化理论家尼古拉斯·米尔佐夫（Nicholas Morozoff）曾提出，"观看"的权利不能只在消极意义上被理解为对西方霸权的"回看"，或是对原有"支配—被支配"权力结构的倒置，而是应以自我与他者之间的相互承认与相互创造为理想目标（倪伟，2018）[105]。据此思考马来西亚华语电视剧对文化间性意识的强调以及"中庸"价值理念的贯彻，正在一定程度上呈现了马来西亚华人在影视剧创作中对自身及他者的"积极"观看实践，同时展示了基于中华文化价值观创作的影视产品在抹平不同国家、族群、世代文化间时空距离方面的巨大潜力。

### 7.3.3　从受众角度理解"无味"的文化传播

除了将流散华裔媒体视为可以合作的对象之外，中国媒体面向海外华人的影视传播活动还应注意将作为受众的华人视为对文化产品具有"二次解码"和"再生产"能力的积极行动者，站在受众角度理解其对中国影视文化产品特别是网络小说改编剧等流行文化产品的偏好，及其背后的意义生产过程。

对于网络文学等流行文化的海外传播，学界普遍存在两种不同态度。乐观态度将之视为提升中华文化海外传播影响力的新生势力，认为网络文学提供的民间视角和通俗化表达易于向海外青少年呈现中华文化的价值观。悲观态度则将之视为"文化无味"（cultural odorless）的传播。日本学者岩渊功一曾以"文化无味"概念批评日本动漫等文化产品在全球流动过程中存在的、因追求经济利益而牺牲其文化"日本性"（Japaneseness）的现象（Iwabuchi，2010）[199]。与其批评相似，对网络文学等中国流行文化产品持悲观态度的学者，也普遍认为此类产品存在因盲目追求经济利益而迎合海外华人受众娱乐需求、牺牲自身中华文化内核的问题，在抹平不同族群文化之间"空间距离感"的同时，也会加深不同世代文化之间的"时间距离感"，造成文化产品与历史、传统的割裂（余韬，2004）。

然而应该看到，部分学者对中国流行文化产品作为"无味文化"的批判，实际反映了对媒体文本之多义性以及受众主动性的忽视。在文化对外传播过程中，传播者不应仅仅专注于自身对文化产品精神内涵的判断，还应关注相关产品在到达受众之后的文化意义再生产。具体到本研究对华语电视节目在马来西亚传播情况的分析，正体现了网络文学改编电视剧等流行文化产品对马来西亚华人多元的文化影响力。

事实上，当前中国网络文学改编剧中所呈现的中国，已不再是历史剧中的"传统"中国，都市剧中的"转型"中国，以及武侠剧、传奇剧中的"虚构"中国，而是融合了东方奇观、中华文化、二次元表达、狂欢气质、人文情怀等多种元素（叶雨菁，2018），具有混杂特征的全新文化产品类型。在这种情况下，对其文化影响力的评价也不应仅仅出自生产者或研究者的先验判断，还应充分关注相关产品到达海外受众之后的文化再生产过程。从这个意义上说，对于崛起中的网络文学改编剧等中国流行文化产品，我们应在抱以肯定态度的基础上，优先关注海外华人观众"看没看"和觉得"好看不好看"（庄庸、安晓良，2017）。只有在受众乐于接受的前提下，我们才能进一步探索如何以更恰当的影视化改编方式挖掘网络文学改编剧及其他流行文化产品中的中华文化内涵。

综合以上三点，对于中国内地影视节目面向海外华人的传播，

## 第 7 章 结论：全球、区域、本土混杂的华语电视变迁

研究者认为：致力于推动文化全球传播的学术研究者和媒体从业者，未来应以更加平等的心态看待流散华裔媒体的文化生产活动以及作为受众的海外华人与文化认同塑造相关的意义再生产活动；同时开展更多针对不同地区华裔受众的量化市场数据调查和质化态度研究，以此为基础理解中国影视文化作品对不同地区华裔受众的不同意义，进而探索未来可能拓展的传播空间。

# 参考文献

**中文文献：**

艾尔·巴比.2009.社会学研究方法（第 11 版）.邱泽奇,译.北京：华夏出版社.

安东尼·史密斯.2006.民族主义：理论、意识形态、历史.叶江,译.上海：上海世纪出版集团.

安乐哲.2017.儒家角色伦理学——一套特色伦理学词汇.济南：山东人民出版社.

巴素.1974.东南亚之华侨.郭湘章,译.台北：国立编译馆.

本尼迪克特·安德森.2012.比较的幽灵：民族主义、东南亚与世界.甘会斌,译.上海：译林出版社.

本尼迪克特·安德森.2011.想象的共同体：民族主义的起源与散布.吴叡人,译.上海：上海世纪出版集团.

蔡菁.2015.华语电视在马来西亚的传播研究 [硕士学位论文].杭州：浙江大学传媒与国际文化学院.

曹书乐,何威.2013."新受众研究"的学术史坐标及受众理论的多维空间.新闻与传播研究,（10）：21-33.

常宝.2011.从布迪厄的"文化资本"理论谈族群文化的发展问题.西北民族研究,70（3）：32-36.

陈香玉.2015.《中国佬》中的图像句子与视觉表征.国外文学,（3）：131-138.

陈晓律,王成,陆艳等.2000.马来西亚：多元文化中的民主与权威. 成都：四川人民出版社.

陈志明，罗左毅. 2002. 族群认同与国家认同：以马来西亚为例（上）. 广西民族学院学报：哲学社会科学版，24（5）：2-10.

程曼丽. 2001. 海外华文传媒研究. 北京：新华出版社.

程振红. 2021. 认同的变迁——穿越剧十年（2008-2017）. 当代电视，（1）：42-46.

《东南亚历史词典》编辑委员会. 1995. 东南亚历史词典. 上海：上海辞书出版社.

董丽云. 2016. 建构与博弈：海外华裔新生代文化认同的场域化形塑. 世界民族，（2）：74-83.

段颖. 2013. diaspora（离散）：概念演变与理论解析. 民族研究，（2）：14-25.

范可. 2012. 移民与"离散"：迁徙的政治. 思想战线，38（1）：14-20.

方金英. 2001. 东南亚"华人问题"的形成与发展：泰国，菲律宾，马来西亚，印度尼西亚案例研究. 北京：时事出版社.

耿长娟. 2011. 马来西亚政府的改革与启示. 东南亚纵横，（8）：16-20.

国家广播电影电视总局培训中心. 2008. 东盟广播电视发展概况. 北京：中国广播电视出版社.

贺玉高. 2012. 霍米·巴巴的杂交性身份理论研究. 北京：中国社会科学出版社.

洪丽芬. 2007. 马来西亚华人的语言马赛克现象——语言融合的表现. 东南亚研究，（4）：71-76.

胡春艳. 2014. 马来西亚华教运动与华人权益争取——以政治社会学为视角. 八桂侨刊，（4）：13-17.

科林·斯巴克斯. 2009. 全球化、社会发展与大众媒体. 文舸，常怡如，译. 北京：社会科学文献出版社.

柯嘉逊. 1991. 马来西亚华教奋斗史. 吉隆坡：雪兰莪中华大会堂.

孔飞力. 2016. 他者中的华人：中国近现代移民史. 南京：江苏人民出版社.

来丰，李法宝. 2015. 中国电视剧在马来西亚的收视研究. 当代传播，（4）：75-76.

赖以瑄. 2018. 蔡岳勋后儒家影视剧的东亚国际化与市场竞争. 新闻学研究，（135）：49-92.

李德清. 2018. 视觉性与看的权利——尼古拉斯·米尔佐夫视觉文化理论研究.[博士学位论文]. 长春：吉林大学文学院.

李轩. 2020. 破壁与重构：论奇幻类型电视剧的叙事文化. 当代电视，（3）：90-93.

李异平. 2004. 东盟国家媒介透视. 昆明：云南人民出版社.

李颖玮，李柏令. 2016. 从"语码转换的单码视角"看马来西亚的罗惹华语——针对吉隆坡华裔青年华语口语的实证研究. 现代语文：语言研究版，（1）：14-17.

李宇. 2011. 海外华语电视研究. 北京：中国社会科学出版社，2011.

刘以榕. 2004. 马来西亚华族的文化适应与华文教育. 西南民族大学学报：人文社会科学版，25（12）：83-85.

梁悦悦. 2014a. 华语电视在马来西亚：市场竞争与社会整合. 东南亚研究，（4）：93-99.

梁悦悦. 2014b. 中国电视对马来西亚传播现状及对策. 对外传播，（5）：20-22.

廖小健. 2012. 战后马来西亚族群关系：华人与马来人关系研究. 广州：暨南大学出版社.

林水檺，何启良，何国忠，等．1998．马来西亚华人史新编．吉隆坡：马来西亚中华大会堂总会．

刘琛．2009．全球化背景下的亚洲电视传媒：发展与文化．北京：北京交通大学出版社．

刘康杰．2013．"全球本土化"与海外华文报纸——以《星岛日报》澳洲版和《澳洲新报》为例．新闻大学，（6）：9-15．

刘燕南，王亚宁．2022．华裔新生代受众的三维建构：媒介时空、代际关系、身份认同——基于华语电视国际传播的思考．现代传播：中国传媒大学学报，（4）：57-64．

卢嘉，史安斌．2013．国际化·全球化·跨国化：国际传播理论演进的三个阶段，新闻记者，（9）：36-42．

罗伯特·E. 帕克．2011．移民报刊及其控制．陈静静，展江，译．北京：中国人民大学出版社．

罗福腾．2019．国家力量与民间力量之博弈：观察新、马两国华语与方言地位和现状的一个视角，语言规划学研究：52-61．

罗兰·罗伯森．2000．全球化：社会理论和全球文化．梁光严，译．上海：上海人民出版社．

玛格丽特·米德．1987．文化与承诺——一项有关代沟的研究．周晓虹，周怡，译．石家庄：河北人民出版社．

马汇莹．2010．香港电视与本土电视取舍之间：广州电视观众研究．"传播与中国·复旦论坛"——信息全球化时代的新闻报道：中国媒体的理念，制度与技术论文集．上海：复旦大学信息与传播研究中心：85-100．

马岩岩．如何评价马来西亚剧《美丽新世界》[N/OL]．知乎专栏 [2016-10-24]. Https：//zhuanlan.zhihu.com/p/23177152．

倪伟．2018．观看的权利与差异的政治——尼古拉斯·米尔佐夫的视觉文化研究述评．杭州师范大学学报：社会科学版，（5）：98-106．

彭伟步 . 2015. 海外华文报纸的本土化与传播全球化 . 广州：中山大学出版社 .

彭伟步 . 2012. 少数族群传媒的文化记忆与族性书写——《星洲日报》文艺副刊不同时期对华人的身份建构 . 广州：暨南大学出版社 .

彭伟步 . 2009. 新马华文报文化、族群和国家认同比较研究 . 广州：暨南大学出版社 .

彭伟步 . 2008. 星洲日报研究 . 上海：复旦大学出版社 .

彭伟步 . 2007. 海外华文传媒概论 . 广州：暨南大学出版社 .

彭雨晴 . 2019. 海外华语电视的中华文化表达策略——以马来西亚华语文化节目《籍宝乡》为例 . 传媒，（2）：57-60.

单波，姜可雨 . 2013. "全球本土化"的跨文化悖论及其解决路径 . 新疆师范大学学报：哲学社会科学版，34（1）：41-48.

苏美妮 . 2016. 消费兴趣与文化身份：华语引进剧在新加坡的电视传播研究 . 现代传播：中国传媒大学学报，（8）：93-98.

王庚武 . 2013. 华人与中国：王庚武自选集 . 上海：上海人民出版社 .

王介英 . 2010. 马来西亚华人文化的发展——留台人的角色研究 . 汤熙勇，颜妙幸 . 孙中山与海外华人论文集 . 台北：[出版地不详]：130-142.

王钦 . 2014. 合成周抽样法在新闻传播学研究中的应用 . 新闻窗，（1）：70-70.

文平强 . 2009-2010. 马来西亚华人与国族建构：从独立前到独立后五十年 . 吉隆坡：华社研究中心 .

吴潇阳，章宏 . 2018. 媒介化的世界主义：世界主义媒介研究文献综述 . 浙江传媒学院学报，（6）：54-60.

吴娱玉. 2019. 后殖民理论中的"中国"如何被表达——从"第三世界民族寓言"到"属下"可以说话吗. 马克思主义美学研究,（1）：292-305, 559-560.

小森阳一, 陈多友. 2005. 全球地域化语境下的亚洲主义思考. 开放时代,（5）：14-28.

杨建成. 1984. 华侨之研究. 台北：中华学术院南洋研究所.

杨建成. 1982. 马来西亚华人的困境. 台北：文史哲出版有限公司.

叶江. 2005. 当代西方"族群"理论探析. 华东师范大学学报：哲学社会科学版, 37（5）：82-88.

叶雨菁. 2018. 中国网络文学的跨文化传播解读. 对外传播,（5）：33-36.

叶钟铃, 黄佟葆. 2005. 新马印华校教科书发展回顾. 新加坡：华裔馆.

游俊豪. 2014. 移民轨迹和离散论述：新马华人族群的重层脉络. 上海：上海三联书店.

余韬. 2004. 当代流行文化的五大特征. 康定民族师范高等专科学校学报, 13（1）：50-53.

扎克尔·侯赛因·拉朱. 2009. 马来西亚华人的电影想象：作为一种跨国华语电影的"马华电影". 彭侃, 译. 艺术评论,（8）：43-52.

张剑峰. 2007. 族群认同探析. 学术探索,（1）：98-103.

张咏华. 2005. 传播基础结构、社区归属感与和谐社会构建：论美国南加州大学大型研究项目《传媒转型》及其对我们的启示. 新闻与传播研究, 12（2）：11-16.

钟继军, 唐元平. 2014. 马来西亚经济社会地理. 广州：世界图书出版广州有限公司.

朱敬才 . 2012. 流散研究的兴起及其基本动向 . 社会，32（4）：194-213.

庄迪澎 . 2013."虚构"的文化霸权抗衡——马来西亚《星洲日报》的"道德—文化"行销策略批判（1988-2010）. 新闻学研究，总（115）：51-91.

庄迪澎 . 2012. 从"发展新闻学"中突围的异议空间——马新网络媒体的两种景观 . 传播与社会学刊，总（20）：41-78.

庄迪澎 . 明星主播与"民族尊严"[N/OL]. 独立新闻在线 [2010-12-01]. Http：//www. merdekareview. com/news. php？n =15949.

庄庸，安晓良 . 2017. 中国网络文学海外传播："全球圈粉"亦可成文化战略 . 东岳论丛，（9）：98-103.

郑良树 . 2007. 马来西亚华文教育发展简史 . 北京：外语教学与研究出版社 .

周聿峨，余彬 . 2009. 东南亚华人地域认同的历史和未来 . 暨南学报：哲学社会科学版，（2）：236-240.

宗倩倩 . 2014. 中国内地电视剧在东南亚的传播 [ 硕士学位论文 ]. 杭州：浙江大学传媒与国际文化学院 .

## 中文报纸：

槟城翔 . 2013-03-24. 华语新闻播报的选择 . 中国报 .

陈如韵 . 1994-03-01. TV1、TV3 今起早上六时启播 .

陈玉水 . 1984-06-04. 随第三电视网启播，三角竞争局面出现 . 南洋商报 .

范军 . 2021-08-06. 推动我国国际传播高质量发展 . 光明日报 .

洪清木 . 2007-05-10. 我将停看 Astro. 南洋商报 .

胡佩恩 . 2009-05-05. 八点看新闻 . 中国报 .

黄润妹 . 1993-05-28. 大马电视剧国际受瞩目，HVD 一行远赴北京国际电视周 . 南洋商报 .

黄润妹. 1990-11-01. 电视收视率：广电与你最热门. 南洋商报.

黄润妹. 1988-11-25. RTM 精益求精，娱乐不忘使命. 南洋商报.

黄润妹. 1988-07-10. TV3 频道周润发成龙中文剧场,《鬼手十八翻》《玫瑰的故事》榜上有名. 南洋商报.

黄润妹. 1986-10-30. TV3 配合马六甲启播，网罗古城歌手拍特辑. 南洋商报.

黄润妹. 1985-11-28. 马电视增加华语节目. 南洋商报.

姜鱼. 2007-09-20. 深夜看华语新闻. 中国报.

峻崖. 1984-06-06. 第三电视的我见. 南洋商报.

赖宝信. 1993-11-26. HVD 十艺人联同吴奇隆，周日远征东马慈善义演. 南洋商报.

赖宝信. 1993-09-29. 台湾连续剧震撼香港电视台,《包青天》扬眉吐气. 南洋商报.

烈造. 1984-06-05. 对第三电视的期望. 南洋商报.

林彩莲. 2016-05-29. 冲出去（中篇）：外援外流. 中国报.

林佳炫. 2014-10-28. 唤醒沉睡中的你. 中国报.

路艳霞. 2016-12-26. 追看玄幻仙侠，老外也痴迷. 北京日报.

十一郎. 2015-04-14. 香港好剧不再. 中国报.

苏曼凝. 1992-09-01. 电视迷的独白：乡音袅袅. 南洋商报.

覃心皓. 2005-05-27. 电视大国民. 南洋商报.

万里城. 1984-06-05. "网中人"人物谈. 南洋商报.

威宁. 1988-05-27. 节奏流畅拍摄手法显有进步！喜见《沙城》突围. 南洋商报.

小初. 1984-06-06. 对第三电视的期望. 南洋商报.

杨荔婷. 1998-11-01. NTV 裁退 62 员工，新电台开播无期. 南洋商报.

叶南泉.1984-06-01.大马商业电视今启播.南洋商报.

佚名.2019-07-11.《守百年之约》谜底.光明日报（马来西亚版）.

佚名.2016-09-21a.也是"好声音"出口国.南洋商报.

佚名.2016-09-21b.反讥题材获中国网民力捧，大马《美丽新世界》被封神剧.星洲日报（马来西亚版）.

佚名.2016-01-24.狮城综艺节目中国赶超台湾.南洋商报.

佚名.2015-11-03.TV2华语新闻，加油！.中国报.

佚名.2015-10-31.太勇TV2华语新闻组，多次接警告.中国报.

佚名.2015-06-11.东南亚电视人齐聚，抛娱乐"海上丝路".星洲日报（马来西亚版）.

佚名.2014-10-07.胡渐彪：发展健全最感自豪，让中国认识大马华教.星洲日报（马来西亚版）.

佚名.2013-02-15.TV2《华语新闻》否认篡改内容，声明播放片段没剪接.中国报.

佚名.2012-10-04.《四喜临门》记忆犹新.中国报.

佚名.2012-05-28.人生戏语.星洲日报（马来西亚版）.

佚名.2012-04-28.星洲NTV7跨媒体呈献，《榜中王》常识游戏7月开跑.星洲日报（马来西亚版）.

佚名.2012-04-07.接受华文新闻直播访问，纳吉下周一上第7频道.中国报.

佚名.2011-09-25.NTV7《追踪档案》探讨沙州教育问题，"我要上学"临时腰斩.星洲日报（马来西亚版）.

佚名.2011-05-03.我们的黎明，天涯歌女的际遇.星洲日报（马来西亚版）.

佚名.2010-10-01.黎明姨的掌声.南洋商报.

佚名. 2010-06-07. 入围新传媒艺人占多数，NTV7《金视奖》引争议. 光明日报（马来西亚版）.

佚名. 2010-05-20. RTM2 开除制作人风波升温，数组织纠察提4 诉求. 光明日报（马来西亚版）.

佚名. 2010-04-23. 不满 NTV7 限制节目议题《非谈不可》制作人辞职. 南洋商报.

佚名. 2010-03-08.《情牵南洋》林冠英探班，自嘲没当导演天分. 光明日报（马来西亚版）.

佚名. 2007-07-14. 星洲媒体集团与 NTV7 联手打造,《总编时间》后日起播出. 星洲日报（马来西亚版）.

佚名. 2007-04-26. 男人当家 5 月 3 日启播. 南洋商报.

佚名. 2007-04-13. 至少 60% 国语制作节目，本地电视台符合规定. 中国报.

佚名. 2006-12-13. 改善 TV2 华语新闻. 星洲日报（马来西亚版）.

佚名. 2006-11-16. 每周 19.9 减至 19.5 小时，华裔减少看电视时间. 星洲日报（马来西亚版）.

佚名. 2006-10-27. 不敌 Astro，下月开始 MiTV 削减 90% 频道. 中国报.

佚名. 2006-10-26.《原点》官方网站，独家录像供欣赏. 南洋商报.

佚名. 2006-03-31. 与狮城新传媒制作中文节目，第 7 频道放眼国际市场. 南洋商报.

佚名. 2005-04-09. RTM 要痛定思痛. 中国报.

佚名. 2003-11-04. 八度空间招兵买马，聘新闻主播娱乐主持. 南洋商报.

佚名.2001-07-28.看NTV7台湾风情系列,赢取两张来回台北机票.南洋商报.

佚名.2001-03-28.收看刘德华《缺陷美》,NTV7巨奖待赢取.南洋商报.

佚名.2001-01-29.佳节期间播放太多港台影片,巫统网站炮轰电视台.南洋商报.

佚名.1999-10-28.第2电视双红剧场,12月播东方教母.南洋商报.

佚名.1999-08-02.华语新闻今起播15分钟.南洋商报.

佚名.1998-11-27.美佳电视裁120名员工.南洋商报.

佚名.1998-11-02.《水浒传》受欢迎,唐明皇乘胜追击.南洋商报.

佚名.1995-11-02.城市电视正式宣布,《包青天》20日起播.南洋商报.

佚名.1993-02-01.HVD招考专业演员.南洋商报.

佚名.1992-02-03.无线《金猴接福》直播,马观众分享欢乐.南洋商报.

佚名.1991-11-22.沙巴电视观众有眼福,第三电视近期全面播映.南洋商报.

佚名.1990-06-23.电视机前寻爱心.南洋商报.

佚名.1989-12-01.TV3周一、周二中文片取消.南洋商报.

佚名.1989-04-27.TV3看中《狙击神探》,RTM以《当代男儿》争宠.南洋商报.

佚名.1988-05-27.天下无不散宴席,曾江坦承加盟山水.南洋商报.

佚名.1986-12-27.大马电视第二广播网下月开始每星期五次,黄金时间播中文节目.南洋商报.

佚名. 1985-08-05. RTM 节目有新貌, 推出多项儿童节目, 华英新闻更改时间. 南洋商报.

佚名. 1969-11-17. 首相为电视台大厦开幕献词. 南洋商报.

袁莉. 2016-07-22. 美媒: 网络小说成为中国文化新力量. 环球时报.

## 西文文献:

Alia V. 1999. Un/covering the North: News, Media and Aboriginal People. Vancouver: UBC Press.

Alia V. 2005. Media and Ethnic Minorities. Edinburgh: Edinburgh University Press.

Ang I. 2005. On not Speaking Chinese: living between Asia and the West. Routledge.

Asian Communication Handbook. 1995–. Singapore: Asian Media Information and Communication Centre and Wee Kim Wee School of Communication and Information, Nanyang Technological University.

Badarudin N. 1996. Of golden dreams and metropolitan lifestyles: how local television programs articulate and represent the concept of national identity. Jurnal Komunikasi, (12):139–161.

Banerjee I. 2002. The local strikes back? Media globalization and localization in the new Asian television landscape. International Communication Gazette, 64(6):517–535.

Barra L. 2015. Unidentified foreign objects: the difficult path of US sitcoms into Italian TV schedules. Comunicazioni sociali, (1):22–35.

Bhabha H. 1994. The Location of Culture. London, New York: Routledge.

Bhattacharya, A. 2009. The Chinese Diaspora in Southeast Asia:

Chinese Nationalism Reinforced. Diaspora Studies, 2(2), 119–142.

Boyd D., Straubhaar J., & Lent J. 1989. Videocassette Recorders in the Third World. New York: Addison-Wesley Longman Ltd.

Brown D. 2002. The State and Ethnic Politics in South-East Asia. London: Routledge.

Buonanno M. 2008. The age of television: experiences and theories. Intellect Books.

Canclini N. 1997. Will there be Latin American cinema in the year 2000? Visual Culture in a Postnational era. Hispanic Issues, (15): 246–258.

Carstens S. 2006. Histories, Cultures, Identities: Studies in Malaysian Chinese Worlds. Singapore: Singapore University Press.

Carstens S. 2003. Constructing transnational identities? mass media and the Malaysian Chinese audience. Ethnic and Racial Studies, 26(2): 321–344.

Castells M. 2011. The rise of the network society: the information age: economy, society, and culture. Vol. 1. New York: John Wiley & Sons.

Chan J. 2005. Global media and dialectics of the global. Global Media and Communication, 1(1):24–28.

CheLah N. 2001. The Development and Adoption of Direct Broadcast Satellites and Satellite Television Programming in Malaysia [D].Athens: Ohio University.

Chua B. & Iwabuchi K. 2008. East Asian Pop Culture: Analysing the Korean wave. HK: Hong Kong University Press.

Clammer J. 2002. Diaspora and Identity: the Sociology of Culture in Southeast Asia. Subang Jaya, Selangor: Pelanduk Publications.

Clifford J. 1994. Diasporas. Cultural anthropology, 9(3):302–338.

Cohen R. 1997. Global Diasporas: An Introduction. Seattle: University of Washington Press.

Cottle S. 2000. Introduction media research and ethnic minorities: mapping the field. In S. Cottle (Eds.), Ethnic Minorities and the Media: Changing Cultural Boundaries. Buckingham: Open University Press: 1–30.

Daniel A. & Murray C. 2009. Urban mediascapes and multicultural flows: assessing Vancouver's communication infrastructure. Canadian Journal of Communication, 34(4):587–613.

De Fina A. 2013. Top-Down and Bottom-Up strategies of identity construction in ethnic media. Applied Linguistics, 34(5): 554–573.

Ding S. 2015. Engaging Diaspora via Charm Offensive and Indigenised Communication: An Analysis of China's Diaspora Engagement Policies in the Xi Era. Politics, 35(3–4): 230–244.

Dufoix S. 2008. Diasporas. Berkeley: University of California Press.

Foo T. 2004. Managing the Content of Malaysian Television Drama: Producers, Gatekeepers and the Barisan National government [D]. Athens: Ohio University.

Galtung J. & Ruge H. 1965. The structure of foreign news the presentation of the Congo, Cuba and Cyprus Crises in four Norwegian newspapers. Journal of peace research, 2(1):64–90.

Gan C. S. 2012. Contested Nationalisms and Propaganda: Birth Pangs of a Malaysian Nation, 1957–1969 [D]. Berkeley: University of California.

Gans H. 1999. Participant observation in the era of "ethnography". Journal of contemporary ethnography, 28(5): 540–548.

Guan, Y. S. 2010. Media, culture and society in Malaysia. London, New York: Routledge.

Guzm'an I. 2006. Competing discourses of community: Ideological tensions between local general market and Latino news media. Journalism,

7(3):281-298.

Hall S. 2000. Who needs identity?. In P. Du Gay, J. Evans, & P. Redman (Eds.), Identity: a Reader. London: Sage: 16-20.

Hall S. 1992. The Question of cultural identity. In S. Hall (Eds.), Modernity and its Future. Cambridge: Polity Press: 274-316.

Hall S. 1990. Cultural identity and diaspora. In J. Rutherford (Eds.), Identity, Community, Culture, Difference. London: Lawrence and Wishart.

Hashim R. 1996. Educational Dualism in Malaysia: Implications for Theory and Practice. New York: Oxford University Press.

Hashim R. 1989. Accommodating National Goals and Conflicting Societal needs through Privatization of Television Broadcasting: the Malaysian case [D]. Athens: Ohio State University.

Hirschman C. 1986. The Making of race in colonial Malaya: political economy and racial ideology. Sociological Forum. Kluwer Academic Publishers, 1(2): 330-361.

Holden T. & Husin A. 2002. Moral Advertising: Messages of development and control in Malaysian television commercials. In T. Craig & R. King (Eds.), Global Goes Local: Popular Culture in Asia: 138-159.

Holden T. 2001. The Malaysian dilemma: Advertising's Catalytic and Cataclysmic role in social development. Media, Culture & Society, 23(3):275-297.

Ishak M. D. S. A. & Firdaus A.S. 2010. Cultural exchange through broadcasting in Asia: A study of Malaysian television contents. Malaysian journal of Media studies, 12(1):25-36.

Iwabuchi K. 2010. Globalization, East Asian media cultures and their publics. Asian Journal of Communication, 20(2):197-212.

Iwabuchi K. 2002. Recentering globalization: popular culture and

Japanese transnationalism. Durham, NC: Duke University press.

Jin D. 2011. Global media convergence and cultural transformation: emerging social patterns and characteristics. Hershey, PA: Information Science Reference.

Karim K. 2010. Diasporas and Media. In K. Knott & S. Mcloughlin (Eds.). Diasporas: Concepts, intersections, identities. London: Zed Books: 162–171.

Karthigesu R. 1988. Government and the Broadcast Media in the Third World: A Theoretical Discussion with a Special Reference to Malaysia. The Third Channel: 765–782.

Khattab U. 2010. Who are the Diasporas in Malaysia? The Discourse of Ethnicity and Malay (sian) Identity. *Sosiohumanika*, 3 (2):157–174.

Khattab U. 2006. Non-mediated images. The International Gazette, 68(4):347–361.

Kim W. 2010. Consumers, citizens and copycat television in Malaysia. In Y. S. Guan (Eds.), Media, Culture and Society in Malaysia. London, New York: Routledge: 21–45.

Kong S. 2013. Space of Possibilities: Civic discourse and multicultural citizenship in locally produced Chinese television programs in metro Vancouver. Journal of International Migration and Integration, 14(1):119–138.

Kraidy M. 2009. Reality television and Arab politics: Contention in public life. New York: Cambridge University Press.

Kraidy M. 1999. The global, the local, and the hybrid: A native ethnography of glocalization. Critical Studies in Mass Communication, 16(4): 456–476.

Khalil J. & Kraidy M. 2009. Arab television industries. New York:

Palgrave Macmillan on behalf of the British Film Institute.

La Pastina A. & Straubhaar J. 2005. Multiple proximities between television genres and audiences: the schism between telenovelas' global distribution and local consumption. Gazette, 67(3):271–288.

Lent J. 1977. The mass media in Malaysia. In J. Lent (Eds.), Cultural pluralism in Malaysia: polity, military, mass media, education, religion, and social class. Center for Southeast Asian Studies, Northern Illinois University.

Lindlof T. & Taylor B. 2002. Asking, listening, and telling. Qualitative communication research methods: 170–208.

Mahathir B. 1970. The Malay Dilemma. Singapore: Donald Moore for Asia Pacific Press.

Malvezin L. 2004. The problems with (Chinese) diaspora: An interview with Wang Gungwu. Diasporic Chinese Ventures: The Life and Work of Wang Gungwu: 49–60.

Matsaganis D., Katz, S., & Ball-Rokeach, J. 2010. Understanding ethnic media: producers, consumers and societies. London: Sage.

McDaniel D. 1994. Broadcasting in the Malay world: Radio, television, and video in Brunei, Indonesia, Malaysia and Singapore. New Jersey: Alex publishing company.

Media Prima. 2015. Annual Report.

Murphy D. & Kraidy M. 2003. Towards an ethnographic approach to global media studies. In D. Murphy & M. Kraidy (Eds.), Global media studies: Ethnographic perspectives. London, New York: Routledge: 3–20.

Murray C. 2002. Silent On The Set: Cultural diversity and race in the English Canadian TV drama. Prepared for the Strategic Research and Analysis (SRA) and Strategic Policy and Research Department of Canadian

Heritage. Reference: SRA-587.

Murray C., Yu S., & Ahadi D. 2007. Cultural Diversity and Ethnic Media in BC: A report to Canadian Heritage Western Regional Office. Study No. 45193670.

Neyazi T. 2010. Culture imperialism or vernacular modernity? Hindi newspaper in a globalizing India. Media, Cultural & Society, 32(6):907-924.

Nordenstreng K. & Thussu D. 2015. Mapping BRICS Media. Abindgon, Oxon & New York: Routledge.

Nordenstreng K. &Varis T. 1974. Television traffic-a one-way street: A survey and analysis of the international flow of television programme material. Reports and Papers on Mass Communication No. 70.

Ong, A. & Nonini, D. 2003. Ungrounded empires: The cultural politics of modern Chinese transnationalism. Routledge.

Park M. & Curran J. 2000. De-Westernizing media studies. London: Routledge.

Pek K. H. 1988. Chinese politics in Malaysia: A history of the Malaysian Chinese Association. New York: Oxford University Press.

Rahim S. & Pawanteh, L. 2011. Democratization of information in Malaysia: A response to globalization. Asian Social Science, 7(2):3-11.

Ritzer G. 2004. The globalization of nothing. Thousand Oaks, Calif.: Pine Forge Press.

Safran W. 1991. Diasporas in modern societies: myths of homeland and return. Diaspora: A journal of transnational studies, 1(1):83-99.

Sakr N. 2008. Diversity and diaspora: Arab communities and satellite communication in Europe. Global Media and Communication, 4(3):277-300.

Schiller H. 1969. Mass communication and American empire. Boston: Beacon.

Sinclair J. & Straubhaar J. 2013. Latin American Television Industries. London: Palgrave Macmillan on behalf of British Film Institute.

Straubhaar J. 2012. Telenovelas in Brazil: from traveling scripts to a genre and proto-format both national and transnational. In T. Oren & S. Sharon (Eds.), Global Television Formats: Understanding Television across Borders. New York: Routledge: 148–177.

Straubhaar J. 2008. Global, Hybrid or Multiple? : Cultural Identities in the Age of Satellite TV and the Internet. Nordicom Review, 29(2):11–29.

Straubhaar J. 2008. Rethinking cultural proximity: multiple television flows for multilayered cultural identities. Annual meeting of the International Communication Association, TBA, Montreal, Quebec, Canada.

Straubhaar J. 2007. World television: from global to local. London: Sage.

Straubhaar J. & Duarte L. 2005. Adapting U.S. transnational television to a complex world: From cultural imperialism to localization to hybridization. In J. Chalaby (Eds.). Transnational television worldwide: Towards a new media order. London: I. B. Taurus: 216–253.

Straubhaar J. 2004. The Multiple Proximities of Telenovelas and Audiences. Annual conference of the International Communication Association, San Diego.

Straubhaar J. 1991. Beyond media imperialism: Asymmetrical interdependence and cultural proximity. Critical Studies in Media Communication, 8(1):1–11.

Straubhaar J. 1981. The transformation of cultural dependence: the decline of American influence on the Brazilian television industry [D].

Medford: Fletcher school of Law and Diplomacy, Tufts University.

Sun W. & Sinclair, J. 2016. Media and Communication in the Chinese Diaspora: Rethinking Transnationalism. Abindgon, Oxon & New York: Routledge.

Sun, W. 2013. China's Rise and (Trans) national Connections: Media and the Chinese Overseas. In C.B. Tan (Eds.), The Routledge Handbook of the Chinese Diaspora. Oxford: Routledge: 437–450.

Sun W. 2005. Media and the Chinese diaspora: Community, consumption, and transnational imagination. Journal of Chinese Overseas, 1(1):65–86.

Sparks C. 2007. Sparks C. Globalization, development and the mass media. Sage.

Tarling N. & Gomez E. 2008. The State, Development and Identity in Multi-ethnic Societies: Ethnicity, Equity and the Nation. New York: Routledge.

Tsagarousianou R. 2007. "Re-evaluating diaspora": connectivity, mobilization and imagination in a globalized world. In A. Sahoo & B. Maharajeds (Eds.), Sociology of Diasporas: A Reader. Jaipur: Rawat Publications: 101–117.

Thussu D. 2010. Mapping global media flow and contra-flow. In D. Thussu (Eds.), International Communication: a reader. Abingdon: Routledge.

Unit E P. 2001. Eighth Malaysia Plan 2001–2005. Economic Planning Unit Malaysia.

Viswanath K. & Arora P. 2000. Ethnic Media in the United States: An Essay on Their Role in Integration, Assimilation, and Social Control. Mass Communication and Society, 3(1):39–56.

Wahab J. 2010. Malaysian reality TV: Between myth and reality. Journal of communication, 26:17-32.

Wahab J., Kim W., & Baharuddin S. 2013. Asian dramas and popular trends in Malaysian television industry. Jurnal Komunikasi, Malaysian Journal of Communication, 29(2).

Wang, G.W. 2000. The Chinese Overseas: From Earthbound China to the Quest for Autonomy. Cambridge: Harvard University Press.

Weiss R. 1995. Learning from strangers: The art and method of qualitative interview studies. New York: Simon and Schuster.

Wilson T. 2001. On playfully becoming the "Other": Watching Oprah Winfrey on Malaysian television. International Journal of Cultural Studies, 4(1):89-110.

Yap S. 2007. The development of local Chinese television drama in RTM, Malaysia (1986-2000) [D]. Kuala Lumpur: University of Malaya.

Yow C.H. 2016. The Chinese Diaspora in China-Malaysia Relations: Dynamics of and Changes in Multiple Transnational 'Scapes'. Journal of Contemporary China, 25(102): 836-850.

Zahari N. M. 1994. Malaysia's film and television censorship policies: a historical and critical view [D]. Los Angles or Northridge: California State University.

## 西文报纸：

A. K. J. 2000-03-26. Sanggang a heavy burden to bear. New Straits Times.

Al-Attas S. & Kadir Z. A. 1995-12-22. Mega TV heats up the airwaves. New Straits Times.

Anon. 2003-03-23. NTV7 has the most entertainment shows of all TV stations. New Straits Times.

Anon. 2000-05-05. New look for NTV7 from tomorrow. New Straits Times.

Anon. 2000-03-20. Watch local news besides foreign Chinese movies. New Straits Times.

Anon. 1999-11-01. MetroVision off the air till March. New Straits Times.

Anon. 1999-07-15. NTV7 to add airtime for Edisi Mandarin. New Straits Times.

Anon. 1998-07-12. Metro Vision plans expansion of urban reach by year end. New Straits Times.

Anon. 1998-03-28. Mega TV targets 230,000 subscribers. New Straits Times.

Anon. 1997-09-01. Astro's new variety channel. New Straits Times.

Anon. 1996-12-01. Concern at TV's erosion of values. New Straits Times.

Anon. 1996-05-22. RTM chief calls for more quality television programs. New Straits Times.

Anon. 1995-10-29. Justice Bao to be shown on TV next month. New Straits Times.

Anon. 1995-10-11a. Another costume drama banned by censorship board. New Straits Times.

Anon. 1995-10-11b. Ban on Justice Bao serial not to protect govt TV station. New Straits Times.

Anon. 1995-10-10. Don't turn ban on Justice Bao into race issue: Minister. New Straits Times.

Anon. 1995-10-07. Muslim youth group calls for consistency in policy that ban on TV costume dramas. New Straits Times.

Anon. 1995–10–06. Reasons for ban on foreign costume TV dramas 'weak'. New Straits Times.

Anon. 1995–09–21. MetroVision proposal rejected. New Straits Times.

Anon. 1995–07–02. MetroVision takes to the air. New Straits Times.

Anon. 1995–05–26. MetroVision Channel broadcasts from July 1. New Straits Times.

Anon. 1995–02–08. Damaged feeder cable delays start of MetroVision Channel 8 station. New Straits Times.

Anon. 1992–07–04. New local Chinese drama slot for TV2. New Straits Times.

Anon. 1992–02–14. Air time cut for violent TV shows. New Straits Times.

Anon. 1991–05–31. Utilizing radio, TV for 2020 vision. New Straits Times.

Anon. 1983–10–08. Southeast Asian Television: a switch off. New Straits Times.

Anon. 1983–08–06. Fleet gets license to run the third channel. New Straits Times.

Chow W. P. 2001–03–30. RTM must also improve quality of programmes. New Straits Times.

Kadir Z. A. 1997–11–20. MetroVision poised to take off. New Straits Times.

Lai H. B. 1995–12–24. A rough start for new stations. New Straits Times.

Manecksha, F. 1999–05–17. Multimedia Act and converged industry. New Straits Times.

Mimi S. Y. 1995-10-01. Using linguists to censor vulgarity. New Straits Times.

Ng U. E. 2003-08-27. Reading Chinese. New Straits Times.

No. 1 Fans. 1996-11-25. Keep up the good work, Metro Vision. New Straits Times.

Osman M. 1995-02-09. TV stations to get detailed guide on do's and don'ts. New Straits Times.

Ramayah J. 1995-10-06. More "healthy" television shows needed. New Straits Times.

Sajahan W. 1999-12-30. And there was television…. New Straits Times.

Samat H. 1997-12-30. Worthwhile viewing. New Straits Times.

Y.P. 1998-05-15. Chinese TV series showing alcoholic-drinking culture. New Straits Times.

Zulkifi O. 1990-02-09. Move to reduce violence scenes on TV, movies. New Straits Times.

# 后　记

从本书初稿定稿的 2017 年到终稿定稿的 2022 年，中国面对的国际传播形势显著变化，海外华人及华文媒体也在新的全球传播生态与媒体技术环境下面临着新的发展机遇与挑战。以博士学位论文为基础，结合本人从事国家社科基金项目研究期间收集的资料和取得的成果，本书试图将针对马来西亚华语电视的历史研究与中华文化海外传播的时代大势相结合，挖掘海外华语电视媒体研究之于中国国际传播更深远的学术意义与现实价值。研究最终梳理了马来西亚华语电视在全球、区域、本土因素共同作用下两条并行的历史发展线索：一是马来西亚华语电视本土意识的日益觉醒和中华文化传承功能的日益加强；二是中国影视文化对马来西亚华人文化影响力的日益提升。上述发现试图厘清马来西亚华人发展本地华语电视业的基本史实，同时对中国影视产业进一步开拓全球华人市场、提升中华文化海外影响力有所启示。

本书的研究起步于 2010 年的清华大学。在清华大学新闻与传播学院攻读硕士、博士研究生期间，我有幸在导师郭镇之教授引领下进入了与影视国际传播相关的研究领域。正是导师对学术的严谨态度和对学生的悉心培养，使我在七年的研究生学习生涯中逐渐摆脱青涩，走向成熟，不仅积累了一定的学术研究成果、明确了未来的学术研究方向，也最终实现了进入高校、教书育人的职业理想。

本书的研究完结于 2022 年，书籍出版受到中央民族大学新闻与传播学院博闻书系的资助，得益于学院的政策鼓励与经费支持。与此同时，我作为一名成长于民大新传大家庭的青年教师，也正是在领导之关怀、同事之友谊、学生之喜爱的温暖与激励下，才得以拥有了在繁忙教学工作之余持续深耕个人研究领域的不竭动力。

本书的研究受到由本人主持的国家社科基金青年项目"海外华语电视的本土内容生产与中华传统文化传播创新研究"（18CXW004）资助。本书部分收录了该项目取得的阶段性研究成果。

本书的前期研究受到多个国家级、省部级科研项目以及国家留学基金委博士生联合培养项目的支持。在国家广播电影电视总局重点项目"走出去的第一阵地——中国电视与东南亚"（GD09018）资助下，我得以在攻读研究生期间亲赴马来西亚开展调研。在国家社科基金重大项目"中华文化海外传播的创新研究"（14ZDA056）启发下，我得以对在马来西亚收集到的经验性材料进行理论提升。在国家留学基金委博士生联合培养项目支持下，我得以赴美国得克萨斯大学奥斯汀分校访问一年，并通过与合作导师 Joseph D. Straubhaar 教授的交流，将与影视全球传播研究相关的前沿理论视角与科学研究方法应用于博士学位论文的写作。

本书凝结了大量马来西亚华人的智慧。他们生产的节目和分享的故事激荡了我的学术想象力，他们的生动表达亦为本研究提供了来自"局内人"的宝贵资料。

本书的出版得益于华夏出版社编辑赵楠的高效工作，她提出的专业修改意见以及在内容审校等环节的尽职尽责，为本书的顺利出版提供了有力保障。

本书的出版得益于多年来家人对我学业、事业的无条件支持，亦让我对丈夫从事学术编辑工作的不易有了更直观的认识与更深刻的理解。是家人让我成为在生活上无后顾之忧的幸运儿，从学校到职场，始终能自由追求心中的热爱与理想。

本书既是对我以往研究工作的阶段性总结，亦是开启未来研究新的出发点。其中难免存在疏漏之处，切望学界同仁及广大读者不吝赐教。

2022 年 8 月 21 日　北京